**Web-Apps mit jQuery Mobile**

W0073938

**Philipp Friberg** ist als SAP Development Consultant bei der itelligence Schweiz AG tätig. Seine dortigen Arbeitsschwerpunkte sind Architekturberatung sowie Entwicklung und Projektleitung für kundenindividuelle Softwarelösungen. Darüber hinaus vermittelt er an der TBZ Höheren Fachschule Zürich sein Wissen in der Software-Entwicklung, insbesondere zur mobilen Cross-Plattform-Entwicklung. Philipp Friberg absolvierte ein Studium zum Software-Engineer FH an der Hochschule Rapperswil und zum Master of Science in Business Information Systems an der Hochschule Liechtenstein.

Philipp Friberg

# Web-Apps mit jQuery Mobile

**Mobile Multiplattform-Entwicklung mit HTML5 und JavaScript**

dpunkt.verlag

Philipp Friberg
jqm@xapps.ch

Lektorat: René Schönfeldt
Copy Editing: Christoph Ecken, Heidelberg
Herstellung: Frank Heidt
Umschlaggestaltung: Helmut Kraus, www.exclam.de
Druck und Bindung: M.P. Media-Print Informationstechnologie GmbH, 33100 Paderborn


Bibliografische Information der Deutschen Nationalbibliothek
Die Deutsche Nationalbibliothek verzeichnet diese Publikation in der Deutschen Nationalbibliografie;
detaillierte bibliografische Daten sind im Internet über http://dnb.d-nb.de abrufbar.


ISBN 978-3-86490-056-3


1. Auflage 2013
Copyright © 2013 dpunkt.verlag GmbH
Ringstraße 19B
69115 Heidelberg

# Inhaltsverzeichnis

# Vorwort

Mit dem iPhone und später dann mit dem iPad, den Android-Geräten & Co. ist die Bedienung dieser mobilen Geräte für jedermann intuitiv geworden. Das Eingabegerät »Finger« und das einfache Design der kleinen, übersichtlichen Apps führten zu einem regelrechten Hype. Kein Wunder, dass sich auch zahlreiche Unternehmen mit dieser neuen Form von Applikationen beschäftigen.

Eine der Gretchen-Fragen dabei ist die Frage nach der Plattform. Die Zeit ist schnelllebig, und die Investitionen sind nicht zu unterschätzen. Weshalb soll man sich da auf Plattformen festlegen? Eine App für alle Plattformen – das ist das Ziel. Aber wie geht das? Eine Lösung sind »Web-Apps«, mobile Anwendungen, die auf HTML5 und JavaScript basieren. Deren Entwicklung ist das Thema dieses Buches.

Als Bibliothek für die grafische Benutzeroberfläche verwenden wir in diesem Buch jQuery Mobile, das auf der bekannten Bibliothek jQuery aufsetzt und für Benutzeroberflächen optimiert ist, die auch mit dem Finger bedienbar sein müssen. Das Beste an jQuery Mobile ist, dass diese Bibliothek in sehr vielen Browsern läuft – auch auf Desktop-Browsern (Notebooks sind ja auch mobil).

Aber was ist eine Web-App eigentlich genau? Es folgt hier eine Einordnung:

**Web-Apps**

Eine Web-App ist eine Web-Applikation, die vom Aussehen her wie eine native Applikation aus den Stores daherkommt und vollständig auf dem mobilen Gerät bzw. Device läuft. Sie funktioniert meist auch ohne Internetverbindung und speichert Daten unter Umständen lokal. Die Hauptverarbeitung läuft auf dem Client und nicht auf dem Server! Mit HTML5 und dessen APIs hat der Entwickler viele Möglichkeiten, auf das Device zuzugreifen – aber nicht dieselben wie bei einer nativen App. So fehlt z.B. der Zugriff auf das Adressbuch. Der Vorteil ist, dass mithilfe einer Web-App viele Plattformen erreicht werden können. Für viele Unternehmen ist auch die vereinfachte Distribution ein Argument. Eine optimierte Benutzeroberfläche für die Finger-Bedienung ist jedoch Pflicht.

Viele Gespräche und Projekte haben mir gezeigt, dass besonders kleinere und mittelständische Unternehmen mit einer Web-App beginnen wollen, um Erfahrung in der Entwicklung, in der Distribution und in der Benutzerakzeptanz zu sammeln. Es gibt aber auch noch andere Arten von Apps:

### Native Apps

Eine App wird in einer Hochsprache geschrieben und wird dann in Maschinensprachencode kompiliert. Unter iOS ist die verwendete Hochsprache Objective-C, unter Android und Blackberry ist es Java (mit unterschiedlichen Bibliotheken und Konzepten). Diese Apps haben den vollen Zugriff auf das API der Betriebssystemhersteller. Der Nachteil ist, dass diese Apps für jede Plattform fast komplett neu entwickelt respektive portiert werden müssen. Auf die unterschiedlichen Bedienungskonzepte muss unbedingt eingegangen werden, damit die Benutzer die Software annehmen bzw. kaufen.

### Hybrid-Apps oder Container-App

Um die Vorteile der Web-Apps mit den Vorteilen der nativen Apps zu kombinieren, kann eine Web-App in einem Container einer nativen App ablaufen. Das bedeutet, dass die App wie eine native App daherkommt, im Inneren aber weiterhin eine HTML5-App ist. Mit zusätzlichen JavaScript-APIs hat der Entwickler trotzdem den kompletten Zugriff auf die nativen Möglichkeiten der Devices – wobei gewisse proprietäre Aspekte in Kauf genommen werden.

Hybrid-Apps werden Apps genannt, bei denen eine Web-App im Container läuft. Bei Container-Apps werden Web-Apps zur Laufzeit von einem Server nachgeladen. Ältere Container-Konzepte verwenden auch ein proprietäres XML statt HTML5.

### Synchronized Apps

Diese App-Sorte synchronisiert mit einem Server Daten. Es ist egal, ob es sich um Web-, Hybrid- oder native Apps handelt. Bei diesen Apps darf die Middleware-Infrastruktur nicht vergessen werden, die wesentliche Eigenschaften im Ablauf der App und in der Entwicklung mit sich bringt.

**Abb. 1**
*App-Typen*

  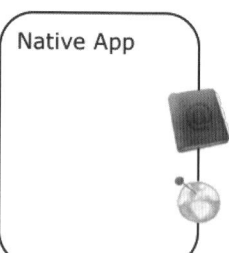

**Was erwartet Sie in diesem Buch?**

Sie als Software-Entwickler erhalten im Folgenden eine schrittweise Einführung in die Entwicklung von Web-Apps. Dabei werden Sie sich mit HTML5, verschiedenen JavaScript-APIs, der Architektur von Web-Apps und natürlich mit jQuery Mobile auseinandersetzen. Sie werden mit Tutorials beginnen und dann schrittweise eine eigene Web-App bauen, um schließlich mit einer nativen App das Buch zu beenden. Kapitel für Kapitel erweitern wir zusammen mit Herrn Weber die App um spannende Funktionen, wie zum Beispiel einer lokalen Datenbank.

Wer ist Herr Weber? Er ist Berater für mobile Softwareentwicklung und wurde von der fiktiven Spirit AG beauftragt, zusammen mit ihren Entwicklern eine Whisky-Bewertungs-App zu entwickeln. Die Spirit AG ist ein Unternehmen, das alkoholische Getränke verkauft und promotet – für den Genießer! An Tastings, die auch von der Spirit AG veranstaltet werden, verkosten viele Whisky-Liebhaber ihre Proben und schreiben ihre Eindrücke in Notizbücher. Dass da eine mobile App gebraucht werden könnte, liegt auf der Hand: Die Notizen wären strukturierter und eher wieder auffindbar. Als Herausgeber dieser App erhofft sich das Unternehmen außerdem eine bessere Beachtung auf dem Markt.

*Wer ist Herr Weber?*

Die Spirit AG will sich aber nicht mit einem »Schnellschuss« die Zukunft verbauen. Deshalb hat sie Herrn Weber, der bereits Erfahrungen mit mobilen Applikationen hat, mit einem Beratungsmandat beauftragt. Das Resultat soll eine App für Smartphones und Tablets sein, deren Benutzeroberfläche mit jQuery Mobile gebaut wird und die viele HTML5-Bibliotheken verwendet. Auch die Cloud und die native App dürfen nicht fehlen.

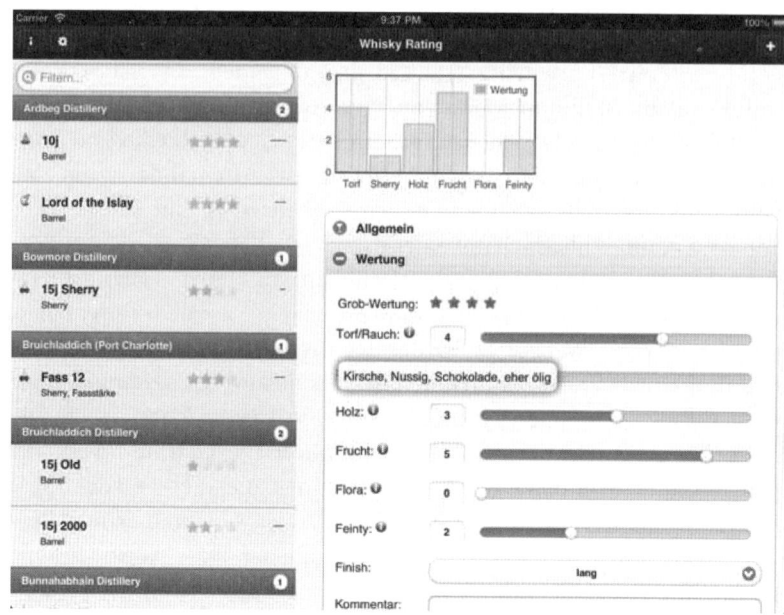

*Abb. 2*
*Die Whisky-App*

### An wen richtet sich dieses Buch?

*Entwickler und Architekten*

Als Software-Entwickler möchten Sie eine Web-App entwickeln? Dann richtet sich dieses Buch genau an Sie! Als Architekt wollen Sie sich einen Überblick verschaffen? Dann werden Sie in verschiedenen Kapiteln auf spannende Aspekte stoßen, werden aber gewisse Kapitel auch überspringen.

*Vorkenntnisse in JavaScript, HTML und CSS*

Grundlegende JavaScript-Kenntnisse sollten Sie sich bereits angeeignet haben. Sie werden dann sicher Ihren Horizont um ein paar Aspekte zur JavaScript-Architektur in diesem Buch erweitern können. Auch HTML und CSS sollten keine Fremdwörter sein, aber keine Angst: Wir werden nur sehr wenig CSS selbst schreiben, dafür haben wir ja jQuery Mobile. Falls Sie bereits jQuery angewendet haben, hilft das sicher, es ist aber keine Voraussetzung. Im Kapitel 4 finden Sie ein kurzes Tutorial, das Ihnen alles Wichtige zu jQuery kurz aufzeigt, sodass Sie sich danach gut zurechtfinden werden!

### Wie ist dieses Buch aufgebaut?

*Ein durchgehendes Beispiel*

Der rote Faden durch das ganze Buch ist die Whisky-App, die wir Kapitel für Kapitel um Funktionen erweitern werden. Wenn Sie das Buch vollständig durchgearbeitet haben, werden Sie am Schluss eine lauffähige App in den Händen halten. Interessieren Sie sich aber nur für einzelne Themen, so empfiehlt es sich, Abschnitt 1.1 und Abschnitt 1.3

unbedingt zu lesen, damit Sie den Gesamtkontext verstehen. Dank einer sauberen Architektur der App sind die Abhängigkeiten zwischen den verschiedenen Themen nicht groß. Wenn Sie zum Beispiel den Abschnitt zur lokalen Datenbank auslassen, so werden Sie trotzdem das Kapitel zu Geolocation verstehen. Später, zum Nachschlagen, empfehle ich, den Index zu benutzen.

Zu Beginn wird Herr Weber im Kapitel 1 (Die Whisky-App) einen Workshop durchführen. Dabei werden die Anforderungen an die App sowie das Bedienungskonzept erläutert und anhand von Best Practices in der Ergonomie definiert, denn die Benutzeroberflächen von mobilen Applikationen sind anders – das muss zuerst verstanden werden. Das Ziel sind Skizzen bzw. ein Story-Board der App, mit dem wir uns das Szenario gut vorstellen können. *Die Whisky-App*

In Kapitel 2 (Mobile Entwicklung) bespricht Herr Weber die Entwicklungswerkzeuge: Wie kann gut entwickelt und wie kann dann getestet werden? *Werkzeuge*

Gerüstet mit den Tools führt er uns im Kapitel 3 (Architektur von Web-Apps) in die Architektur von Web-Applikationen ein. Danach sind MVC, Observer oder Objektorientierung in JavaScript keine Fremdwörter mehr. Dieses Kapitel ist sehr zentral, damit Sie danach verstehen, wie die Daten verwaltet werden und die Kommunikation zwischen den verschiedenen Schichten (Benutzeroberfläche, Logik und Datenhaltung) funktioniert. *Architektur*

In Kapitel 4 (Von HTML5 bis jQuery Mobile) werden die Entwickler der Spirit AG und folglich auch Sie erste Erfahrungen mit HTML5, jQuery, jQuery Mobile und dem Debugger machen. Kennen Sie jQuery bereits? Dann werden Sie dieses Tutorial überspringen können. Falls nicht, werden Sie auf wenigen Seiten das Wichtigste zu jQuery kennenlernen. Im darauffolgenden jQuery-Mobile-Tutorial werden Sie die Grundkonzepte kennenlernen, d.h. den Aufbau einer Seite und den Einsatz der Widgets. Dabei gehen wir aber noch nicht auf die Details ein. Dies erfolgt dann im Kapitel 5 (Der Whisky-App ein Gesicht geben). Dort lernen wir die verschiedenen jQuery-Mobile-Widgets im Detail kennen. Abgerundet wird das Kapitel mit dem Tablet-Layout *(Responsive Layout)*. *jQuery Mobile*

In Kapitel 6 (Whisky-App und HTML5-APIs) erweitern wir die App mit spannenden Funktionen aus HTML5: Datenbank, Geolocation, Canvas und Cache. *HTML 5*

Weitere Aspekte von jQuery Mobile werden in Kapitel 7 (Weitere jQM-Themen) betrachtet. Dies sind Tipps zur Performance, wie die jQM-Sprachelemente geändert werden können und schließlich wie man ein eigenes Widget entwickelt! *Mehr jQuery Mobile*

*Cloud*

Kapitel 8 (Cloud-Kommunikation) beschäftigt sich mit der Anbindung der Whisky-Cloud für die Eingabehilfe der Destillerien und dem Backup. Dabei werden Ajax und Web Sockets betrachtet. Auch eine Facebook-Integration und Push-Meldungen sollen nicht fehlen.

*App-Stores*

Was ist eine App, wenn sie in keinem App-Store erscheint? Der Kunde möchte auch in den App-Stores vertreten sein, weil er die Präsenz in den Stores als Bestandteil seiner Werbestrategie sieht. Deshalb wird Herr Weber in Kapitel 9 (Die Hybrid-App) aus der Web-App eine native App für die verschiedenen Plattformen erstellen – ohne alles nochmals neu zu entwickeln!

Wenn Sie während der Lektüre die Übersicht verlieren, dann könnte Ihnen im Anhang das UML-»Klassen«-Diagramm helfen, die JavaScript-Objekte richtig miteinander in Verbindung zu bringen.

### Quellcode und App

*Die Website zum Buch*

Die Links und den Quellcode finden Sie auf der Webseite *http://www.xapps.ch*. Der Benutzername lautet **jqm**, das Passwort *dpunkt*. Die Whisky-App steht auf *http://whisky.xapps.ch* zum Testen bereit.

### Danksagung

An dieser Stelle möchte ich meiner Familie Roswitha, Florian und Kathrin danken, die mir den nötigen Raum für dieses Buch gegeben haben.

Ich durfte viele Diskussionen mit Kunden, Kursteilnehmern und Kollegen zu diesem Thema führen. Vieles ist in dieses Buch auf die eine oder andere Art eingeflossen. Dafür danke ich und hoffe auf weitere spannende Diskussionen. Wenn nicht die Schule, an der ich Lehrbeauftragter bin, mich nach einem Kurs zu diesem Thema gefragt und somit die Grundlage geschaffen hätte, wäre dieses Buch wohl nicht entstanden. Dafür möchte ich mich bei Beat Hartmann und Martin Plaschy bedanken.

*Philipp Friberg*
April 2013

# 1   Die Whisky-App

*Bevor Herr Weber zusammen mit den Entwicklern der Spirit AG die Whisky-Rating-App entwickeln kann, muss er die Anforderungen beim Kunden ermitteln. Dazu lässt er sich zuerst das Business-Szenario vorstellen. Danach gibt er eine kleine Einführung in die App-Ergonomie, um schließlich das Story-Board für die Whisky-App zu gestalten. Mithilfe eines Story-Boards wird das Aussehen der zukünftigen App skizziert und der Ablauf dargestellt.*

## 1.1   Szenario

*Der Kunde hat sich sehr gut vorbereitet. Er erklärt Herrn Weber sein Business-Modell und beschreibt, wie sein Unternehmen mit dieser Applikation einen Mehrwert für Kunden erzeugen und seine Marke positionieren will. Dazu erläutert er, worauf es bei einem Whisky-Tasting ankommt. Somit kann sich Herr Weber ein gutes Bild machen, und indirekt werden auch bereits die Anforderungen zur App definiert.*

Mithilfe der App sollen Kunden ihre Eindrücke von Whisky-Tastings (Wertungen) notieren können. Eine solche Wertung besteht aus vielen Eindrücken und Informationen: So soll der Benutzer etwa den Ort und die Höhe[1] des Tastings angeben können. Da Tastings gelegentlich an Orten stattfinden, an denen es keine Internetverbindung gibt, muss die App auch ohne Internet funktionieren. Die Spirit AG betreibt außerdem eine eigene Whisky-Cloud, in der sie verschiedene Services wie zum Beispiel ein Distillery-Verzeichnis anbietet. Eine Anbindung an diese Services ist erwünscht. Angesprochen auf die Plattformen, will die Spirit AG erwartungsgemäß iOS und Android unterstützen; erwünscht sind aber so viele mobile Plattformen wie möglich. Um den

---

1. Die Höhe über dem Meeresspiegel verändert aus Sicht einiger Whiskyliebhaber den Eindruck. Somit kann ein Whisky auf Meereshöhe oder auf dem Jungfraujoch andere Geschmacksnoten zum Vorschein bringen.

Firmennamen bekannter und das Image modern zu machen, sollen die Apps wenn möglich in einem App-Store erscheinen.

Diese Anforderungen können sehr gut mithilfe einer Web-App umgesetzt werden:

- Die Daten können mithilfe von WebSQL oder Indexed DB lokal gespeichert werden, mehr dazu im Abschnitt 6.1.
- Mit Geolocation-Funktionen können der Ort, und je nach Sensor, die Höhe ermittelt werden. Mehr dazu finden Sie im Abschnitt 6.2.
- Die Server-Kommunikation kann mit Ajax oder mit Web Sockets erfolgen, siehe Kapitel 8.
- Eine Hybrid-App, also eine Web-App in nativer Form, die vom Store heruntergeladen werden kann, soll für die Plattformen Android und iOS erstellt werden, für den Rest gibt es die Web-Apps. Darum geht es im Kapitel 9.

Als Bibliothek für die Benutzeroberfläche kann jQuery Mobile eingesetzt werden. Im Kapitel 4 erhalten Sie eine Einführung dazu, und im Kapitel 5 gehen wir im Detail darauf ein.

## 1.2    Der Ergonomie-Workshop

*Herr Weber betont gegenüber seinem Auftraggeber kurz, dass sich die nachfolgenden Gedanken auf »Business«-Apps, also nicht auf grafisch orientierte Apps wie z.B. Games[2], Zeichenblöcke etc. beziehen.*

### 1.2.1    Was macht eine gute App aus?

Aus Sicht von Herrn Weber lässt sich eine gute App (ob nativ oder webbasiert) für mobile Geräte an fünf Punkten erkennen:

- Eine App ist für eine Aufgabe oder höchstens ein paar wenige Aufgaben gedacht.

Auf dem Desktop übernehmen die Applikationen oft viel mehr Aufgaben. So kümmern sich Business-Applikationen um viele Dinge: Erstellen von Angeboten, Zeiterfassung, Verrechnung, Finanzbuchhaltung, Materialwirtschaft, Kundenmanagement, Vertragsmanagement usw. Auf dem Markt der Mobile-Apps werden all diese Aufgaben auf viele Apps verteilt. Eine App für die Kundenbeziehungen, eine App für das Cash-Management, eine App für ... usw. Der integrative Gedanke ist nicht auf der App-Ebene anzu-

---

2.   Eine gute Einführung ist der Blog von FelineSoft: *http://www.felinesoft.com/ blog/index.php/2010/09/accelerated-game-programming-with-html5-and-canvas/*

siedeln, sondern auf der Schnittstellen- resp. Serverseite.

Es gibt auch viele Apps für bestimmte Werbekampagnen. Diese werden innerhalb kurzer Zeit promotet und danach fallen gelassen. Für solche »Wegwerf-Apps« gibt es einen eigenen Markt.

- Als Eingabegerät dienen bei einer App die Finger und nicht eine präzise Maus.

Dies mag trivial klingen, doch wer sich an die alten Microsoft-Windows-Phones erinnert, bei denen kleine Eingabeelemente bedient werden mussten, dem kommt der Graus. Folglich sind große Buttons und wenig Texteingabe gefordert! Anstatt eine Bewertung in Form von Text einzugeben, kann man also lieber ein paar Buttons verwenden – mit allen Vorteilen (Semantik) und Nachteilen (Benutzer wird in ein Schema gepresst). Der sogenannte elfte Finger, ein Stift, mit dem sich präziser zeichnen lässt, ist für spezielle Apps gedacht, z.B. Zeichnungs-Apps, Schrifterkennung etc. Er wird in der Regel nur bei Tablets akzeptiert.

- Nichts ist ärgerlicher, als wenn das @-Zeichen nur über Umwege bei einer Eingabe der E-Mail-Adresse erreichbar ist. Deshalb wird eine Tastatur mit den relevanten Eingabezeichen für eine bestimmte Eingabe erwartet.

- Kleine Bilder, Icons, lockern die App auf. Diese müssen aber zum Inhalt passen und dürfen nicht ablenken.

- Ein weiterer Punkt ist das Design. Dieses ist sehr vom persönlichen Geschmack abhängig. Deshalb gibt es identische Apps oft mit unterschiedlichem Look-and-Feel.

### 1.2.2   Designelemente

Um eine gute App entwickeln zu können, muss man sich über ein paar grundlegende Designelemente Gedanken machen.

**Den Platz nutzen**

Es ist ein Kunststück, den begrenzten Platz eines mobilen Gerätes optimal zu nutzen. Ein typisches Design-Muster, das man immer wieder antreffen kann, ist eine Liste als Auswahl. Listen ersetzen bei mobilen Geräten Tabellen und Menüs. Wenn ein Nutzer dann auf einen Eintrag tippt, kann er sich Detaildaten anschauen, editieren oder löschen.

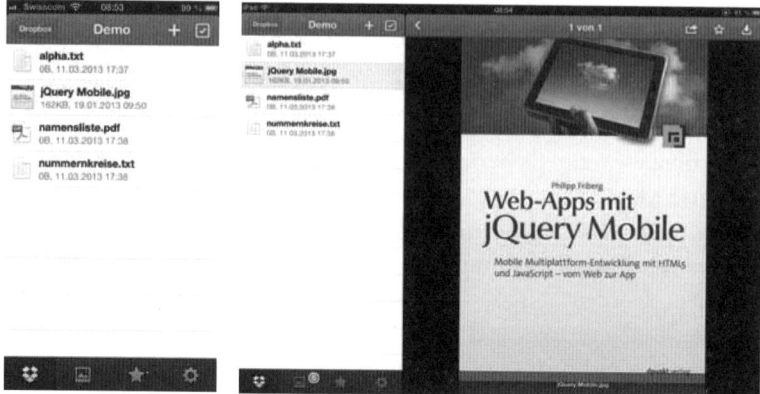

Bei Tablets werden diese zwei Bereiche – Listen und Details – meist nebeneinander dargestellt, etwa bei einem Mail-Programm.

Da der Platz beschränkt ist, ist auch ein Konzept gefordert, mit dem viele Informationen gruppiert und erst bei Bedarf eingeblendet werden können. Bei Desktop-Applikationen werden dazu oft Reiter verwendet, bei mobilen Plattformen eher selten. Eine Alternative sind sogenannte »Collapsible Sets«.

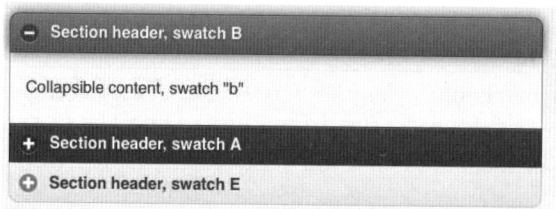

## Menü-Ersatz

Als Menü-Struktur haben sich Buttons im Titel oder in der Statusleiste (Status-Bar) bewährt, siehe Abbildung 1–1

Bei einer anderen oft gewählten Variante, besonders bei vielen Menüeinträgen, wird das Menü dynamisch seitlich als Panel eingeblendet, wenn der Benutzer an die Seite tippt oder eine Wisch-Geste macht. Bei Tablets können diese Menüpunkte als eigene schmale Spalte links fix eingeblendet sein. Diese Variante hat auch den Vorteil, dass zum Beispiel ein Ablauf (Guided Procedure) dargestellt werden kann.

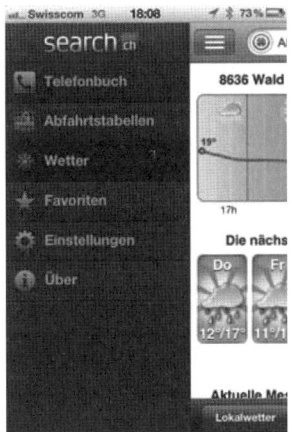

**Abb. 1–3**
*Menü nach Wisch-Geste*

Als Menü, besonders in der Einstiegsmaske werden Icons gerne in einer Tabelle dargestellt, der sogenannten Grid-Darstellung:

**Abb. 1–4**
*Icon-Grid als Menü*

Die oben genannten Listen werden auch oft als Menüpunkte benutzt:

**Abb. 1–5**
*Listen als Menü*

**Eingabeelemente**

Als Eingabeelemente für Ja/Nein-Entscheidungen haben sich *Flip Toggle Switches* bewährt. Diese Elemente stellen einen Schalter dar, der zwischen zwei Zuständen hin- und hergekippt werden kann, siehe Abbildung 1–6. Checkboxen und Radiobuttons sind bei mehreren Auswahlmöglichkeiten geeignet. Sliders für die Werteingabe eignen sich nur, wenn der Bereich klein ist, sonst wird das Feingefühl des Benutzers überstrapaziert.

*Abb. 1–6*

*Von oben nach unten: Flip Toggle Switch, Check-boxen, Radiobuttons und Slider als fingertaugliche Eingabeelemente*

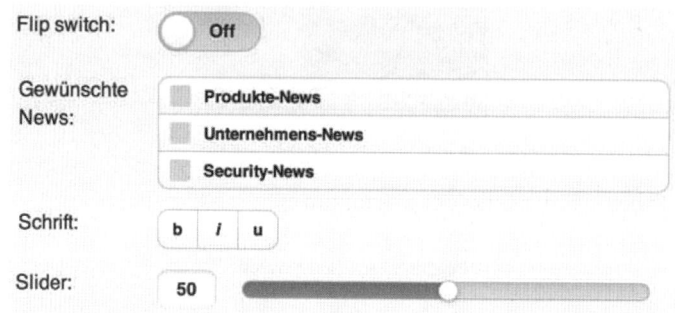

Drop-down-Boxen werden auf den verschiedenen Geräten unterschiedlich umgesetzt. Auf einem iPhone werden sie unten am Bildschirm eingeblendet, auf einem iPad als Box beim Element. Teile des Bildes können dadurch aber verdeckt werden. Dies muss berücksichtigt werden, damit keine anderen Elemente verdeckt werden, die für die Eingabe sichtbar sein sollten. Zum Beispiel wird in der Abbildung unten auf dem iPhone die Hälfte des Displays für das Drop-down benötigt.

*Abb. 1–7*

*Drop-down-Eingaben beim iPhone und iPad*

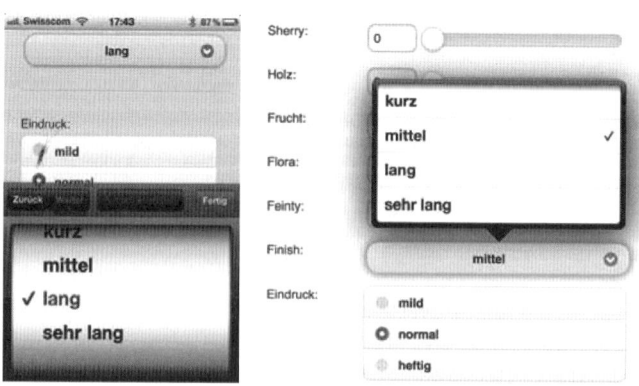

**Eingabehilfen**

Die Eingabe von Text bei mobilen Geräten kann sehr mühsam sein. Deshalb bieten Betriebssysteme unterschiedliche Tastaturen an, je nach Eingabefeld. Muss zum Beispiel eine Telefonnummer eingegeben werden, so ergibt es keinen Sinn, dem Benutzer Buchstaben anzubieten. Die meisten Betriebssysteme bieten deshalb virtuelle Tastaturen an für:

- Telefonnummern
- Numerische Eingabe
- Alphanumerische Eingabe (Text)
- Internet-Adressen; oft wird hier zwischen einer URL und einer E-Mail-Adresse unterschieden.

Die Umschaltung zwischen den Tastaturen kann der Benutzer – je nach Betriebssystem – beeinflussen oder nicht, z.B. kann ein iOS-Benutzer diese selbst umschalten, unter Android nicht.

*Abb. 1–8*

*Von links nach rechts: verschiedene Tastaturen für eine optimale Eingabe: Text, URL, E-Mail, Zahl und Telefonnummer*

Ein weiterer Aspekt ist die Eingabe eines Datums und/oder einer Zeit. Auch hier bieten die verschiedenen Betriebssysteme nativ unterschiedliche Eingabehilfen an.

Die Unterstützung solch verschiedener Tastaturen in Web-Apps ist Bestandteil von HTML5 und wird dort Web Forms 2.0 genannt. Die Input-Elemente wurden um das Attribut type erweitert, z.B. für die Eingabe eines Datums:

*Web Forms 2.0*

```
<input type="date" name="date" id="date" />
```

Die Unterstützung der Input-Typen wird laufend von den Browserherstellern erweitert. Dasselbe gilt für die weiteren zusätzlichen Attribute. Die Webseite *http://wufoo.com/html5/* zeigt die Unterstützung grafisch sehr ansprechend auf. Leider passiert es auch öfter, dass gewisse Möglichkeiten von Browsern plötzlich nicht mehr unterstützt werden. Die Tabelle zeigt einen Überblick und stammt von der obigen Webseite:

*Tab. 1–1*

*Unterstützung des
Input-Type-Parameters
(Stand März 2013)*

| Typ | Firefox | Safari | **Safari Mobile** | Chrome | Opera | IE | **Android** |
|---|---|---|---|---|---|---|---|
| Email | 4+ | 5+ | 3.1+ | 10+ | 10.6+ | 10+ | 2.3- |
| Tel | 4+ | 5+ | 3.1+ | 6+ | 10.6+ | 10+ | 2.3+ |
| Url | 4+ | 5+ | 3.1+ | 10+ | 10.6+ | 10+ | 2.3- |
| Search | 4+ | 5+ | 4+ | 6+ | 10.6+ | 10+ | 2.3- |
| Color | 11- | 5.2- | 5- | 20+ | 11+ | 10- | 2.3- |
| Number | 11- | 5.2+ | 4+ | 9-/10+ | 11+ | 10- | 2.3+ |
| Range | 11- | 4+ | 5+ | 6+ | 9+ | 10+ | 2.3- |
| Date | 11- | 5+ | 5- | 20+ | 10.6+ | 10- | 2.3- |

Um selbst zu testen, wie welche Typen umgesetzt werden, schreiben sich die Spirit-Entwickler eine kurze HTML-Datei, die die verschiedenen Eingabetypen enthält:

*Listing 1–1*

*Eingabe-Typen*

```html
<!DOCTYPE html>
<html>
    <head>
        <title>Web Forms 2.0</title>
        <meta charset="utf-8">
    </head>
    <body>
        <header>
            <h1>Web Forms 2.0</h1>
        </header>
        <section>
            <form>
                <p>Text: <input type="text" maxlength="6"
                        autocomplete="on"/></p>
                <p>Text: <input type="text" maxlength="6"
                        autocomplete="off"/></p>
                <p>Search: <input type="search"
                        list="search-suggestions" />
                <datalist id="search-suggestions">
                    <option label="DE" value="Deutschland">
                    <option label="CH" value="Schweiz">
                    <option label="AT" value="Österreich">
                    <option label="IT" value="Italien">
                </datalist></p>
                <p>Telephone:<input type="tel"
                        pattern="[0-9]{10}" name="tel"
                        title="Telefonnummer"/></p>
                <p>Password: <input type="password"
                        autofocus placeholder="Password"/></p>
                <p>URL: <input type="url" required /></p>
                <p>Email: <input type="email"
                        placeholder="abc@def.de" /></p>
                <p>Datetime: <input type="datetime" /></p>
                <p>Date: <input type="date" /></p>
```

```
            <p>Month: <input type="month" /></p>
            <p>Week: <input type="week" /></p>
            <p>Time: <input type="time" /></p>
            <p>Date-Time Local:
             <input type="datetime-local" /></p>
            <p>Number: <input type="number" min="99"
                   max="101"/></p>
            <p>Range: <input type="range" name="range" /></p>
            <p>Color: <input type="color" /></p>
        </form>
      </section>
   <body>
 </html>
```

Wie aus dem Listing oben ersichtlich ist, gibt es noch den search-Typ, dem eine Auswahl der Suche mitgegeben werden kann. Für die Zeiten gibt es verschiedene Arten der Eingabe – je nach Bedarf.

Leider wird der date-Typ nicht auf allen Plattformen unterstützt. Deshalb empfiehlt sich die Bibliothek Datebox[3]. Der Vorteil dieser Bibliothek ist, dass sie sowohl das Android- als auch das iOS- Look-and-Feel imitiert.

*Abb. 1–9*

*Datumseingabe: Datebox*

Wie erfolgt dann die Validierung solcher Felder? HTML5 sieht dazu das Attribut pattern vor, in dem ein Regulärer Ausdruck (RegEx)[4] angegeben werden kann, dem die Eingaben entsprechen müssen. Leider unterstützen mobile Browser dieses Attribut noch nicht bzw. nicht mehr. Die Website *http://www.html5pattern.com/* zeigt verschiedene Einsatzmöglichkeiten.

Ein weiteres spannendes HTML5-Attribut ist placeholder beim Input-Element. Der Attributstext wird im Element grau dargestellt.

---

3.  Zu finden unter: *https://github.com/jtsage/jquery-mobile-datebox*
4.  *http://de.wikipedia.org/wiki/Regul%C3%A4rer_Ausdruck*, Verzeichnis mit vielen Beispielen: *http://regexlib.com/*

Wenn der Benutzer etwas eingeben will, so verschwindet dieser Text. Auf diese Weise kann man dem Benutzer eine mögliche Eingabe vorschlagen. Das obige Beispiel erzeugt folgende Ausgabe:

*Abb. 1–10*

*Placeholder im*

*Eingabefeld*

Email: `abc@def.de`

Das Attribut `autofocus` setzt den Eingabefokus auf das entsprechende Element; somit ist kein JavaScript mehr nötig. `required` gibt an, dass das Feld ausgefüllt sein muss. Mit dem Attribut `autocomplete` kann das automatische Vervollständigen gesteuert werden. Besonders auf den Mobile-Geräten ist dieses Feature sehr hilfreich, kann aber je nach Eingabe auch sehr ärgerlich sein, z.B. bei der Eingabe von Benutzernamen.

Ein weiteres interessantes Element ist die `datalist`. Damit kann eine Liste als Auswahl mit möglichen Texten mitgegeben werden, aber der Anwender kann trotzdem seinen eigenen Text eingeben. Dies ist also eine Mischung aus gesteuertem `autocomplete`, einer Drop-down-Liste ohne natives Drop-down und einem Eingabefeld. Leider wird dieses Element unter Safari und Android nicht unterstützt.

Die folgende Tabelle zeigt, welche Attribute von welchen Browsern unterstützt werden:

*Tab. 1–2*

*Unterstützung der*

*Input-Attribute*

*(Stand: März 2013)*

| Neue Attribute | Firefox | Safari | **Safari Mobile** | Chrome | Opera | IE | **Android** |
|---|---|---|---|---|---|---|---|
| placeholder | 4+ | 5+ | 4+ | 10+ | 11.50 | 10+ | 2.3+ |
| pattern | 4+ | | | 10+ | 11+ | 10+ | |
| datalist | 4+ | | | 20+ | 10.6+ | 10+ | |
| autocomplete | 4+ | 5.2+ | | 17+ | 10.6+ | | |
| required | 6+ | | | 6+ | 10.6+ | 10+ | |
| autofocus | 4+ | 5+ | | 6+ | 11+ | 10+ | |
| spellcheck | 3.6+ | 4+ | | 10+ | 11+ | 10+ | |

### 1.2.3  Zusammenfassung

Aus diesem Abschnitt ergeben sich einige Merksätze, die Herr Weber dem Kunden mitgeben möchte:

- Schlanke, auf wenige Aufgaben konzentrierte Apps sind beliebter als überladene Universal-Apps.
- Das Benutzer-Interface muss mit der Hand bedienbar und trotzdem übersichtlich sein (Platz).

Nutzen Sie den Platz und verwenden Sie eindeutige kleine Icons zur Visualisierung.

Nutzen Sie die Web-Forms-2.0-Möglichkeiten von HTML5, um dem Benutzer die optimale Tastatur und Eingabe-Hilfen zu präsentieren.

Für die Vertiefung dieses Themas empfehle ich das Buch *Mobile Design Pattern Gallery* von Theresa Neil.

## 1.3   Ein Story-Board für die Whisky-APP

*Beim anschließenden Kaffee wurde noch viel über ansprechendes Design diskutiert. Nun ist es aber an der Zeit, sich um das Story-Board zu kümmern. Herr Weber erklärt, um was es geht: Es soll anhand von groben Skizzen und Abläufen das zukünftige Benutzerinterface der App darstellen, sodass sich der Kunde damit identifizieren kann. Es geht weniger um die Details als um die grobe Anordnung und um das durchgehende Design. Für die Entwickler hat es den Vorteil, dass diese gemeinsame Sprache die Kommunikation erleichtert und schnell Problembereiche aufdeckt.*

### 1.3.1   Anforderungen

Die grundlegende Idee der App ist die Bewertung von Whisky-Proben. Dazu gibt es, wie in jeder Branche, verschiedene Modelle. Die Spirit AG möchte hier ihr eigenes Modell umgesetzt haben[5]:

Eine Grobwertung. Dies spricht die aktuelle Gefühlslage an und soll einen ganz allgemeinen Eindruck widerspiegeln. Es sind vier Werte zugelassen, entsprechend ungefähr *nicht mein Fall*, *naja*, *ok* und *sehr gut*.

In einem Rating von 0 bis 6 soll der Taster die erkannten Geschmacksrichtungen angeben. Dabei gilt:

- 0 = keine
- 1 = Spuren
- 2 = wenig
- 3 = erkennbar
- 4 = deutlich
- 5 = kräftig
- 6 = überwiegend

---

5.   Dieses Modell entspricht weitgehend dem Modell von Whisky Fox. Auf der Homepage ist eine gute Zusammenstellung der Aromen zu finden: *http://www.whisky-fox.de/all_flavours.php*

▓ Die sechs Geschmacksrichtungen sind:

- Torf: Rauchigkeit, medizinisch
- Sherry: nussig, Schokolade, eher ölig
- Holz: Würze, Vanille
- Frucht: Zitrus, Apfel, Aprikose, Dörrobst
- Flora: Düfte nach Heu, Gras, Frühling, Blüten
- Feinty: süßlich, Käse, Tabak, Leder, Honig

▓ Die Wertung gemäß dem Modell soll grafisch dargestellt werden.

▓ Finish: *kurz*, *mittel* oder *lang* (wie lange und wie weit der Whisky im Gaumen und danach in der Speiseröhre spürbar ist).

▓ Einen freien, mehrzeiligen Kommentar.

Neben diesen persönlichen Daten sind auch ein paar Informationen über den Whisky und die Verkostung notwendig:

▓ Ort der Verkostung: soll automatisch mithilfe der Geräteposition ermittelt werden.

▓ Datum der Verkostung: der aktuelle Tag soll vorgeschlagen werden.

▓ Distillery: soll aus einem Verzeichnis nachgeschlagen werden. Eine freie Eingabe muss aber auch möglich sein, da hier gewisse Tasting-Teilnehmer auch unabhängige Abfüller eintragen werden.

▓ Bezeichnung des Whiskys, z.B. »10j« oder »12j Chieftains«.

▓ Fasssorte, aus einer fixen Auswahl.

▓ Abgefüllt in Fassstärke[6] oder verdünnt?

▓ Wurde ein Fass-Finish durchgeführt?

▓ Proben- oder Fass-Nummer, wenn vorhanden und je nach Anwender.

Die erfolgten Wertungen sollen in einer Liste angezeigt werden, die nach der Destillerie sortiert ist. Auf einem Smartphone soll nur die Bezeichnung und die Wertung angezeigt werden sowie die Angabe, ob ein Whisky extrem fruchtig, extrem rauchig ist oder einen extremen Sherry-Geschmack hat; wobei »extrem« mit »6« bewertet wird. Es soll jeweils nur ein Extremwert angezeigt werden. Auf einem Tablet soll der Benutzer auf einen Blick zusätzliche, wichtige Informationen erkennen: Fasstyp, Fassstärke und Eindruck.

Eine Wertung kann erfasst, editiert und gelöscht werden. Da die Tastings oft an sehr speziellen Orten stattfinden, z.B. in einem Wein-keller-ähnlichen Raum, kann nicht von einer Mobilfunk-Verbindung ausgegangen werden. Deshalb muss eine Offline-Bedienung möglich sein.

---

6.   Als »Whisky in Fassstärke« bezeichnet man einen unverdünnten Whisky. Hintergrund: Beim Abfüllen aus dem Fass wird Whisky oft auf 40, 43 oder 46 % Vol. reduziert – geschieht dies nicht, so spricht man von Fassstärke.

*Die Anforderungen stehen, nur wie sollen sie umgesetzt werden? Haben Sie alles erfassen können? Herr Weber zeichnet der Übersicht halber ein Use-Case-Diagramm, das die Aktivitäten aufzeigt und skizziert nachher einen groben Vorschlag für die Benutzeroberfläche.*

### 1.3.2   Use-Case-Diagramm

Aus den obigen Anforderungen lässt sich das *Use-Case*-Diagramm[7], auf Deutsch: Anwendungsfalldiagramm, erstellen. Damit soll verdeutlicht werden, welches Szenario mithilfe der App erreicht werden kann. Da keine PUSH-Nachrichten verwendet werden, sind nur Benutzeraktivitäten möglich:

**Abb. 1–11**
*Use-Case-Diagramm*

Der Anwender kann folglich eine Bewertung erstellen, löschen und editieren, wobei er für das Löschen und Editieren zuerst eine Wertung ausgewählt haben muss.

### 1.3.3   Story-Board

Mit dem Story-Board sollen die Seitenstruktur und der Ablauf der Bedienung visualisiert werden. Dies hilft bei Diskussionen mit dem Kunden und vermittelt allen Beteiligten eine gemeinsame Vorstellung.

---

7.  Use-Case-Diagramme gehören zu den UML-Diagrammen. Es ist eine grafische Modellierungssprache, die einen Standard in der Softwareentwicklung darstellt. Mehr Informationen dazu unter: *http://de.wikipedia.org/wiki/Unified_Modeling_Language*

Wir werden dieses anhand von Skizzen betrachten. Es geht nicht um jedes einzelne Feld, sondern mehr um die Sicht aufs Ganze.

Wir werden zwei verschiedene Layouts antreffen: eines für Smartphones, bei dem die erste Seite eine Liste mit den Wertungen sein wird und die zweite Seite die Wertung selbst. Beim Layout für Tablets werden diese zwei Seiten zu einer verschmolzen: links als Auswahl der Wertungen, rechts die Wertung selbst – ähnlich wie bei einem Mail-Programm.

Die Eingabe der Wertung ist sehr umfangreich. Um den Benutzer nicht mit zu vielen Feldern zu konfrontieren, können diese in die drei Bereiche *Allgemein*, *Wertung* und *Ort* eingeteilt werden, wobei wir ein Collapsible Set verwenden. Die grafische Darstellung der Wertung platzieren wir oberhalb des Sets. Die Aktivitäten aus dem Use-Case Diagramm in Abbildung 1–11 wie *Wertung löschen* (Use-Case 2) und *Wertung speichern* (Use-Case 3) können wir unterhalb des Sets als Menüleiste platzieren. Ich schlage deshalb folgendes Smartphone-Layout vor:

*Abb. 1–12*
*Smartphone-Layout*

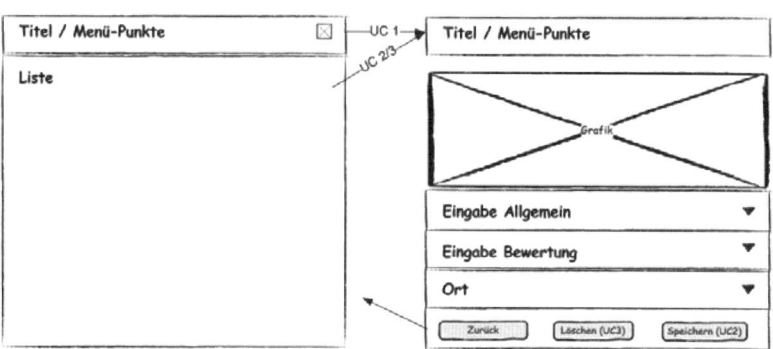

Tippt der Benutzer mit dem Finger auf einen Listeneintrag, so wird der Unter-UC *Bewertung auswählen* ausgeführt und die Bewertung wird dargestellt.

Auf einem Tablet stellen wir die zwei Bereiche, die Liste und die Details, nebeneinander dar:

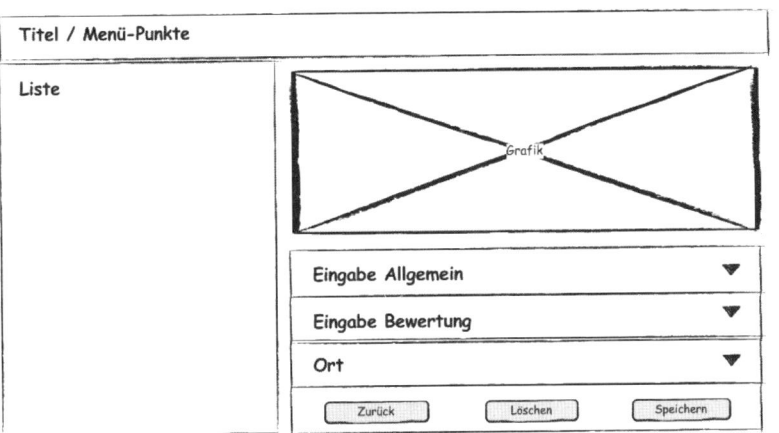

**Abb. 1–13**

*Tablet-Layout*

Die Buttons werden wir mit Icons versehen. Wenn eine Wertung gelöscht wird, so soll der Benutzer gefragt werden, ob es ihm wirklich ernst ist.

Betrachten wir die Liste genauer:

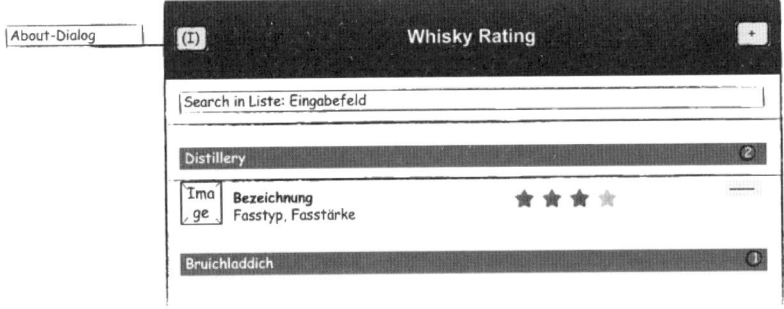

**Abb. 1–14**

*Listen-Layout*

Die Icons zur Wertung müssen vom Grafiker noch geliefert werden. Für die generelle Wertung eignet sich die aus dem Internet bekannte Sternen-Wertung. Der lange Strich rechts soll die Länge des Abgangs darstellen.

Die Eingabe-Elemente der Wertung sind vielfältig. Wir definieren in der folgenden Tabelle nur die Art der Eingabe, die Ausgabe ergibt sich daraus:

*Tab. 1–3*
*Eingabe-Felder der*
*Whisky-Wertung*

| Bereich | Feld | Art der Eingabe |
|---|---|---|
| Allgemein | Distillery | Eingabe-Feld mit Auswahlhilfe (Auswahl der Distillery), freie Eingabe muss aber möglich sein. Muss-Feld. Dies visuell, z.B. durch Farbe, darstellen. |
| | Bezeichnung | Freitexteingabe. *Placeholder* als Beispiel verwenden. Muss-Feld. Dies visuell, z.B. durch Farbe, darstellen. |
| | Fasstyp | Drop-down-Menü |
| | Fassstärke? | Da Ja/Nein-Auswahl, am besten ein *Flip Switch*. |
| | Finish? | Da Ja/Nein-Auswahl, am besten ein *Flip Switch*. |
| | Degustiert am | Datums-Eingabe, am besten mithilfe eines Datums-Pickers. Muss-Feld und Datum auf Format prüfen. Dies visuell, z.B. durch Farbe, darstellen. |
| | Proben-/Fass-Nr | Freie Texteingabe |
| Wertung | Grob-Wertung | Wertung mit 4 großen Sternen |
| | Torf/Rauch Sherry Holz Frucht Flora Feinty | Slider mit Wertebereich von 0 bis 6. Tooltip für eine Beschreibung |
| | Finish | Drop-down-Menü |
| | Kommentar | Kommentarfeld mit mehreren Zeilen |
| Ort | | Siehe Abbildung 1–15 |

*Abb. 1–15*
*Darstellung der aktuellen*
*Position*

Dieses Story-Board ist sehr kurz gehalten, aber wir möchten ja lieber die App entwickeln. Ich denke deshalb, dass es vorerst mal so genügt.

## 1.4 Zusammenfassung

*Der Workshop ist erfolgreich beendet. Herr Weber ist froh, war es doch ein sehr intensiver Tag.*

*Wichtig ist, dass sich die Entwickler bewusst sind, was eine gute App ausmacht und mit welchen Designelemente solch eine App umgesetzt werden kann. Bereits einfache Dinge wie die Wahl der richtigen Tastatur erleichtern dem Anwender die Arbeit.*

*Dank des Story-Boards hat Herr Weber nun ein gutes Gefühl und kann sich sehr gut vorstellen, wie die App aussehen wird. Zwar sind noch nicht alle Fragen beantwortet, aber das kommt dann im Laufe des Projektes schon noch.*

*Irgendwie hat er nun Lust bekommen, einen Whisky zu verkosten ...*

# 2 Mobile Entwicklung

*Herr Weber hat gemeinsam mit der Spirit AG die Anforderungen defi-
niert. Nun gilt es aufzuzeigen, wie die Web-App entwickelt werden
kann. Dabei wird er seinem Kunden die Einflüsse der Betriebssysteme
und Browser auf das Projekt aufzeigen und erläutern, mit welchen
Tools solche Projekte umgesetzt werden können.*

## 2.1 Der Einfluss des Browsers

Es dürfte klar sein, dass die Funktionalitäten des Browsers der jeweiligen Plattform einen großen Einfluss auf die Web-App haben. Dies
erschwert leider auch die Entwicklung. Die folgende Übersicht zeigt,
dass es nicht so eindeutig ist, welcher Browser auf welcher Plattform
läuft:

| Plattform | Standard-Browser | Weitere Browser |
|---|---|---|
| iOS | Safari | Opera Mini, Chrome, Dolphin, ... und Apps, in denen der Safari läuft |
| Android | Android-Browser | Firefox, Opera Mini, Opera Mobile, Chrome, Dolphin, ... |
| Symbian | Symbian-Browser | Opera Mini, Opera Mobile |
| Windows Phone | Internet Explorer | |
| Windows Mobile | Internet Explorer | Opera Mobile |
| BlackBerry OS | BlackBerry-Browser | Opera Mini |
| BlackBerry Tablet OS | Tablet-OS-Browser | |

*Tab. 2–1*
*Übersicht der Browser auf
den verschiedenen
Plattformen*

Die Display-Größe ist eine der größten Restriktionen von Web-Apps.
Dies ist besonders zu berücksichtigen, wenn die App auf verschiedenen
Geräten und auf Smartphones und Tablets ansprechend wirken soll.

Die Auflösungen beginnen bei 160×100 Pixel (BlackBerry 5xxx) und können jede Dimension annehmen.

Für die Entwicklung kann es einfacher sein, eine Funktion auf dem Entwicklungssystem zu überprüfen, als sie jedes Mal auf den verschiedenen Plattformen zu testen. Ich möchte an dieser Stelle betonen, dass die reale Plattform nichts ersetzt; aber die Kombination des Desktop-Browsers mit den iOS- und Android-Geräten kann sehr effizient sein. Da HTML5 in Entwicklung ist, kann sich das Verhalten von Browserversion zu Browserversion noch stark ändern – auch auf den Mobiles!

*Browser zum Testen*        Als Browser für solche Tests empfehle ich Browser, die auf der WebKit-Browser-Engine[1] basieren. Dies sind Safari, der Android-Browser, Chrome, die neusten Opera-Browser sowie die BlackBerry-Browser. Ältere und zum Teil aktuelle Opera-Browser, Firefox und der Internet Explorer gehören nicht dazu. Zu beachten ist, dass die Mobile-Versionen zum Teil nicht dieselben Funktionen und APIs wie die Desktop-Versionen unterstützen. Somit dürfte nach dem Vergleich in Übersicht der Browser auf den verschiedenen Plattformen schnell die Problematik der unterschiedlichen Browser-Typen klar werden.

*Webkit*        Apple wollte einen eigenen Browser für ihr Betriebssystem haben. Deshalb spalteten sie 2002 die HTML- und JavaScript-Engine vom KDE Konqueror (einem Mozilla-Projekt) ab und nannten diese WebKit. Zuerst erfolgte eine enge Zusammenarbeit zwischen KDE und Apple, bis Apple immer mehr seinen eigenen Weg ging, wie z.B. die Portierung auf Objective-C. Dies führte zur Trennung. Erst als Apple 2005 den WebKit-Browser attraktiver für die Open-Source-Community gestaltete, machten weitere Unternehmen mit. Unterdessen ist KDE wieder mit dabei, außerdem weitere Firmen wie Nokia, Google, RIM, Palm, Samsung. Die Lizenz des Browsers und dessen Komponenten ist die Open-Source-Lizenz LGPL/BSD. Der WebKit-Browser besteht aus den drei Komponenten:

- WebCore: Dies ist die HTML- und CSS-Rendering-Engine für die Darstellung der Webseite.
- JavaScriptCore: Dies ist der JavaScript-Interpreter, der alles dafür tut, dass die Ausführung möglichst schnell ist.
- Web Inspector: Mit dem Web Inspector lässt sich der DOM zur Laufzeit betrachten, JavaScript lässt sich damit debuggen und messen.

Alle Browser enthalten Hilfen für die Entwicklung. Bei Firefox bieten verschiedene Plug-ins, z.B. FireBug, die gewünschten Tools. Chrome

---

1.   *http://www.webkit.org/*

von Google und Safari von Apple bringen sie bereits von Haus aus mit.
Es kann auch direkt der WebKit-Browser selbst eingesetzt werden.

Sehr hilfreich sind die Funktionen, die in den Entwicklungs-Tools
zu finden sind. Die Darstellung kann je nach Browser und Version
variieren:

*Abb. 2–1*
*Die Entwicklungs-Tools im Browser*

- Elements: In diesem Bereich wird der dynamische DOM angezeigt.
  Dies bedeutet, dass dort das HTML nach der Manipulation von den
  Bibliotheken und einem selbst analysiert werden kann. In der Regel
  lassen sich der DOM und das CSS direkt im Browser manipulieren.
- Ressource: In diesem Bereich finden wir die Datenbanken, Cookies
  usw. Auch hier lassen sich die Werte verändern.

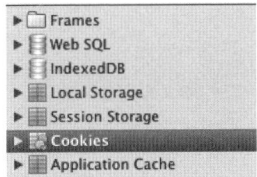

*Abb. 2–2*
*Ressourcen in den Entwicklungs-Tools*

- Network: Hier kann analysiert werden, was wann vom Netz geladen wurde und wie lange dies brauchte.
- Sources: Dies ist der JavaScript-Debugger. Mit seiner Hilfe kann
  man schnell Fehler in der Programmlogik finden. Dazu setzt man
  in einer geöffneten Datei durch Klick auf eine Zeile zunächst einen
  Breakpoint. Wenn der Browser das nächste Mal an diesem Punkt
  vorbeikommt, wird die Ausführung angehalten und Sie können die
  Variableninhalte analysieren und den Ablauf des Codes in Einzel-
  schritten nachvollziehen:

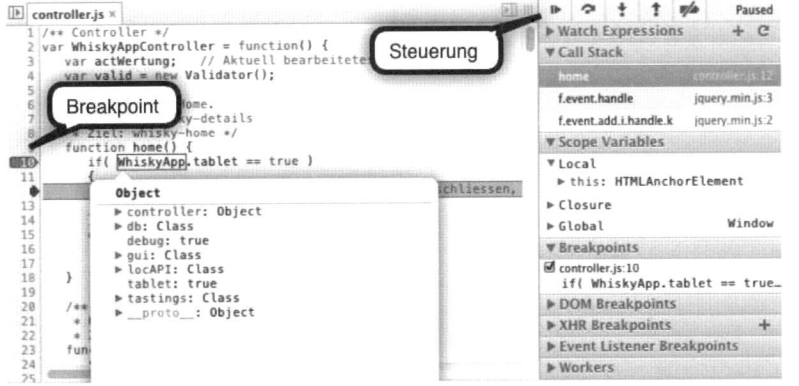

*Abb. 2–3*
*Java-Script-Debugger*

◫ Timeline, Profiles und Audits sind für die Performance-Analyse hilfreich.

◫ Console: Dies ist die JavaScript- und Fehler-Konsole. In dieser kann man per `console.log()` Meldungen ausgeben oder andere Fehlermeldungen analysieren.

Im Chrome-Browser sind die Tools im Menü *Anzeigen*, *Entwickler*, *Entwickler-Tools* zu finden. Im Safari kann das Entwicklungs-Menü in den Einstellungen eingeblendet werden. Danach gibt es einen eigenen Menüpunkt für die Entwicklungs-Tools.

*Abb. 2–4*
*Entwickler-Menü im Safari freischalten*

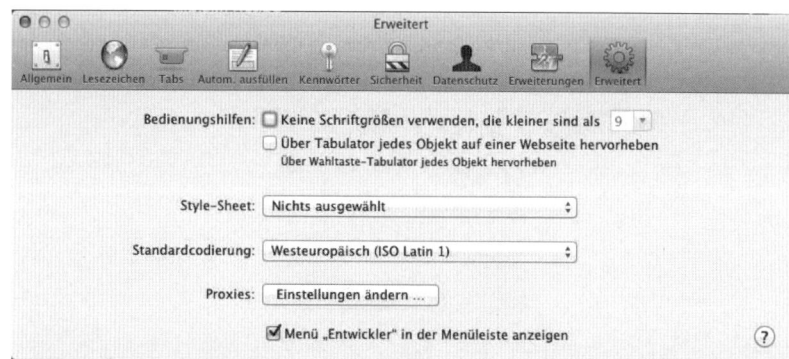

Auf dem iPhone/iPad kann die JavaScript-Konsole in der App *Einstellungen*, *Safari*, *Erweitert*, *Debug-Konsole* aktiviert werden:

*Abb. 2–5*
*JavaScript-Konsole im iPhone aktivieren und benutzen*

Für Android muss das Android-SDK installiert sein. Dann kann auf die Debug-Konsole vom PC aus zugegriffen werden.

## 2.2  Entwicklungsumgebungen

Für die Entwicklung wird theoretisch nur ein Editor benötigt. Da dies jedoch wenig Spaß macht, gibt es diverse Tools auf dem Markt, die besonders durch die Codedarstellung und weitere spezifische Funktionen auffallen. Um ein paar zu nennen: TextWrangler, HyperEdit, UltraEdit, Eclipse, Dreamweaver, Aptana Studio, Notepad++ usw. Ein paar sollen im Folgenden vorgestellt werden.

### 2.2.1  Eclipse

Eclipse ist eine weitverbreitete, kostenlose und mächtige Entwicklungsumgebung für verschiedene Sprachen. Ihr Ursprung liegt in der Java-Welt. Über Plug-ins lässt sich diese sehr flexible Umgebung beliebig erweitern. Für JavaScript gibt es das Bundle *Eclipse Web Tools*[2]. Sehr hilfreich sind dabei die fortlaufende Syntaxprüfung sowie die Codevorschläge während der Eingabe.

> **Tipp**
>
> Bei bereits installiertem Eclipse für Java oder anderen Versionen empfehle ich, diese Version nochmals separat in ein anderes Verzeichnis zu installieren, da sich diverse Plug-ins gegenseitig stören könnten. Für die (spätere) native Entwicklung für Android ist ebenfalls Eclipse notwendig, aber eine Java-Edition, deren Plug-ins nicht mit den Web-Tools-Plug-ins kompatibel sind.

### 2.2.2  Aptana Studio

Aptana Studio 3 ist eine sehr leistungsfähige und kostenlose JavaScript-Entwicklungsumgebung[3], ebenfalls basierend auf Eclipse. Appcelerator, der Hersteller der Plug-ins, vertreibt diese Umgebung kostenlos und verdient Geld mit dem Support und den professionellen Mobile-Tools, unter anderem einer Bibliothek für die Generierung von nativen Apps aus JavaScript. Aptana ist ähnlich wie Eclipse Web Tools mit ein paar nützlichen Extras ausgestattet, z.B. dem direkten FTP-Zugriff auf Server für das Deployment oder dem integrierten Webserver. Im Menü *Commands* stehen viele Codestrukturen verschiedener Webentwicklungssprachen zur Verfügung. Es lassen sich auch Bundles nachinstallieren (sofern zuvor Git[4] installiert wurde), so zum Beispiel

---

2.  *Download: http://www.eclipse.org/webtools/*
3.  *http://www.aptana.com/*

jQuery (aber leider nicht jQuery Mobile). Auch der HTML-Editor lässt sich sehen.

**Abb. 2–6**

*Aptana Studio*

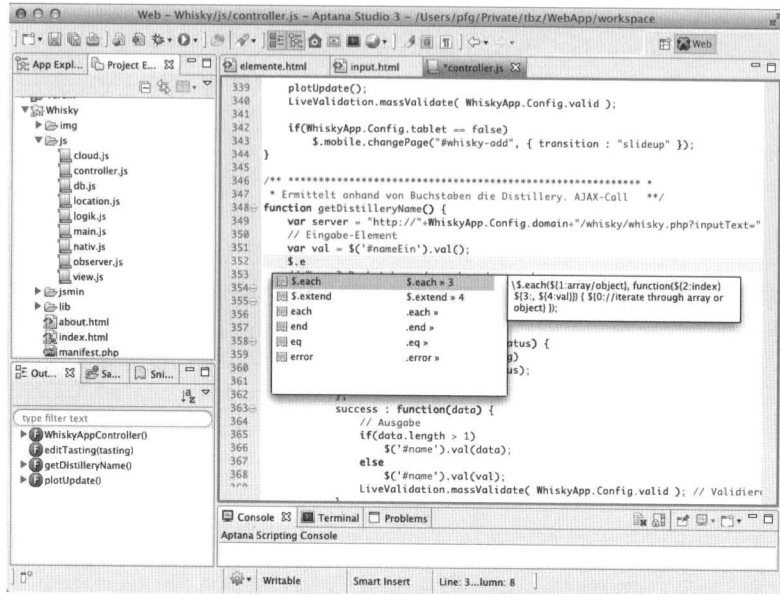

**Tipps**

Aptana Studio enthält verschiedene Themen zur Darstellung. Standardmäßig kommt das Thema »Aptana Studio« zur Anwendung, das einen schwarzen Hintergrund mit weißer Schrift zeigt. Ich persönlich finde das traditionelle Schwarz auf Weiß angenehmer. Umschalten kann man dies mit dem Icon ⬤▾.

Das Nachladen von jQuery für die Code-Vervollständigung ist auch sehr empfehlenswert. Nach der Installation von Git muss in Aptana Studio im Menü *Commands, Bundle Development, Install Bundle* gewählt werden. Aus dieser Liste kann nun die Definition zu jQuery nachgeladen werden.

### 2.2.3   IntelliJ IDEA

Die IntelliJ IDEA[5] von der Firma JetBRAINS gibt es in einer kommerziellen Version und einer Open-Source-Community-Version. Sie eignet sich für Java-Projekte verschiedener Plattformen und auch für Java-

---

4.  Git ist ein Tool zur Quellcode-Verwaltung und wird auch gebraucht, um aktuelle Entwicklungsversionen der JavaScript-Bibliotheken zu laden: *http://git-scm.com/download*

5.  *http://www.jetbrains.com/idea/*

Script-Projekte. Die Editoren sind angenehm anders als die Eclipse-Editoren. Die Erweiterbarkeit der Umgebung, die Integration in den Build-Prozess etc. sind gut umgesetzt. Durch Plug-ins lassen sich ExtJS, jQuery, Prototype etc. integrieren. Somit bietet die Umgebung eine exzellente Code-Completion an. Leider wurde auch hier jQuery Mobile noch nicht unterstützt.

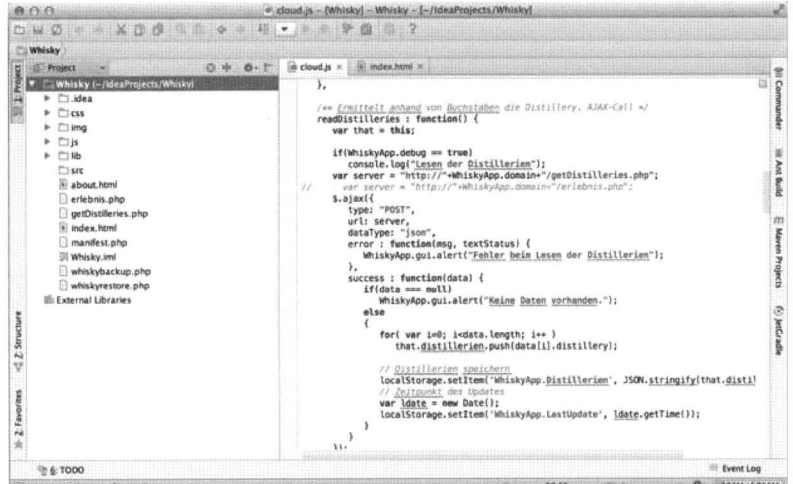

**Abb. 2–7**

*IntelliJ IDEA*

### 2.2.4   Adobe Dreamweaver ab CS5.5

Adobe Dreamweaver unterstützt jQuery Mobile ab der Dreamweaver-Version 5.5. Das Schöne an Dreamweaver sind der Syntax-Assistent und die Tools rund um die Entwicklung. So kann man zum Beispiel bei jQuery Mobile data- eingeben, und Dreamweaver schlägt mögliche Varianten vor. Dies kann die Arbeit um einiges vereinfachen! Das Paket ist ausgereifter als die Eclipse-Variante, dafür sind Lizenzkosten fällig (ab ca. 600 Euro). Eine Test-Version ist erhältlich.

### 2.2.5   Eclipse Orion

Einen ganz anderen Ansatz verfolgt Eclipse Orion[6]: weshalb nicht die Entwicklungsumgebung für die Cloud in der Cloud zur Verfügung stellen? Die Entwicklung erfolgt ausnahmslos im Browser, die Dateien werden in einem Git-Repository oder auf dem Server abgelegt:

---

6.   *http://www.eclipse.org/orion/*

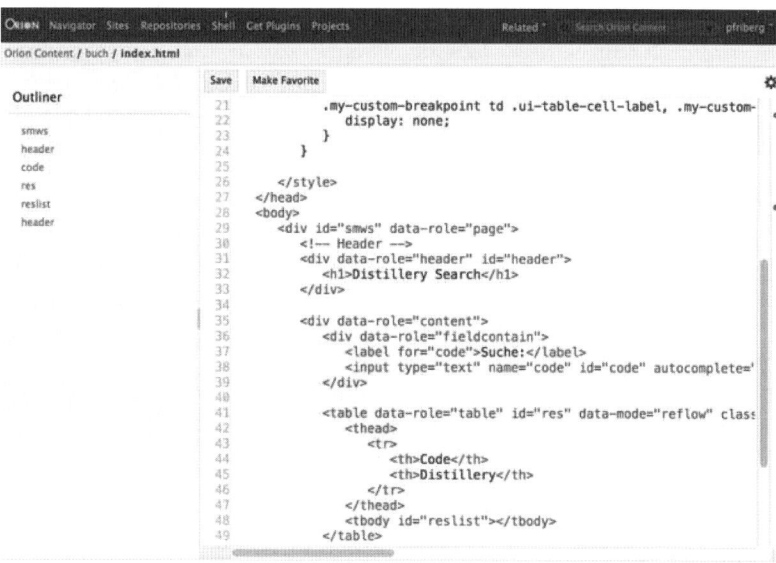

Die Cloud-Umgebung ist zwar bezüglich der Funktionalitäten noch nicht ganz so weit wie lokale Umgebungen, dies dürfte sich jedoch dank der Plug-in-Architektur schnell ändern. Eine Installation ist nicht notwendig und kann ohne Kosten im OrionHub angewendet werden. Eine Installation auf einem beliebigen Server (oder auch lokalen PC) ist ebenfalls möglich.

## 2.3   JavaScript minimieren

Bei der Veröffentlichung einer Web-App sollten die JavaScript-Dateien minimiert werden. Das bedeutet, dass überflüssige Zeichen wie zum Beispiel Leerzeichen, Zeilenumbrüche, Semikolons, Kommentare usw. entfernt werden. Es empfiehlt sich auch, bei der Minimierung aus den vielen JavaScript-Dateien eine einzige Datei zu erstellen. Die Java-Script-Dateien sind dann zwar schlecht lesbar, dafür aber viel kleiner – bis zu 50% – und somit schneller geladen! Viele Tools ersetzen lange Variablennamen durch kurze, und somit wird die Performance besser, siehe Abbildung 2–9. Im Folgenden ein paar freie Tools:

- Ein einfaches Online-Tool für ein paar Zeilen Code ist der Java-Script-Compressor: *http://javascriptcompressor.com/*. Für ganze Web-Apps eignet er sich aber nicht.
- Wer es lieber lokal mag, sollte das Java-Kommandozeilen-Tool YUI Compressor von Yahoo ausprobieren: *http://developer.yahoo. com/yui/compressor/*.

Mein persönliches Lieblings-Tool ist der Closure Compiler *http://closure-compiler.appspot.com/home* von Google. Er gehört zu den JavaScript-Closure-Tools. Dieser Compiler bietet auch ein API sowie eine Applikation an.

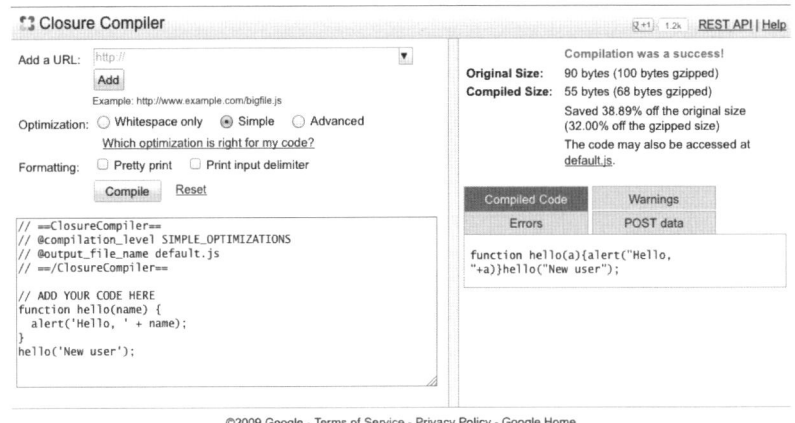

**Abb. 2–9**

*Web-Interface des Closure Compiler*

Die Abbildung zeigt, wie der Compiler die überflüssigen Zeilenumbrüche, die überflüssigen Leerzeichen und Semikolons entfernt sowie die Variable name auf a kürzt.

## 2.4   Simulatoren

Für ältere oder seltenere Geräte kann ein Simulator nebst dem Browser und dem realen Gerät sehr hilfreich sein. Zu beachten ist aber, dass ein echtes Benutzer-Interface für Mobiles nur auf dem realen Gerät getestet werden kann!

### 2.4.1   Android-Simulator

Der Android-Simulator des Android-SDK[7], siehe auch Abschnitt 9.3, ist besonders für den Test bei verschiedenen Bildschirmauflösungen hilfreich. Leider ist er sehr langsam. Es ist möglich, per Simulator auf das Netz zuzugreifen.

---

7.   *http://developer.android.com/sdk/index.html*

### 2.4.2    iOS-Simulator

Für das iPhone und das iPad gibt es von Apple einen Simulator, der aber nur unter Mac OS läuft. Die Xcode-Entwicklungsumgebung kann aus dem *App Store* von Apple geladen werden und enthält einen Simulator für das iPhone und iPad. Besonders praktisch ist, dass auch eine frühere iOS-Version nachgeladen werden kann (aber leider nicht mehr sehr alte). Der Simulator ist sehr schnell, und die Logs können aus Xcode heraus analysiert werden. Auch das GPS wird über Xcode mit beliebigen Koordinaten versorgt. Es ist möglich, auf das Netz zuzugreifen.

### 2.4.3    iOS-Emulatoren

Emulatoren versuchen, das Verhalten eines iOS-Device oder des Safari-Browsers zu emulieren. Der Electric-Mobile-Simulator[8] ist solch ein Emulator, der auch auf anderen Plattformen als dem Mac OS läuft. Selbst das GPS kann simuliert werden. Eine 7-Tage-Test-Version kann aus dem Netz bezogen werden.

MobiOne[9] ist ein Emulator sowohl für iOS als auch für Android. Eine Demo-Version für 15 Tage ist erhältlich. Es handelt sich um ein Design-Studio, mit dem GUI-orientierte Applikationen geschrieben werden können. Den HTML-Export generieren entsprechende CSS-, HTML5- und JavaScript-Dateien. Für iOS-Apps wird kein Mac benötigt. Die Suite läuft vollständig unter Windows.

Eine weitere Möglichkeit für einfache Tests ist die Webseite *http://testiphone.com*. Diese emuliert ein iPhone im Browser. Die Web-App-URL kann als Parameter in der URL mitgegeben werden: *http://testiphone.com/?url=http://whisky.xapps.ch*.

---

8.   *http://www.electricplum.com/simulator.aspx*
9.   *https://www.genuitec.com/mobile/index.html*

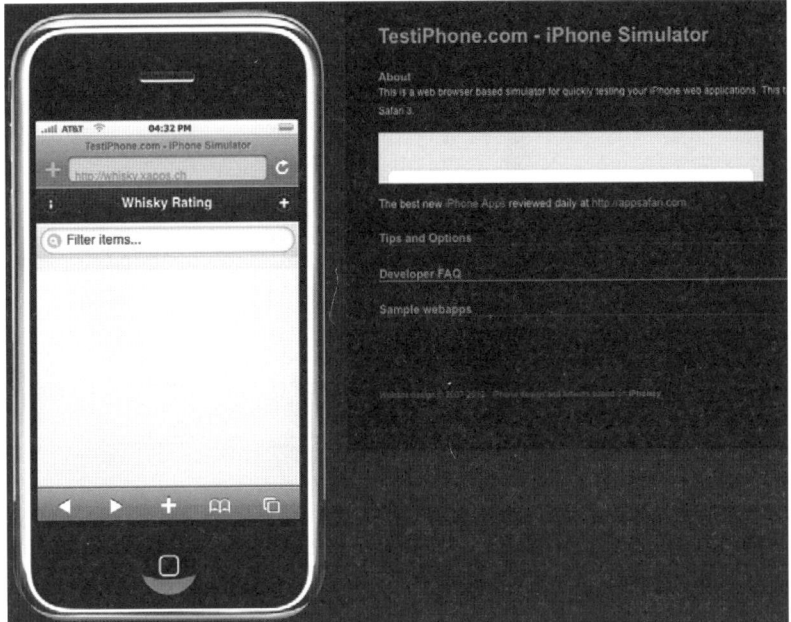

**Abb. 2–10**

testiphone.com emuliert
ein iPhone im Netz.

### 2.4.4  BlackBerry-Simulator

RIM bietet für viele Geräte einen Simulator an. Auf der Developer-
Seite von Blackberry[10] können Geräte mit der entsprechenden OS-Ver-
sion ausgewählt und unter Windows installiert werden. Zu beachten
ist, dass sich unter gewissen Windows-Versionen das Display nicht
immer aktualisiert. Es kann helfen, im Menü *View* die Option *Graphics Acceleration* auszuschalten.

Der Simulator für das PlayBook ist ein VMWare Image. Der
Download ist für Mac und Windows erhältlich. Hinweis: Für eine
Netzwerkverbindung muss das Netzwerk in VMWare auf »Bridget«
eingestellt sein!

---

10.  *https://developer.blackberry.com/devzone/develop/simulator/index.html*

**Abb. 2–11**

*Whisky-App im Black-
Berry-Simulator*

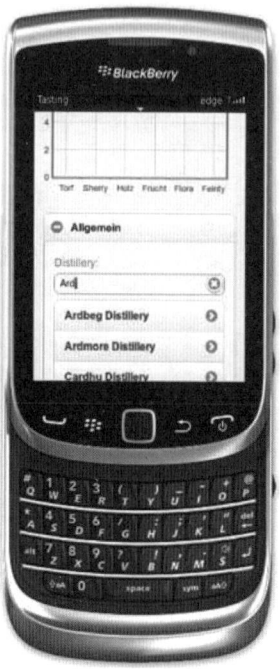

## 2.5    Paralleler Test

Die Herausforderung bei der App-Entwicklung ist das parallele Testen
der Apps auf den verschiedenen Devices.

*weinre*        Mit *weinre*[11] (WEb INspector REmote) lassen sich Webseiten auf
das Mobile laden und dort debuggen. Es werden neben iOS- und And-
roid- auch webOS- und Blackberry-Geräte unterstützt. Weinre ist
Open Source und setzt technologisch auf das JavaScript-Framework
Node.js auf. Für Node.js-Kenner empfiehlt es sich, dieses Tool genauer
anzuschauen.

*Adobe Edge Inspect*        Wer die Zeit und Geduld nicht hat und lieber auf ein kommerziel-
les Tool setzt, ist mit Adobe Edge Inspect sehr gut bedient. Es baut auf
wire auf und setzt Chrome voraus. Nach dem Download der Applikation unter Windows oder Mac findet man im Chrome ein neues Plug-
in. Auf dem Mobile-Device (iOS oder Android) muss die App aus dem
Store installiert und gestartet werden. Wenn sich beide Devices im selben Netz befinden, können sie sich verbinden. Zu diesem Zweck muss
einmalig ein Autorisierungscode ausgetauscht werden. Danach stellt
das Mobile die Webseite von Chrome dar und kann im mitgelieferten

---

11.  *http://people.apache.org/~pmuellr/weinre/docs/1.x/1.5.0/*

weinre analysiert werden, während die Bedienung auf dem Mobile getestet werden kann.

**Netzwerk-Technisches**

Edge Inspect überträgt die Seite nicht 1:1, sondern ruft die URL auf dem Gerät nochmals auf. Dies hat den Nachteil, dass alle Geräte auf den Testserver zugreifen müssen. Die Kommunikation der Debug-Informationen läuft über den Adobe-Server: *http://debug.shadow.adobe.com:8080* – auf diesen müssen folglich alle Geräte auch Zugriff haben.

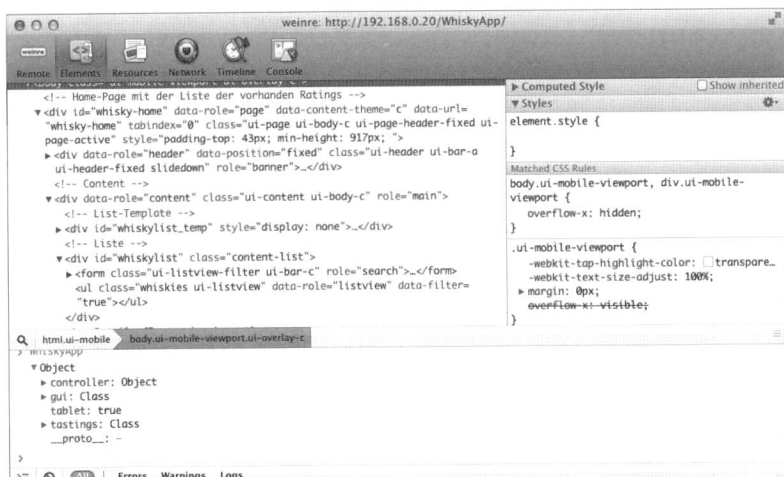

**Abb. 2–12**
*Adobe Edge Inspect auf dem Desktop*

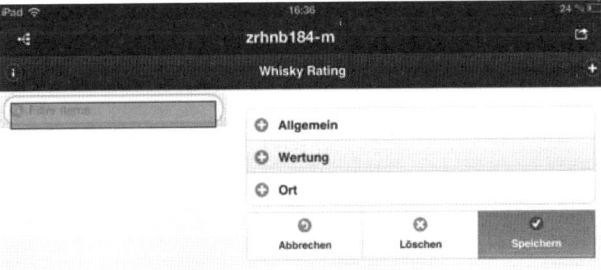

**Abb. 2–13**
*Adobe Edge Inspect auf dem iPad*

Die Richtung der Tools stimmt. Ob diese effizient eingesetzt werden können, kommt auf die Art der Tests und die Arbeitsweise an. Aus diesem Grund lohnt es sich, diese Tools näher zu betrachten und selbst ein Urteil zu fällen – vielleicht auch erst nach dem Lesen des Buchs mit ein wenig Erfahrung.

## 2.6   Zusammenfassung

*Dank der Ausführungen von Herrn Weber hat die Spirit AG nun ein Gefühl für die Abhängigkeiten bekommen. Sie sehen, dass für eine erfolgreiche Web-App-Entwicklung die Entwicklungsumgebung, Desktop-Browser, reale Geräte und Simulatoren nötig sind.*

*Zusammen haben sie beschlossen, zuerst eine Web-App zu entwickeln, die auch für Smartphones geeignet ist. Später wird dann die App für Tablets optimiert. Die Spirit AG beschafft sich nun ein paar physische Geräte, installiert Simulatoren und das Aptana Studio. Auf dem Desktop werden sie mit Firefox, Chrome und Safari arbeiten, die App soll auch auf dem Desktop lauffähig sein. Somit sind die Mitarbeiter bereit und freuen sich auf das Projekt.*

# 3 Architektur von Web-Apps

*Wenn es sich bei einer App nicht um eine* Einweg-App *handeln soll, sollten ein paar Punkte für eine gute Wartbarkeit und eine Investition in die Zukunft beachtet werden. Herr Weber wird diese erläutern und das Model-View-Controller-Konzept erklären.*

*Eine Einführung in JavaScript soll dieses Kapitel nicht ersetzen. Dazu gibt es genügend andere Bücher. Herr Weber empfiehlt* Java-Script für Enterprise-Entwickler *von Oliver Ochs, das weiter geht als die übliche Literatur. Die nachfolgende Einführung soll zunächst grob die verwendeten JavaScript-Konzepte wiederholen, die vielleicht nicht mehr ganz präsent, aber zum Verständnis des Buches hilfreich sind. Danach steigen wir in die Architektur ein.*

## 3.1 JavaScript

### Event-driven

Entwickler, die von klassenbasierten Programmiersprachen[1] kommen, müssen ein paar spezielle JavaScript-Konzepte kennen. Eines davon ist, dass JavaScript Ereignis-getrieben bzw. »Event-driven« ist, d.h., dass das auslösende Ereignis ein Event ist. In der traditionellen Entwicklung (z.B. PHP) werden Datensätze mit

```
$result = $db->getAll($query);
```

gelesen. Dies ist ein synchrones Vorgehen, d.h., der Thread bleibt blockiert, bis alle Resultate eingelesen wurden. In JavaScript werden stattdessen Callback-Funktionen übergeben, die aufgerufen werden, wenn ein Ereignis (Event) stattfand. Das heißt, bei JavaScript wird einem Datenbankzugriff eine solche Callback-Funktion mitgegeben, die dann ausgeführt wird, wenn das SQL-Statement abgearbeitet wurde.

---

1. Klassenbasierte Programmiersprachen sind zum Beispiel Java oder C#

```
transaction.executeSql(query, [], function(transaction, result) {
// Erfolgreich Daten gelesen },
    errorHandler );
```

Der Programmablauf ist also nicht mehr sequenziell, sondern durch Events und Callback-Funktion geprägt. Als ein weiteres typisches Beispiel sei die Event-Registrierung bei bestimmten HTML-Elementen erwähnt. Weiter unten, beim Observer-Pattern, implementieren wir selbst einen Callback-Mechanismus.

### Objektliterale

In JavaScript gibt es sogenannte Objektliterale. Sie bestehen aus Variablen und Methoden und werden mit geschweiften Klammern umschlossen:

```
var person = {
    name: 'Muster',
    vorname: 'Heinz',
    getName: function() { return this.name + " " + this.vorname }
};
console.log(person.name); // Muster
console.log(person.getName()); // Muster Heinz
```

Sie können auch geschachtelt werden. Der Vorteil ist, dass auf diese Weise sehr einfach Strukturen erzeugt werden können.

### JavaScript als prototypische Programmiersprache

JavaScript wird für »Kleinigkeiten« sehr oft als funktionale Programmiersprache verwendet. Eigentlich ist aber JavaScript eine prototypische Sprache. Die Idee dahinter ist, dass abgesehen von wenigen Basistypen alle anderen Typen Objekte sind. Das bedeutet, dass selbst eine Funktion schlussendlich ein Objekt ist. Im Gegensatz zur Objektorientierung kennt JavaScript aber keine Klassen, die ein Objekt beschreiben. Dies hat den Vorteil, dass sich Objekte zur Laufzeit verändern lassen. Ein neues Objekt wird einfach durch das Klonen eines bestehenden Objektes erzeugt. Dies hat aber auch zur Folge, dass es die klassische Vererbung nicht gibt, dafür die prototypische Vererbung.

Anhand eines Beispiels soll dies erläutert werden: Ein Array ist ebenfalls ein Objekt, das verschiedene Funktionen besitzt. Betrachten wir folgenden Code:

```
var array = [1, 3, 9];
var result = array.map(function(x){
                    return x*x;
                });
console.log(result); // [1, 9, 81]
```

Die Methode `map()` wendet eine Funktion, hier die Potenzierung, auf alle Elemente an und gibt ein neues Array zurück. Wenn eine Methode nicht zur Verfügung steht, kann jedes über einen Konstruktor erzeugte Objekt *jederzeit* mit einer Methode oder einer Eigenschaft erweitert werden. Dazu dient der Prototyp:

```
Array.prototype.square = function squareArray() {
    return this.map(function(x){return x*x;});
};
```

Diese Art von Erweiterung verwenden die meisten Bibliotheken, um die bestehende Funktionalität zu erweitern. Sie ist für jedes Objekt, z.B. auch `string`, möglich, doch gilt es nicht als guter Stil, dies auf fremde Objekte anzuwenden. Wenn es trotzdem nicht anders geht, dann muss vorher mit

```
if( Object.prototype.filter === undefined ) {
    ...
}
```

geprüft werden, ob es die Funktion bereits gibt.

Ein Konstruktor wird immer dann aufgerufen, wenn das Objekt mit `new` erzeugt wurde. Es hat sich eingebürgert, dass solche Objekte meistens mit einem Großbuchstaben beginnen. Betrachten wir folgendes Beispiel:

```
function Person( iName, iVorname ) {
    this.name = iName;
    this.vorname = iVorname;
}

Person.prototype.getName = function() {
    return this.name + " " + this.vorname;
}

var p1 = new Person( 'Meier', 'Max' );
var p2 = Person( 'Müller', 'Fritz' );
console.log(p1.getName()); // Meier Max
console.log(p2.getName()); // undefined
```

Bei der Initialisierung von `p2` wurde das `new` vergessen. Da dieses Objekt keinen Rückgabewert hat (ein Konstruktor gibt sein Objekt selbst zurück), ist es nicht definiert. Es gibt verschiedene Entwurfsmuster, um dieses Problem zu umgehen. Mein favorisiertes ist der Check im Konstruktor:

```
function Person( iName, iVorname ) {
    if( !(this instanceof Person) ) {
        throw "Dies ist ein Konstruktor und nicht eine Funktion!";
    }
```

```
        this.name = iName;
        this.vorname = iVorname;
    }
```

Ich verwende dieses jedoch höchst selten in meinem eigenen Code, da ich meinen Stil gut kenne. In Bibliotheken für andere Entwickler verwende ich den Check aus Sicherheitsgründen.

### JavaScript als objektorientierte Programmiersprache

*Ein Entwickler stutzt und fragt Herrn Weber, wie denn die Vererbung in JavaScript funktioniert. Da der protypische Ansatz sehr flexibel ist, lässt er auch eine Implementierung einer Vererbung zu. Im Netz gibt es auch entsprechende Foren, die diesen Ansatz kontrovers diskutieren. In ECMAScript 5[2] sind Mechanismen vorgesehen. Es gibt auch viele Frameworks, die die Vererbung nutzen, z.B. Sencha, Backbone, Prototype usw. Herr Weber findet diesen Ansatz ebenfalls sehr interessant. Besonders wenn es um die Implementierung des Observer-Patterns geht. Deshalb möchte er seinen Lieblingsansatz kurz ausführen.*

Die Herausforderung bei der Vererbung ist, dass – wenn eine Klasse von einer Superklasse erbt – der instanceof-Operator der Subklasse dies erkennt. Weiter muss eine Referenz auf die Superklasse gehalten werden.

Mir persönlich gefällt die Umsetzung von John Resig am besten und deshalb werde ich seinen Ansatz in diesem Buch nutzen. Er hat verschiedene Bibliotheken verglichen und sich von base2 und Prototype inspirieren lassen. In seinem Blog[3] erläutert er diese ausführlich. Ich möchte im Folgenden nur auf die Anwendung eingehen. Definieren wir ein Szenario:

---

2.  *ECMA: European Computer Manufactures Association. Kümmert sich um die Weiterentwicklung von JavaScript.*
3.  *http://ejohn.org/blog/simple-javascript-inheritance/*

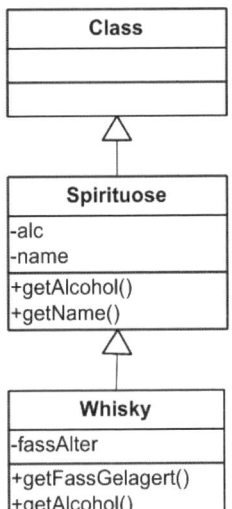

*Abb. 3–1*

*Klassendiagramm einer*
*OO-Beispiel-Spirituose*

Wir erstellen also eine Superklasse `Spirituose`. Diese wird von der Ur-Klasse `Class` abgeleitet. Der Konstruktor ist die `init()`-Methode:

```
var Spirituose = Class.extend({
    init : function(alcVolumen, name) { // Konstruktor
        this.alc = alcVolumen;
        this.name = name;
    },
    getAlcohol : function() {
        return this.alc;
    },
    getName : function() {
        return this.name;
    }
});
```

*Listing 3–1*

*Spirituose erbt von Class.*

Für den Fall *Whisky* implementieren wir eine spezifische Klasse `Whisky`, die von `Spirituose` abgeleitet wird. Die Klasse führt eigene Variablen und verwendet eine eigene Methode. `getAlcohol()` überschreiben wir von der Superklasse, um die übliche Alkohol-Bezeichnung für Whisky zurückzugeben. Auf die Super-Methoden können wir mit `this._super()` zugreifen:

```
var Whisky = Spirituose.extend({
    init : function(name, alcVolumen, fassAlter) {
        this._super(46, name);
        this.fassAlter = fassAlter;
    },
    getInFassGelagert : function() {
        return this.fassAlter;
    },
```

*Listing 3–2*

*Whisky erbt von Spirituose*
*und dessen Methoden.*

```
        getAlcohol : function() {
           return this._super() + "% alc./vol.";
        }
      });
```

Die Anwendung dieser Klasse verhält sich nun, wie man es aus anderen Programmiersprachen erwartet:

```
var whisky = new Whisky("Ardbeg", 46, 15)      // Instanz erzeugen
console.log(whisky.getName());                 // Ardbeg
console.log(whisky.getAlcohol());              // 46% alc./vol.
console.log(whisky.getInFassGelagert());       // 3
console.log(whisky instanceof Whisky);         // true
console.log(whisky instanceof Spirituose);     // true
```

Diese Funktionsweise ermöglicht die paar Zeilen Code weiter unten! Darin wird die Ur-Klasse Class definiert und bei neuen Klassen werden entsprechend die Attribute und Funktionen kopiert (mithilfe von prototype). Somit gelingt es John Resig auf eine einfache Weise, das Architektur-Muster umzusetzen.

*Listing 3–3*

*Simple JavaScript Inheritance*

```
/* Simple JavaScript Inheritance
 * By John Resig http://ejohn.org/
 * MIT Licensed.
 */
// Inspired by base2 and Prototype
(function(){
  var initializing = false, fnTest = /xyz/.test(function(){xyz;}) ?
/\b_super\b/ : /.*/;

  // The base Class implementation (does nothing)
  this.Class = function(){};

  // Create a new Class that inherits from this class
  Class.extend = function(prop) {
    var _super = this.prototype;

    // Instantiate a base class (but only create the instance,
    // don't run the init constructor)
    initializing = true;
    var prototype = new this();
    initializing = false;

    // Copy the properties over onto the new prototype
    for (var name in prop) {
      // Check if we're overwriting an existing function
      prototype[name] = typeof prop[name] == "function" &&
        typeof _super[name] == "function" &&
        fnTest.test(prop[name]) ?
        (function(name, fn){
          return function() {
            var tmp = this._super;
```

```
        // Add a new ._super() method that is the same method
        // but on the super-class
        this._super = _super[name];

        // The method only need to be bound temporarily, so we
        // remove it when we're done executing
        var ret = fn.apply(this, arguments);
        this._super = tmp;

        return ret;
      };
    })(name, prop[name]) :
    prop[name];
}

// The dummy class constructor
function Class() {
  // All construction is actually done in the init method
  if ( !initializing && this.init )
    this.init.apply(this, arguments);
}

// Populate our constructed prototype object
Class.prototype = prototype;

// Enforce the constructor to be what we expect
Class.prototype.constructor = Class;

// And make this class extendable
Class.extend = arguments.callee;

return Class;
  };
})();
```

*Ein Entwickler des Kunden fragt nun, ob nicht jQuery selbst etwas anbietet (jQueryMobile setzt ja auf jQuery auf)? Mithilfe der Methode* jQuery.extend( target [, object1] [, objectN] ) *können Attribute und Funktionen auf ein neues Objekt kopiert werden. Somit könnte damit ebenfalls ein objektorientiertes Verhalten nachgebildet werden. Diese Methode alleine genügt aber noch nicht. Die Funktionsweise zeigt das Beispiel in der jQuery-Dokumentation sehr gut. Das kommt daher, dass jQuery keine Bibliothek für die Strukturierung von Applikationen ist! Dazu aber gleich mehr ...*

### Unobtrusive JavaScript

Das Ziel der zeitgenössischen JavaScript-Entwicklung ist es, sogenanntes »unobtrusive JavaScript« zu schreiben. Hierunter wird verstanden, dass der Entwickler es vermeidet, den HTML-Code mit JavaScript-

Elementen zu vermischen (z.B. mit Event-Handler-Attributen eines
Button-Elements). Dies wird besser durch das nachträgliche Binden
von Event-Listeners im Controller umgesetzt. Ich persönlich versuche,
auch den umgekehrten Weg möglichst zu vermeiden: fertigen HTML-
Code in JavaScript zu verwenden. Die Template-Methode, die wir bei
der Listview anwenden werden, zeigt die praktische Umsetzung
(Abschnitt 5.6.1).

**that**

Wenn man eine Funktion innerhalb einer Methode eines Objektes aufruft – worauf zeigt dann this? Leider nicht auf das Objekt, in dem sich
die Methode befindet, sondern auf das globale Objekt. Ist dies nicht
erwünscht, speichere ich eine this-Referenz, die ich that nenne:

*Listing 3–4*
*that-Pattern*

```
var Location = Observer.extend({
    init : function() {
        this._super();
    },

    /** Startet eine Positions-Ermittlung */
    start : function(guid) {
        var that = this;
        ...
        var options = {...};
        navigator.geolocation.getCurrentPosition(function(pos) {
            that.setPosition(pos);
        }, function(error) { }, options);
    },

    setPosition : function(position) { ... }
}
```

## 3.2   Das Problem der ID

Wenn Datensatze gespeichert werden, wird ein Schlussel benotigt.
Werden diese nur in einem System verwendet, können sogenannte
Integer-IDs verwendet werden, also Felder, die hochgezählt werden.
Das funktioniert aber nicht, wenn die Daten von verschiedenen Syste-
men stammen können. In solchen Fällen verwende ich einen Globally
Unique Identifier (GUID)[4]. In JavaScript lassen sich GUIDs mit dem
folgenden Code generieren, der die Crypto-Bibliothek verwendet –
wenn vorhanden. In Firefox fehlt sie, in Safari (Desktop als auch
Mobile) und Chrome ist sie aber vorhanden. Sollte sie fehlen, wird die

---

4.   Siehe auch RFC 4122: *http://tools.ietf.org/html/rfc4122*

Zufallsfunktion aus der Mathematik-Bibliothek verwendet. Wir fügen die Funktion der Ur-Klasse Class mithilfe von Protoype hinzu:

```
/** GUID-Generator, je nach Browser mit Crypto-Bibliothek
 * oder nicht.
 * Wird zur Methode der Ur-Klasse
 * Ausgabe: z.B. d532c334-a7ca-90c5-fbfc-1d3dbc01204e
 */
Class.prototype.generateGUID = (typeof(window.crypto) !=
'undefined' && typeof(window.crypto.getRandomValues) !=
'undefined') ?
    function() {
        // Crypto-Bibliothek vorhanden
        // http://stackoverflow.com/questions/6906916/
        // collisions-when-generating-uuids-in-javascript
        var buf = new Uint16Array(8);
        window.crypto.getRandomValues(buf);
        var S4 = function(num) {
            var ret = num.toString(16);
            while(ret.length < 4){
                ret = "0"+ret;
            }
            return ret;
        };
        return (S4(buf[0])+S4(buf[1])+"-"+S4(buf[2])+"-
                "+S4(buf[3])+"-"+S4(buf[4])+"-"+S4(buf[5])
                +S4(buf[6])+S4(buf[7]));
    }
    :
    function() {
        // Alternativ Math.random
        // http://stackoverflow.com/questions/105034/how-to-create-
        // a-guid-uuid-in-javascript/2117523#2117523
        return 'xxxxxxxx-xxxx-4xxx-yxxx-
                xxxxxxxxxxxx'.replace(/[xy]/g, function(c) {
        var r = Math.random()*16|0, v = c == 'x' ? r :
                (r&0x3|0x8);
            return v.toString(16);
        });
    };
```

Listing 3–5

*GUID-Generator*

## 3.3   Wie die Logik vom GUI unabhängig wird

Mithilfe einer Software-Architektur wird versucht, die Komplexität in überschaubare, zusammenhängende Einheiten zu gliedern. Somit wird die Entwicklung strukturiert und erleichtert. Die Dokumentation dieser Architektur ist für (neue) Mitarbeiter im Projekt eine Art Landkarte, die auch für die spätere Wartung hilfreich ist. Die Einheiten dieser Gliederung – im Netzwerkbereich ist dies zum Beispiel das OSI-Schichten-Modell – werden in der Softwareentwicklung Pakete oder

Module genannt. Typische Module sind Benutzer-Interfaces, Daten-
bankschnittstellen, verarbeitende Logik usw. Diese Aufteilung hat
auch den Vorteil, dass der Know-how-Schwerpunkt pro Modul definiert und an ein entsprechendes Team vergeben werden kann. Somit ist
es möglich, dass die Benutzerführung schwerpunktmäßig bei Ergono-
men liegt und das Datenbankmodell beim Datenbankteam. Weiter ist
es für ein Team somit klarer, um welchen Teil der (komplexen) Applikation sie sich kümmern muss. In der Praxis haben sich die folgenden
Module etabliert:

- Benutzerführung (View, GUI)
- Modell (Business-Logik der App)
- Datenhaltung
- Schnittstellen
- Device-Spezifisches

Unter Device-Spezifisches kann zum Beispiel der Zugriff auf das GPS
(Geolocation) eingeordnet werden. Es ist aber auch möglich, dies als
Schnittstelle zu betrachten. Es ist nicht notwendig, eine absolute Ein-
teilung zu finden, es ist eher eine Durchgängigkeit für das Projekt
anzustreben. Die Kommunikation im Projekt-Team wird vereinfacht,
wenn alle Projektbeteiligten sich mit den Modulen identifizieren können und diese für sie intuitiv sind. Eine Map, zum Beispiel im Projekt-
raum aufgehängt, kann dieses Verständnis fördern.

Für die Whisky-App einigen sich die Entwickler auf folgende
Modularisierung:

*Abb. 3–2*
*Whisky-App-*
*Modularisierung*

| Benutzerführung | | Grafisches Benutzerinterface für die Eingabe von Tastings auf Smartphones und Tablets | |
|---|---|---|---|
| Device-Spezifisches | Logik | Geolocation | Bewertung |
| Schnittstellen | Datenhaltung | Distillery-Abfrage mittels AJAX | Lokale-Datenbank |

Daraus ist auch ersichtlich, dass gewisse Module ausgetauscht werden
können, wenn zum Beispiel die Applikation auf eine andere Plattform
(zum Beispiel Desktop-Applikation) portiert wird. Außerdem können
andere Pakete auch in anderen Projekten wiederverwendet werden.
Genau dieser Aspekt ist ein Anhaltspunkt für die Modularisierung. Die
Module können selbstverständlich weiter verfeinert werden – je nach
Größe des Projektes.

Somit ist die Web-App gegliedert, aber wie kommunizieren die
verschiedenen Module miteinander? Wenn dieser Punkt nicht geklärt
wird, ist das Chaos programmiert – wortwörtlich. Eine grundlegende
Philosophie von Schnittstellen ist, dass die Abhängigkeit nur einseitig
ist. Eine Benutzeroberfläche stellt Daten der Logik dar, z.B. Notizen.

Somit muss die Benutzeroberfläche die Semantik der Logik kennen.
Umgekehrt soll die Logik nicht die Oberfläche kennen müssen, da es
ihr egal ist, wie die Notizen dargestellt werden. Somit ist die Logik
wiederverwendbar, eine Benutzeroberfläche für eine Plattform aber
nicht. Es muss also ein Abkommen geben, wie die Logik der Oberfläche Änderungen generisch mitteilt. Dazu dient das Konzept Model-
View-Controller (MVC).

**Model-View-Controller-Architektur**

Wie es der Name schon sagt, werden Aufgaben in die drei Bereiche
*Model, View* und *Controller* eingeordnet:

- Das *Model* ist die Logik. Dort findet die Verarbeitung statt, z.B.
  Verwaltung der Tastings, Suchalgorithmen, Gruppierung etc. Sie
  soll wiederverwendbar sein.
- Die *View* stellt die Tastings visuell für den Benutzer dar, z.B. als
  Liste oder in einer Detail-Sicht. Das Darstellungsformat eines
  Datums ist eine typische Aufgabe der View. Das Model soll das
  Format in einem technischen, allgemeingültigen Format liefern, die
  View stellt es im üblichen Landesformat dar.
- Der *Controller* ist an ein View-Element gebunden, z.B. einen Button,
  und wird von der View aufgerufen, wenn darauf geklickt wurde.
  Er informiert das Model. Es gibt Programmiersprachen, bei denen
  der Controller in der View implementiert wird.

Die Ziele des MVC-Konzepts sind:

- Das Model kann unabhängig von der View entwickelt werden.
  Dieses soll auch wiederverwendbar sein, z.B. in einer Desktop-
  Applikation.
- Komponenten sollen einfach austauschbar sein.
- Die Wartbarkeit des Codes wird dank der Modularisierung einfa-
  cher.

Dieses MVC-Konzept, auch MVC-Pattern genannt, kann auch auf
andere Schichten angewendet werden, z.B. Schnittstelle – Model.

In JavaScript mit HTML und CSS kann dies wie folgt eingeordnet
werden:

**Abb. 3–3**
*Einordnung JavaScript,
CSS und HTML im
MVC-Pattern*

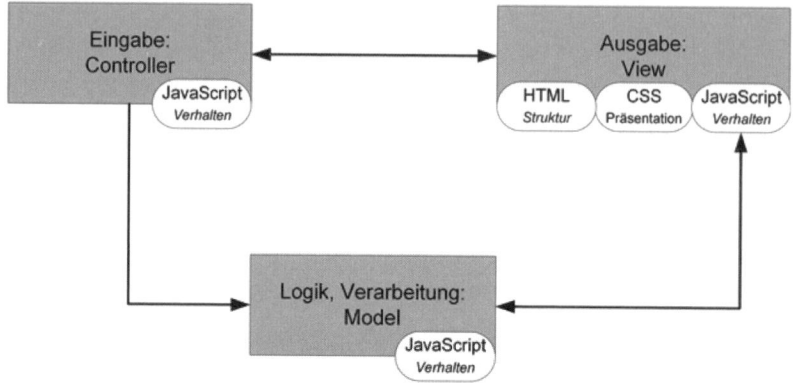

Die *Struktur* der View kann als HTML-Dokument beschrieben werden. Für das *Aussehen* ist CSS verantwortlich. Und mit JavaScript kann der *DOM* manipuliert werden, z.B. um eine Liste zu aktualisieren. Dazu werden die Daten aus dem Model gelesen (model.get Data();), aufbereitet und dargestellt.

Der Controller dient als Event-Handler. Das Drücken auf einen Button oder auf eine Taste sind übliche Event-Handler. Sie lesen einen Wert in der View aus und geben diesen an das Model weiter, z.B. »Löschen der Position 20, model.deletePos(20);«. Das Model entfernt die Position 20, führt vielleicht Berechnungen durch und informiert die View über dessen Änderung – meist mithilfe eines update(). Dazu wird das Observer-Pattern genutzt – dazu kommen wir gleich.

Die Umsetzung beginnt bei der Projektstruktur. Da JavaScript keine Pakete anbietet, werden die Module durch Verzeichnisse getrennt. Daraus ergibt sich diese typische Struktur:

**Abb. 3–4**
*Allgemeine
Projektstruktur*

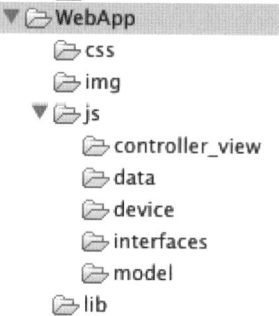

Im Verzeichnis lib befinden sich die Bibliotheken, in img die Bilder und in js die eigenen JavaScript-Dateien, aufgeteilt in die verschiedenen Module. In kleinen Webprojekten gibt es oft nur eine JavaScript-Datei pro Modul. Dann kann auch die Datei entsprechend benannt werden, und man kann auf die Unterverzeichnisse verzichten.

*Genau diesen Ansatz empfiehlt Herr Weber bei unserer Web-App. Er meint auch, dass der Controller erst ab ca. drei großen Seiten aufgeteilt werden muss. Dies ist aber Geschmackssache. Die Entwickler einigen sich auf folgende Dateistruktur:*

**Abb. 3–5**

*Projektstruktur der*

*Whisky-App*

*Weiter empfiehlt Herr Weber, auf folgende Punkte zu achten:*

- *Die Methoden in einem Model sollen in ein Objekt integriert werden.*
- *Ein Modul, z.B. die Logik, informiert ein anderes Modul, z.B. die View, über Änderungen mithilfe eines Observers.*
- *Außer der View und dem Controller darf kein anderes Modul am DOM Änderungen vornehmen oder das Aussehen direkt beeinflussen.*

*Die Entwickler der Spirit AG sind sich schnell über dessen Vorteile einig und beschließen, sich daran zu halten. Aber was hat es nun mit diesem Observer auf sich?*

**Der Beobachter**

Der Observer beobachtet ein Geschehen wie ein Zeitungsreporter und informiert seine Kunden mit seiner Berichterstattung. Genauso funktioniert das Observer-Pattern.

Da das Model die View nicht kennt, müsste die View das Model jede Sekunde nach Änderungen abfragen. Dieses Polling braucht jedoch Performance! Eine Alternative ist, dass das Model die View über Veränderungen informiert. Jetzt müsste aber das Model all seine Views kennen. Um dies zu verhindern, wird ein Beobachter, ein Observer, verwendet. Alle Views melden sich bei ihm an und abonnieren seine Berichterstattung. Das Model teilt seinerseits dem Observer mit, wenn sich etwas geändert hat (analog zu einer Pressemitteilung). Der Observer informiert daraufhin alle Views. Somit ist eine lose Kopplung zwischen View und Model sichergestellt. Dieses Konzept kann auch innerhalb des Models angewendet werden und muss nicht immer in Verbindung mit einer Ausgabe stehen, z.B. ein Model benachrichtigt ein anderes Model bei Veränderungen von Aktienkursen. Wir werden dieses Konzept auch nutzen, um bei Änderungen automatisch die Datenbank zu aktualisieren.

Wir implementieren den Observer so, dass das Model vom Observer erbt. Somit kann das Model die notify()-Funktion der Superklasse aufrufen. Der Observer bietet weiter die Funktion für das Abonnieren an, sodass sich eine View direkt beim Model »hinzufügen« kann. Der Abonnent teilt dem Observer eine Callback-Methode mit. Dies ist ein Klassiker für die objektorientierte Entwicklung.

Zur Verständlichkeit hier das Klassendiagramm mit einem Model:

**Abb. 3–6**

*Observer-*

*Klassendiagramm*

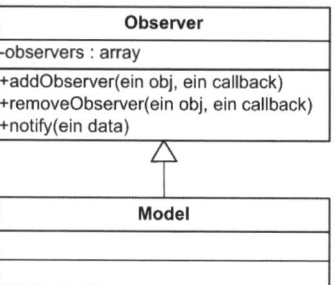

Wir setzen das MVC-Pattern in der Datei mvc.js um. Als Erstes kopieren wir Listing 3–3 und Listing 3–5 in die Datei. Darunter können wir nun den Observer implementieren:

**Listing 3–6**

*Observer-*

*Implementierung*

```
/* Observer-Implementierung
 * by Philipp Friberg */
var Observer = Class.extend({
    init: function() {
        this.observers = [];
    },
    /** Beobachter hinzufügen */
    addObserver: function(obj, callback) {
        // Check, ob Funktion existiert
        if( typeof( obj[callback] ) !== 'function' )
            throw( "Function doesn't exist" );
        // ok
        this.observers.push({obj: obj, callback: callback});
    },
    /** Beobachter entfernen */
    removeObserver: function(obj, callback) {
        this.observers = this.observers.filter(function(el) {
            if (el.obj !== obj && el.callback != callback) {
                return el;
            }
        });
    },
    /** Es hat sich etwas geändert, alle informieren */
    notify: function(data) {
```

```
            var scope = this; // Aufrufendes Model
            for( var i=0; i<this.observers.length; i++ ) {
                var el = this.observers[i];
                el.obj[el.callback].call(el.obj, scope, data);
            }
        }
    });
```

Der Observer führt im Prinzip nur eine Liste mit allen Callback-Methoden der Views, die er aufruft, wenn das Model mithilfe von notify() eine Änderung mitteilt. Die View kann sich nun bei einem Model per addObserver() registrieren. Dazu muss es sich selbst sowie die Callback-Methode mitgeben – sich selbst, damit this in der Callback-Methode auch wirklich das konkrete View-Objekt enthält. Das Model kann mithilfe von notify() ein Daten-Objekt mitgeben. Dieses Objekt wird an die View weitergeleitet, zusätzlich zu einer Referenz zum Model, sodass es möglich wäre, weitere Daten mit einer get()-Methode nachzulesen.

Zusätzlich zum Observer implementieren wir ein allgemeines View-Objekt, das die Konsolenausgabe und eine einfache Meldungs-ausgabe für uns übernimmt. Diese werden wir später noch erweitern. Deshalb werden wir froh sein, dass wir nur an einer Stelle Code anpassen müssen:

```
/* View-Implementierung */
var View = Class.extend({
    init: function() {
    },
    /** Konsolen-Log */
    log: function(value) {
        console.log(value);
    },
    /** Alert-Ausgabe */
    alert : function(text) {
        alert(text);
    }
});
```

*Listing 3–7*

*Generisches View-Objekt*

Nun haben wir alle Hilfsmittel zusammen, um einen Test zu schreiben. Als Erstes definieren wir ein Model, das einen Wert inkrementieren bzw. dekrementieren kann. Immer wenn das Model die interne Variable value verändert, rufen wir von der Superklasse notfiy() auf und signalisieren, dass sich etwas geändert hat.

```
// Model
var Model = Observer.extend({
    init : function() {
        this._super();
        this.value = 0;
```

*Listing 3–8*

*Model-Objekt für*

*Observer-Beispiel*

```
    },
    increment : function() {
        this.value++;
        this.notify(this.value);
    },
    decrement : function() {
        this.value--;
        this.notify(this.value);
    },
    getValue : function() {
        return this.value;
    }
});
```

Um es spannender zu machen, definieren wir zwei Views, die jeweils über die Änderungen informiert werden möchten. Die Ausgabe gestalten wir leicht unterschiedlich: eine als reine Konsolen-Log-Ausgabe (ViewKonsole) und eine als simulierter Ticker (ViewTicker):

*Listing 3–9*
*View-Objekte für das*
*Observer-Beispiel*

```
// Views
// Ausgabe auf Konsole als Klasse
var ViewConsole = View.extend({
    init : function() {
        this._super();
        this.counter = 0;
    },
    update : function(scope, data) {
        this.counter++;
        if ( scope instanceof Model)
            this.log("View 1: #" + this.counter + " " +
                    scope.getValue())
    }
});

// Ausgabe als Closure
var ViewTicker = function() {
    return {
        // Callback-Methode für Observer
        publish : function(scope, data) {
            console.log("Hot-Update from Model" +
                    scope.constructor.name + ": New value is " +
                    data);
        }
    }
}();
```

Die ViewKonsole führt im Objekt eine Counter-Variable, die bei jeder Ausgabe erhöht wird. Damit soll getestet werden, ob die Callback-Methode im Kontext des Objektes ausgeführt wird, also this auf ViewKonsole zeigt. Mithilfe der scope-Variable rufen wir beim Model getValue() auf, um zu testen, ob auch wirklich das Model-Objekt mitgegeben wird.

Schreiten wir zum Testszenario, das die Anwendung verdeutlichen soll:

```
// Testszenario
var m = new Model(); // Instanz erzeugen

// View erzeugen
var viewConsole = new ViewConsole();
try {
   // Views beobachten Model
   // 1. Parameter: View-Objekt
   // 2. Parameter: Callback-Methode vom Objekt
   m.addObserver(viewConsole, 'update');
   m.addObserver(ViewTicker, 'publish');
} catch(e) {
   console.log(e);
}

m.increment(); // ViewConsole und ViewTicker: 1
m.increment(); // ViewConsole und ViewTicker: 2
m.increment(); // ViewConsole und ViewTicker: 3
m.decrement(); // ViewConsole und ViewTicker: 2

m.removeObserver(viewConsole, 'update'); // ViewConsole entfernen

m.increment(); // nur noch ViewTicker gibt 3 zurück
```

*Listing 3–10*
*Testszenario für das Observer-Beispiel*

Die Ausgabe kann in der Konsole betrachtet werden:

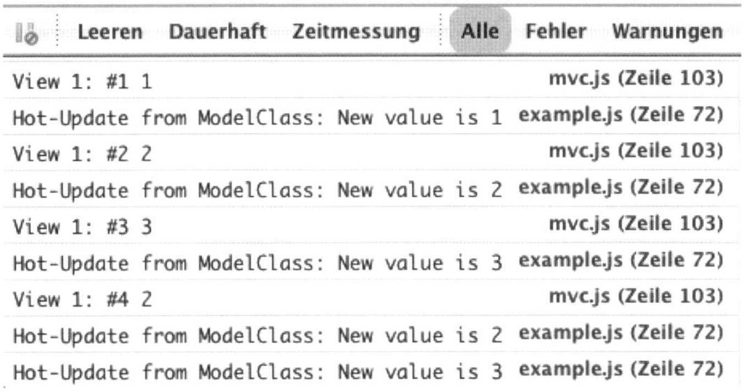

*Abb. 3–7*
*Ausgabe des Observer-Beispiels*

Wir sehen, dass das Objekt ViewKonsole im korrekten Kontext aufgerufen wird und der Zugriff auf das Objekt Model problemlos klappt. Wir sehen auch, dass wir uns bei der Anwendung des Models keine Gedanken über die View-Updates machen müssen.

Zur Verdeutlichung des Ablaufes kann man einen Breakpoint bei increment() setzen und den Ablauf nachvollziehen. Herr Weber zeichnet den daraus entstehenden Ablauf als Sequenzdiagramm auf:

*Abb. 3–8*
*Sequenzdiagramm des*
*Observer-Beispiels*

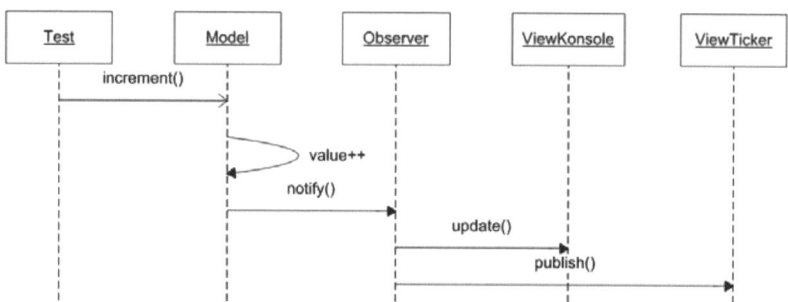

---

**MVC-Bibliotheken**

Wir haben uns nebenbei eine eigene MVC-Bibliothek mit den allerwichtigsten Funktionalitäten (Vererbung in JavaScript und die Observer-Klasse) zusammengestellt. Auf dem Markt gibt es weitere, zum Teil sehr mächtige und weiterführende Bibliotheken: Backbone, Agility, JavaScriptMVC und viele mehr. Solche Bibliotheken können weit mehr, z.B. MVC über das Netzwerk, einen Datenstore im Netz ansprechen usw. Schlussendlich lenkt dies jedoch vom eigentlichen MVC-Konzept ab, und große Bibliotheken sind nicht immer einfacher zu benutzen. Um den Fokus in diesem Buch nicht zu verlieren und nicht noch auf ein komplexes Framework einzugehen, entschied ich mich deshalb, dieses Microframework einzuführen. Trotzdem schadet es sicherlich nicht, ein paar andere genauer zu betrachten, vielleicht passt ja eines auf ein zukünftiges Projekt...

---

*Der Entwickler Meier meint nun: Super, da ja das Model Wertung nicht sehr schwierig ist, könnten wir es nun gleich implementieren. Dafür brauchen wir ja keine Benutzeroberfläche, und spezifiziert ist es auch schon. Herr Weber hält das für eine gute Idee.*

## 3.4    Die Whisky-App-Logik

Eine Bewertung besteht aus vielen Eigenschaften (siehe Abschnitt 1.3.1), die als Variablen im Objekt Wertung gehalten werden können. Auf die oft anzutreffenden Getter- und Setter- Methoden dieser Variablen verzichte ich in diesem Beispiel. Die Bezeichnung einer Wertung wird aus mehreren Variablen zusammengesetzt. Deshalb ist eine Methode hilfreich. Als ID der Wertung wird eine GUID verwendet, siehe Abschnitt 3.2. Das Objekt Wertung wird in der Datei model.js implementiert:

```
/** Objekt Wertung repräsentiert eine einzelne
 * Bewertung eines Whiskys. */
var Wertung = Class.extend({
  // Konstruktor
  init : function(date, distillery, bezeichnung, fass, proof,
                  finishing, nr, wertung, gtorf, gsherry, gholz,
                  gfrucht, gflora, gfeinty, finish, kommentar,
                  ort) {

    // GUID als ID
    this.guid = this.generateGUID();

    // Allgemeine Parameter
    this.date = date;
    this.distillery = distillery;
    this.bezeichnung = bezeichnung;
    this.fass = fass;
    this.proof = proof; // Fassstärke?
    this.finishing = finishing;
    this.nr = nr; // Proben oder Fassnummer

    // Bewertung Whisky
    this.wertung = wertung;
    this.gtorf = gtorf;
    this.gsherry = gsherry;
    this.gholz = gholz;
    this.gfrucht = gfrucht;
    this.gflora = gflora;
    this.gfeinty = gfeinty;
    this.finish = finish;
    this.kommentar = kommentar;

    // Ort der Bewertung
    if(ort == null)
       this.ort = "";
    else
       this.ort = ort;
  },

  /**
   * Gibt eine Bezeichnung der Wertung zurück.
   */
  getName : function() {
    return this.distillery + ": " +  this.bezeichnung + " –
                        Wertung am " + this.date;
  }
});
```

*Listing 3–11*

*Das Objekt Wertung*

Nun fehlt noch der Container, der die Wertungen aufnimmt. Ich nenne ihn Tastings. Ein Container ist ein Objekt, das die Verwaltung von weiteren Objekten übernimmt. Diese werden in einem Array oder einer Liste geführt, und mithilfe von Methoden lässt es sich bequem darauf zugreifen. Meist bietet ein Container die üblichen CRUD-Methoden an (Create, Read, Update und Delete). Das Klassendiagramm sieht wie folgt aus:

*Abb. 3–9*

*Klassendiagramm*

*des Model*

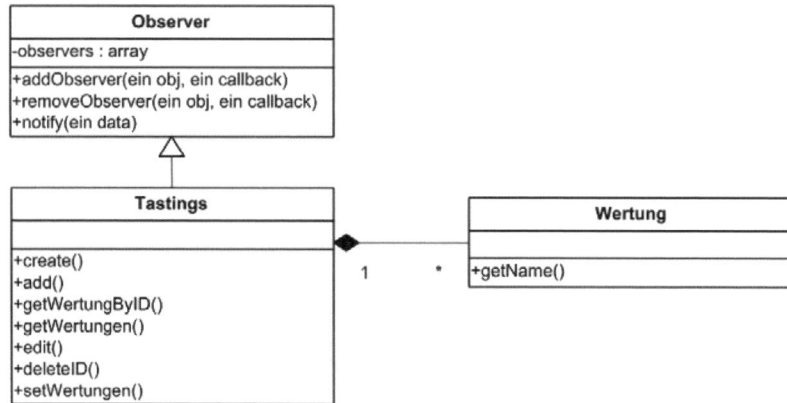

Ich implementiere diese ebenfalls in der Datei model.js:

*Listing 3–12*

*Objekt Tastings*

```
/** Objekt Tastings - Container für Wertungen
 * mit den üblichen CRUD-Funktionen. */
var Tastings = Observer.extend({
    init : function() {
        this._super();
        this.wertungsAr = new Array();
    },

    // Nun die CRUD-Funktionen
    /** (C) Tastings setzen
     */
    setWertungen : function(array) {
        this.wertungsAr = array;

        // update
        this.notify({obj: this.wertungsAr, crud: "R"});
    },

    /** (C) Erzeugt eine Wertung und fügt sie hinzu.
     */
    create : function(date, distillery, bezeichnung, fass, proof,
                      finishing, nr, wertung, gtorf, gsherry,
                      gholz, gfrucht, gflora, gfeinty, finish,
                      kommentar, ort) {

        // Wertung erzeugen
        var wertung = new Wertung(date, distillery, bezeichnung,
                      fass, proof, finishing, nr, wertung, gtorf,
                      gsherry, gholz, gfrucht, gflora, gfeinty,
                      finish, kommentar, ort);
```

```
   // Dem Array hinzufügen
   this.wertungsAr.push(wertung);

   // update
   this.notify({obj: wertung, crud: "C"});
},

/** (C) Fügt einen Eintrag hinzu, mit Wertungs-Objekt
 */
add : function(wertung) {
   // dem Array hinzufügen
   this.wertungsAr.push(wertung);

   // update
   this.notify({obj: wertung, crud: "C"});
},

/** (R) Sucht die Wertung mit der GUID.
 */
getWertungByID : function(guid) {
    for ( var i = 0; i < this.wertungsAr.length; i++) {
       if (this.wertungsAr[i].guid == guid) {
          return this.wertungsAr[i];
       }
    }
},

/** (R) Array mit Wertungen zurückgeben
 * Wenn diese nicht vorhanden ist, wird eine neue erzeugt.
 */
getWertungen : function() {
   return this.wertungsAr;
},

/** (U) Aktualisiert die Wertung.
 */
edit : function(wertung) {
   var gefunden = 0;

   for ( var i = 0; i < this.wertungsAr.length; i++) {
      if (this.wertungsAr[i].guid == wertung.guid) {
         // Wertung gefunden, nun ersetzen
         this.wertungsAr[i] = wertung;
         gefunden = 1;
         this.notify({obj: wertung, crud: "U"});
      }
   }

   // Existiert keine, dann hinzufügen
   if( gefunden == 0 )
      this,add(wertung);
},
```

```
/** (D) Löscht die Wertung mit der GUID.
 */
deleteID : function(guid) {
    for ( var i = 0; i < this.wertungsAr.length; i++) {
        if (this.wertungsAr[i].guid == guid) {
            var deleted = this.wertungsAr.splice(i, 1);
            this.notify({obj: deleted[0], crud: "D"});
            return;
        }
    }
}
});
```

Dieses Objekt ist nun von Observer abgeleitet, meldet also die Änderungen. Bei der notify()-Methode wird als Parameter ein Objektliteral mitgegeben, das eine Referenz auf das Wertungs-Objekt hat sowie als Status die CRUD-Aktivität mitgibt. Somit kann die View entsprechend reagieren.

Das Model ist bereits implementiert. Wir schreiben noch einen kurzen Test, der auch ein View-Objekt enthält, sich am Model anmeldet und die Änderungen ausgibt. Eigentlich sehr bequem, da somit auf unzählige Konsolen-Ausgaben zwischen dem Code verzichtet werden kann:

*Listing 3–13*

*Test für das Model der Whisky-App*

```
<!DOCTYPE html>
<html>
    <head>
        <meta charset="UTF-8">
        <script type="text/javascript" src="lib/mvc.js"></script>
        <script type="text/javascript" src="js/model.js"></script>
        <script type="text/javascript">
            // Konsolen-Ausgabe
            var ViewConsole = View.extend({
                init : function() {
                    this._super();
                },
                update : function(scope, data) {
                    // Wertung ausgeben
                    this.log(data.crud + ": " + data.obj.getName());
                    if( data.crud == "D" ) { // Bei Delete alle
                        console.log("-----");
                        var ar = scope.getWertungen();
                        for ( var i = 0; i < ar.length; i++) {
                            this.log(ar[i].getName());
                        }
                    }
                }
            });
```

```
    // View und Model erzeugen
    var gui = new ViewConsole();
    var tastings = new Tastings();
    tastings.addObserver(gui, "update");

    // Wertungen erzeugen etc.
    var w1 = new Wertung("1.1.2012", "Ardbeg", "10j");
    tastings.add(w1);
    var w2 = new Wertung("2.1.2012", "Bruichladdich", "15j");
    tastings.add(w2);
    w1.date = "1.1.2013"; // anderes Datum
    tastings.edit(w1);
    tastings.create("3.1.2012", "Bruichladdich", "10j");
    tastings.deleteID(w2.guid);
  </script>
 </head>
 <body>
  <p>
    Ausgabe auf Konsolen-Log!
  </p>
 </body>
</html>
```

Dies ergibt folgende Ausgabe:

**Abb. 3–10**

Ausgabe des Modell-Tests

*Die Entwickler sind zufrieden: Das Modell steht. Jetzt können sie sich ganz der Benutzerführung widmen, bevor sie dann in die vielen HTML5-Bibliotheken eintauchen.*

# 4    Von HTML5 bis jQuery Mobile

*Eine Web-Applikation ohne Bibliothek zu entwickeln, ist sehr ineffizient. Herr Weber denkt, dass sich im Wesentlichen zwei Bibliotheken durchsetzen werden: jQuery Mobile und Sencha Touch. Es gibt noch viele weitere Bibliotheken, diese seien aber immer für einen spezifischen Anwendungsbereich sinnvoll, z.B. für Games, oder sie stammen von einem Middleware-/Applikationsserver-Hersteller. Spannend findet er, dass jQuery auch in großen Frameworks zum Einsatz kommt.*

*Herr Weber gestaltet einige Workshops als Schnelleinstieg: Zunächst gibt er einen Überblick über »HTML5 und CSS« (Abschnitt 4.1), danach folgt »jQuery« (Abschnitt 4.3) als Voraussetzung für den folgenden dritten Workshop zu »jQuery Mobile« (Abschnitt 4.4). Er möchte, dass der Kunde eine Vorstellung von den Bibliotheken bekommt, die Details bringt er dann im nächsten Kapitel.*

## 4.1    HTML5 und CSS3

*Bevor sich das Team mit den Bibliotheken auseinandersetzt, möchte Herr Weber kurz auf das Wichtigste in HTML5 eingehen. Es gibt unzählige Bücher, die sich mit HTML5 beschäftigen, und es würde den Umfang dieses Buches sprengen, sich im Detail mit HTML5 auseinanderzusetzen. Trotzdem: Wenn Sie sich noch nicht um HTML5 gekümmert haben, finden Sie im Folgenden ein paar Punkte, die Herrn Weber für die mobile App-Entwicklung wichtig erscheinen. Beginnen wir also mit HTML5.*

Seit 2004 wird an HTML5 gearbeitet. Federführend bei der Definition ist die Web Hypertext Application Technology Working Group (WHATWG) und nicht mehr das W3C. Bei HTML5 handelt es sich um eine Sammlung von vielen Standards, von denen viele bereits jetzt genutzt werden. Dies entspricht der Grundidee, dass entsprechend der Weiterentwicklung einzelner Aspekte HTML5 kontinuierlich aktuali-

siert werden soll. Daher gab es auch lange kein Datum, für den
Abschluss der Standardisierung. Dann wurde aber doch noch das Jahr
2014 kommuniziert und ein Feature-Freeze beschlossen.

HTML5 hat einen enormen Schub für Web-Apps ermöglicht. Die
Entwicklung zeigt die Homepage *http://html5readiness.com/* sehr gut
auf. Sie illustriert sowohl die zeitliche Entwicklung als auch die Unterstützung bei den einzelnen Browsern.

Die auffälligste Neuerung bei HTML5 dürfte der kürzere Doctype
sein, wie man im folgenden Beispiel zusammen mit der Definition des
Zeichensatzes sehen kann:

```
<!DOCTYPE HTML>
<head>
    <meta charset="utf-8" />
</head>
```

Außerdem wurde die Semantik einer HTML-Datei erweitert. Die Elemente html, head, body, h1, ... h6 bleiben erhalten und wurden ergänzt
durch die semantischen Elemente header (Kopfbereich), footer (Fußzeile, z.B. für Copyright-Meldungen), nav (für das Menü), article
(unabhängiger Content-Bereich), section (Abschnitte eines Dokumen-
tes, wobei Abschnitte in Abschnitten erlaubt sind) sowie aside (Informationen seitlich, z.B. für Info-Blöcke). Diese Elemente sollen Such-
maschinen helfen, die Inhalte richtig zu deuten.

Weiter hat dies den Vorteil, dass die Anordnung der Elemente per
CSS je nach Ausgabegerät einfacher gesteuert werden kann. So ist es
mit CSS3 möglich, je nach Medium eine eigene CSS-Datei zu laden:

```
<link rel="stylesheet" media="print" href="drucken.css">.
```

Zu erwähnen ist, dass CSS3 nicht zu HTML5 gehört, aber meist im
selben Atemzug erwähnt wird.

Die Semantik wurde auch auf der Textebene erweitert: So gibt es
zum Beispiel ein Element <mark>, um Textstellen zu markieren. Weitere
Elemente sind <progress> und <meter> für die grafische Darstellung
von einer Menge, wobei <progress> eher den Fortschritt darstellt und
<meter> etwas Messbares. <figure> wurde um ein <legend>-Element
erweitert, das das Bild einfacher beschreiben soll und dessen Text
unter dem Bild darstellt. Im Folgenden die Elemente:

*Listing 4–1*
*HTML5-Elemente*

```
<!DOCTYPE html>
<html lang="de">
<head>
    <meta charset="utf-8">
    <title>HTML5-Elemente</title>
</head>
```

```
<body>
  <section>
     Neben unwichtigen Informationen gibt es auch
      <mark>wichtige</mark> Informationen.
  </section>
  <section>
     <progress>laden...</progress>
  </section>
  <section>
     <progress value="5" max="10">Step 5 von 10</progress>
  </section>
  <section>
     <meter value="5" max="10">5MB von 10MB</meter>
  </section>
  <section>
     <figure>
        <img src="sonne.jpg" alt="" />
        <legend>Abbildung 1:  Sonne lachend</legend>
     </figure>
  </section>
</body>
</html>
```

Im Sommer 2012 hatten noch nicht alle Browser diese Elemente unterstützt, siehe Abbildung 4–1. Unterdessen haben aber alle Browser
nachgezogen und die Elemente werden so korrekt wie schon zuvor im
Chrome dargestellt. Dieses Beispiel zeigt, dass Tests auf allen Browsern
und den effektiv eingesetzten Versionen unumgänglich sind.

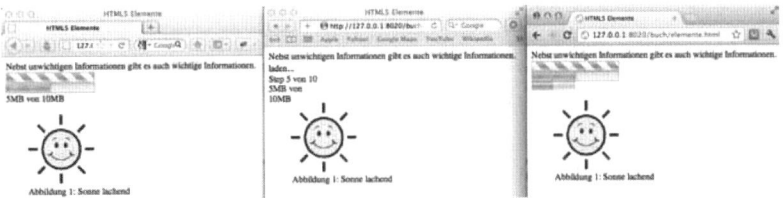

**Abb. 4–1**

*HTML5-Elemente in den
Browsern Firefox, Safari
und Chrome, so unter-
schiedliche wie sie unsere
Seite im Sommer 2012
angezeigt hätten*

<video>, <audio> sind neue Elemente für die Einbettung von Video und
Audio. Sie werden von mobilen Browsern bereits unterstützt und oft
verwendet. Das audio-Element wird wie folgt eingesetzt:

```
<audio src="elvis.ogg" controls preload="auto" autobuffer></audio>
```

Folgende Audioformate werden zurzeit unterstützt:

| Browser | Ogg Vorbis | MP3 | AAC |
|---|---|---|---|
| Firefox 3.5+ | ✓ |  | ✓ |
| Safari 4+ |  | ✓ | ✓ |
| Chrome 8 | ✓ | ✓ | ✓ |
| Opera 10.5+ | ✓ |  |  |
| Internet Explorer 9+ |  | ✓ | ✓ |
| iOS |  | ✓ | ✓ |
| Android | ✓ (4+) | ✓ | ✓ |

Dem Browser kann sowohl beim Audio- als auch beim Video-Element eine Auswahl von möglichen Formaten zur Verfügung gestellt werden:

```
<audio controls >
    <source src="abc.mp3" type="audio/mpeg"/>
    <source src="abc.ogg" type="audio/ogg"/>
</audio>
```

Folgende Attribute existieren:

- `controls`: zeigt die Kontroll-Elemente wie Pause, Start etc. an.
- `autoplay`: spielt nach dem Laden die Datei sofort ab.
- `loop`: wiederholt die Musik.
- `src`: benennt die URL der Audio-Datei.
- `preload`: puffert die Datei.

Um die Audioausgabe zu steuern, gibt es ein JavaScript-API. Für das Starten der Audiodatei ist das zum Beispiel die `play()`-Methode, für das Pausieren `pause()` usw.

Videos werden wie folgt dargestellt:

```
<video src="movie.mp4" poster="movie.jpg" controls width="480"
height="300"></video>
```

Nachfolgende Formate werden unterstützt:

| Browser | MPEG-4 | WebM mit VP8 Codec | OGG Theora |
|---|---|---|---|
| Firefox 3.5+ |  | ✓ | ✓ |
| Safari 4+ | ✓ |  |  |
| Chrome 6 | ✓ | ✓ | ✓ |
| Opera 10.5+ |  | ✓ | ✓ |
| Internet Explorer 9+ | ✓ | ✓ |  |
| iOS | ✓ |  |  |
| Android | ✓ | ✓ | ✓ |

Zusätzlich zu den Attributen des Audio-Elements gibt es die drei folgenden:

- `width`, `height`: darzustellende Größe des Bildes
- `poster`: URL zu einer Grafik, die dargestellt werden soll, bis das Video geladen wurde

Für das JavaScript-API zeigt die Webseite[1] des W3C alle Events und Methoden – es lohnt sich, diese zu studieren.

Im grafischen Bereich gibt es neben SVG (Vektorgrafik) auch das `<canvas>`-Element für Pixel-Grafiken. Darauf kommen wir im Projekt zurück.

Mit Web Form 2.0 wurden die Formular-Elemente überarbeitet, siehe Abschnitt 1.2.

JavaScript-Dateien können nun asynchron und erst nach dem Laden ausgeführt werden:

```
<script type=... src=... {async|defer}></script>
```

Neu für eine HTML-Spezifikation ist, dass auch JavaScript-APIs zum Standard gehören, zum Beispiel Web Workers für die Parallelisierung, Web Sockets für direkte Socket-Verbindungen (z.B. anstelle von Ajax), Drag-and-drop, Zugriff auf die Geolocation und auf die Datenbank usw. Die Geolocation- und Datenbank-APIs werden wir noch ausführlich kennenlernen.

Die wichtigsten Neuerungen von CSS3 für uns jQuery-Mobile-Anwender dürften sein:

- Medienselektoren (Media Queries): `@media all and (min-width: 650px){}`
- Rechnen in CSS: `width: calc(50%-10px)`

Erweiterungen gibt es außerdem in der Darstellung von Boxen, Schatten und Textschatten. Die Blockelemente müssen zum Beispiel nicht mehr rechteckig dargestellt werden. Auch mit den CSS3-Erweiterungen könnte ein eigenes Buch gefüllt werden. Da uns das CSS von jQuery Mobile diese Arbeit abnehmen wird (außer, wir wollten es anpassen), kümmern wir uns nicht weiter darum – nur die Medienselektoren sollten wir im Gedächtnis behalten.

*Der Entwickler Max surft auf der HTML5-Readiness-Webseite und seufzt. »Herr Weber, und wie finden wir effizient heraus, ob ein beliebiger Browser eine Funktion unterstützt? Darauf hat Herr Weber als Antwort die Bibliothek Modernizr.*

---

1. *http://www.w3.org/2010/05/video/mediaevents.html*

## 4.2    Test-Bibliothek

Die Bibliothek Modernizr *(http://modernizr.com/)* beschäftigt sich mit
dem Feature *Detection* in HTML5 und CSS3. Eine der spannenden
Möglichkeiten ist, dass je nach Unterstützung eine alternative Java-
Script-Datei geladen werden kann, z.B. je nach unterstützter Datenbank. Wenn im folgenden Beispiel die Indexed DB unterstützt wird, so
wird die Datei indexed.js geladen, ansonsten websqldb.js:

```
<script>
    Modernizr.load({
        test : Modernizr.indexeddb,
        yep : 'indexed.js',
        nope : 'websqldb.js'
    });
</script>
```

Es ist auch möglich, mithilfe von Variablen ein Feature abzufragen:

```
if(!Modernizr.indexeddb) {
    alert("IndexedDB nicht unterstützt");
}
```

Die Entwicklungsbibliothek enthält alle Tests. Eine weitere Bibliothek
mit den nur benötigten Tests ist für den produktiven Einsatz gedacht.

## 4.3    jQuery-Tutorial

Für die folgenden Abschnitte muss der »Entwicklungsmodus« des
Browsers aktiviert werden, siehe Abschnitt 2.1.

*Herr Weber empfiehlt den Entwicklern, bevor sie sich mit jQuery*
*Mobile auseinandersetzen, die zugrunde liegende Bibliothek jQuery*
*anzuschauen. Dafür hat er ein kleines Tutorial zusammengestellt.*

jQuery ist eine der beliebtesten Bibliotheken für die Manipulation des
DOMs. Das DOM-API ist zwar sehr mächtig, aber auch kompliziert.
Deshalb war das jQuery-Projekt auch sehr willkommen. Es handelt
sich dabei um ein Open-Source-Projekt, das die Interaktion zwischen
JavaScript und dem DOM vereinfacht. Das Projektteam besteht aus
einem Member-Board, das die Ausrichtung bestimmt und die Entwicklung vorantreibt. Sie arbeiten in der Regel in Unternehmen, die durch
den Einsatz von jQuery einen Mehrwert haben. Es gibt viele Bücher
und auch Kongresse zum Thema.

   jQuery bietet dem Webentwickler eine Toolbox an, mit der sich die
Entwicklung von Webseiten einfacher gestaltet. Immer wiederkeh-

rende Funktionen kapselt jQuery in logische Einheiten. Solche Vereinfachungen sind in vielen Bereichen zu finden:

- einfaches Selektieren/Finden von Elementen
- Manipulationen am DOM
- Traversing
- einfache Ajax-Aufrufe
- Animationen mithilfe von CSS
- Event-Handling
- Hilfsfunktionen, z.B. für Schleifen
- usw.

Es gibt zahlreiche weitere Bibliotheken, die jQuery erweitern, zum Beispiel jQuery UI für die Benutzerführung auf dem Desktop oder jQuery Mobile für die mobile Welt. Genau diese Flexibilität und Erweiterbarkeit hat jQuery so beliebt und bekannt gemacht.

Das Markenzeichen von jQuery dürfte der $-Alias sein, mit dem auf die Bibliothek zugegriffen wird. Das Geniale ist, dass jeder Methodenaufruf immer das Objekt selbst wieder zurückgibt. Somit sind verkettete Aufrufe wie

```
$('#box').functiuon_a().function_b().function_c();
```

möglich. Während mit JavaScript auf ein Element mithilfe von

```
document.getElementByID("box");
```

zugegriffen werden muss, kann dasselbe mit jQuery $("#box"); erreicht werden. Auf der Homepage http://jquery.com finden sich alle wichtigen Informationen sowie eine Dokumentation.

Im folgenden Beispiel, das wir zusammen aufbauen, sind die drei Grundkonzepte, die wir anwenden werden, zu finden:

```
<!DOCTYPE html>
 <html lang="de">
 <head>
   <meta charset="utf-8">
   <title>jQuery-Tutorial</title>
   <script src=
"http://ajax.googleapis.com/ajax/libs/jquery/1.7/jquery.min.js">
   </script>
 </head>

 <body>
   <a href="http://jquery.com/">jQuery</a>
 </body>
 </html>
```

*Listing 4–2*

*Einbindung von jQuery*

Die Einbindung von jQuery kann über das CDN (Content Delivery Network) von Google erfolgen, somit kann eine weltweite, schnelle Verfügbarkeit gewährleistet werden, oder über jQuery selbst. Als dritte Option kann jQuery auch heruntergeladen und lokal bzw. auf dem eigenen Server verwendet werden. Diese Option wird besonders bei Offline-Szenarien benötigt.

Das Beispiel enthält einen HTML-Link auf jQuery. Möchten wir diesen Link zur Laufzeit auf jQuery Mobile ändern, kann dies wie folgt umgesetzt werden:

*Listing 4–3*

*Einen Link ändern*

```
<script>
  $(document).ready(function(){
    $("a").hide();                 // Element verstecken
    $("a").text("jQuery Mobile");  // Text ändern
    $("a").attr("href", "http://jquerymobile.com");
                                   // Link ändern
    $("a").show();                 // darstellen
  });
</script>
```

Somit haben wir eine Menge von a-Elementen selektiert und dessen Werte geändert. Wie oben erwähnt, können wir die Methoden auch verketten:

*Listing 4–4*

*Verkettung von Methoden*

```
<script>
  $(document).ready(function(){
    $("a").hide().text("jQuery Mobile").attr("href",
      "http://jquerymobile.com").show();
  });
</script>
```

Das dritte Grundkonzept sind die Wrapper-Sets. Dies bedeutet, dass die Methoden immer auf die Gesamtmenge der gefundenen Elemente angewendet werden. Folgendes Beispiel soll dies verdeutlichen:

*Listing 4–5*

*Wrapper Sets*

```
<body>
  <a href="http://jquery.com/">jQuery</a>
  <a href="http://jquery.com/">jQuery</a>
  <a href="http://jquery.com/">jQuery</a>
  <a href="http://jquery.com/">jQuery</a>

  <script>
    $(document).ready(function(){
      $("a").hide().text("jQuery Mobile").attr("href",
        "http://jquerymobile.com").show();
    });
  </script>
</body>
```

Ohne dass wir eine Schleife programmiert haben, werden alle vier Links geändert. Dieses Grundkonzepts muss sich der Entwickler bewusst sein. Will er zum Beispiel nur den zweiten Link ändern, könnte er dies folgendermaßen tun:

```
<body>
    <a href="http://jquery.com/" id="link1">jQuery</a>
    <a href="http://jquery.com/" id="link2">jQuery</a>
    <a href="http://jquery.com/" id="link3">jQuery</a>
    <a href="http://jquery.com/" id="link4">jQuery</a>

    <script>
        $(document).ready(function(){
            $("#link2").hide().text("jQuery Mobile").attr("href",
            "http://jquerymobile.com").show();
        });
    </script>
</body>
```

*Listing 4–6*
*Wrapper-Sets 2*

Die Selektion der Elemente erfolgt gemäß folgender Notation:

```
$('body');          // Das body-Element
$('.unwichtig');    // Alle Elemente mit der Klasse "unwichtig"
$('div.myclass');   // Alle divs von der Klasse "myclass"
$('div#myid');      // Das div mit der id "myid"
$('div#menu li');   // Alle li-Items im div "menu".
$('#link3');        // Element mit der ID "link3"
```

**Tab. 4–3**
*jQuery-Selektoren*

Die Funktionsweisen der Wrapper-Sets können deutlich gemacht werden, indem man auf der Konsole die Inhalte der folgenden Selektoren ausgibt:

```
console.log($('a').length);
console.log($('a'));
```

Mit der ersten Zeile wird der Wert 4 ausgegeben und mit der zweiten Zeile das ganze Array:

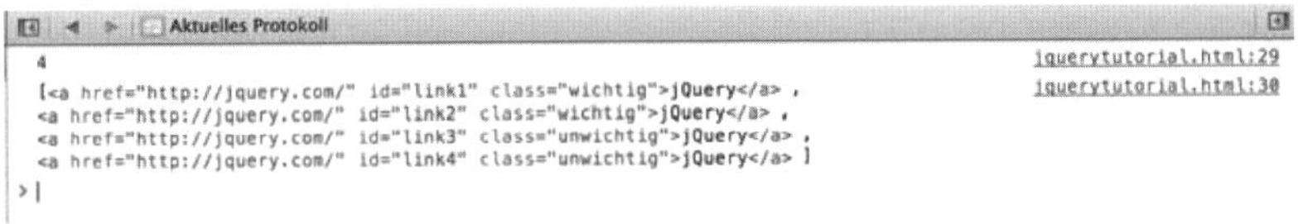

**Abb. 4–2**
*Selektionen mit jQuery*

Möchten wir auf Events reagieren, zum Beispiel auf einen Klick auf *jQuery Mobile*, kann dieser Event mit der bind()-Methode abonniert werden:

```
$("#alink2").click(function(event){
    alert("Link auf jQuery Mobile gedrückt");
    event.preventDefault();
});
```

*Listing 4–7*
*Event-Binding*

Beim Klick auf *jQuery Mobile* wird nun die Message-Box ausgegeben, ohne dass jquerymobile.com geöffnet wird:

**Abb. 4–3**

*Event-Binding mit jQuery*

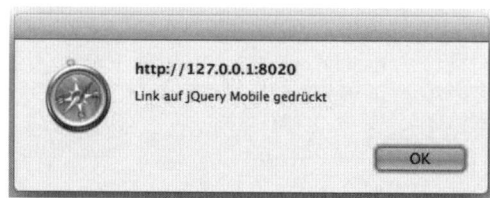

Interessant ist die Zeile `event.preventDefault();`. Wenn diese Zeile fehlt, würde nach der Message-Box jquerymobile.com geladen werden. Mit dem Aufruf dieser Methode kann jQuery veranlasst werden, dass der ursprüngliche Event nicht aufgerufen wird, das heißt, die Event-Queue wird für abgeschlossen erklärt, siehe auch Abschnitt 7.4.4. Es lohnt sich, das Event-Objekt mit dem Debugger genauer zu betrachten:

**Abb. 4–4**

*Event-Objekt im Debugger*

```
▼ Object
    altKey: false
    attrChange: undefined
    attrName: undefined
    bubbles: true
    button: 0
    buttons: undefined
    cancelable: true
    clientX: 94
    clientY: 27
    ctrlKey: false
  ► currentTarget: HTMLAnchorElement
    data: null
  ► delegateTarget: HTMLAnchorElement
    eventPhase: 2
    fromElement: null
  ► handleObj: Object
  ► isDefaultPrevented: function K() {return!0;}
    jQuery17205463919197209179: true
    metaKey: false
    offsetX: 86
```

Wir erkennen, dass dieses Objekt viele Informationen liefert, etwa die Koordinaten oder die Information, welchen Selektor (`a#link2`) das Element besitzt.

Betrachten wir folgenden Code:

```
<body>
  <a href="http://jquery.com/" id="link1"
   class="wichtig">jQuery</a>
  <a href="http://jquery.com/" id="link2"
   class="wichtig">jQuery</a>
  <a href="http://jquery.com/" id="link3"
   class="unwichtig">jQuery</a>
  <a href="http://jquery.com/" id="link4"
   class="unwichtig">jQuery</a>

  <script>
     $(document).ready(function(){
        // Jquery Mobile hinzufügen
        $("#link2").hide().text("jQuery Mobile").attr("href",
                       "http://jquerymobile.com").show();

        // Alle unwichtigen Elemente ausblenden
        $("a").filter('.unwichtig').remove();

        // Link überschreiben
        $("#link2").click(function(event){
           alert("Link auf jQuery Mobile gedrückt");
           event.preventDefault();
        });
     });
  </script>
</body>
```

*Listing 4–8*

*Löschen von Elementen*

Hier werden alle Links gelöscht, die das Class-Attribut »unwichtig«
haben. Dies kann in der Entwickler-Konsole gesehen werden:

*Abb. 4–5*

*Gelöschte Links*

Würde man statt remove() hide() verwenden, dann wären die Links
immer noch vorhanden, aber ausgeblendet (style="display: none;"):

**Abb. 4–6**

*Ausgeblendete Links*

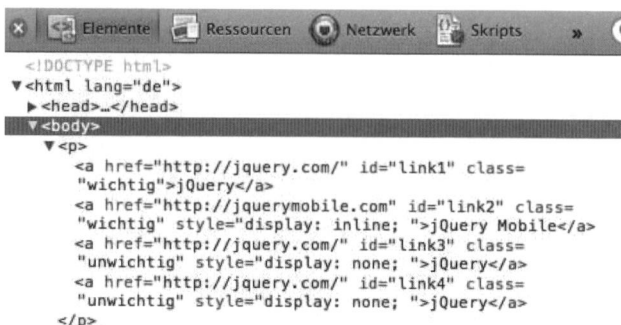

```
<!DOCTYPE html>
▼<html lang="de">
  ▶ <head>…</head>
  ▼<body>
    ▼<p>
       <a href="http://jquery.com/" id="link1" class=
       "wichtig">jQuery</a>
       <a href="http://jquerymobile.com" id="link2" class=
       "wichtig" style="display: inline; ">jQuery Mobile</a>
       <a href="http://jquery.com/" id="link3" class=
       "unwichtig" style="display: none; ">jQuery</a>
       <a href="http://jquery.com/" id="link4" class=
       "unwichtig" style="display: none; ">jQuery</a>
    </p>
```

Es folgen ein paar Methoden, die häufig benötigt werden, um Elemente zu verändern.

Ein Element kann hinzugefügt oder wieder entfernt werden:

```
$("#target").append("<span>Hello World</span>");
$("#target").remove();
```

Ersetzt werden kann es mit einem Replace:

```
$("li.remove").replaceWidth("<li>und weg</li>");
```

Interessant ist die Möglichkeit, Elemente zu klonen und gleichzeitig hinzuzufügen:

**Listing 4–9**

*Elemente klonen*

```
<body>
  <p>
    <a href="http://jquery.com/" id="link1"
    class="wichtig">jQuery</a>
    <a href="http://jquery.com/" id="link2"
    class="wichtig">jQuery</a>
  </p>

  <script>
    $(document).ready(function(){
      // Klonen
      $('p').clone().appendTo('body');
    });
  </script>
</body>
```

jQuery jQuery

jQuery jQuery

*Abb. 4–7*

*Geklonte Links*

```
<!DOCTYPE html>
▼<html lang="de">
  ▶<head>…</head>
  ▼<body>
    ▼<p>
        <a href="http://jquery.com/" id="link1" class=
        "wichtig">jQuery</a>
        <a href="http://jquery.com/" id="link2" class=
        "wichtig">jQuery</a>
      </p>
    ▶<script>…</script>
    ▼<p>
        <a href="http://jquery.com/" id="link1" class=
        "wichtig">jQuery</a>
        <a href="http://jquery.com/" id="link2" class=
        "wichtig">jQuery</a>
      </p>
  </body>
</html>
```

In der obigen Abbildung ist das geklonte p-Element nach dem Script-Element zu erkennen. Die Original-Links stehen vor dem Script-Element.

Mit der `attr()`-Methode können Attribute gesetzt und gelesen werden:

```
$("#target").attr("href", "http://jquerymobile.com").attr("href");
```

`addClass()` fügt eine neue Klasse hinzu, und mithilfe von `hasClass()` kann geprüft werden, ob eines vorhanden ist. `removeClass()` löscht eine Klasse. Ganz hilfreich ist `toggleClass()`: Diese Methode fügt eine Klasse nur hinzu, wenn sie noch nicht vorhanden ist.

Das Lesen von Texten zeigt folgendes Listing, das den Unterschied zwischen `text()` und `html()` verdeutlicht:

*Listing 4–10*

*Unterschied zwischen*

`text()` *und* `html()`

```
<body>
  <p>
      <a href="http://jquery.com/" id="link1"
      class="wichtig">jQuery</a>
      <a href="http://jquery.com/" id="link2"
      class="wichtig">jQuery</a>
      <a href="http://jquery.com/" id="link3"
      class="unwichtig">jQuery</a>
      <a href="http://jquery.com/" id="link4"
      class="unwichtig">jQuery</a>
  </p>

  <script>
      $(document).ready(function(){
          // jQuery Mobile hinzufügen
```

```
                  $("#link2").hide().text("jQuery Mobile").attr("href",
                            "http://jquerymobile.com").show();

                  // Alle unwichtigen Elemente ausblenden
                  $("a").filter('.unwichtig').remove();

                  // Unterschied Texte resp. HTML lesen
                  console.log($("p").text());
                  console.log($("p").html());
              });
          </script>
      </body>
```

text() gibt nur den Text aus, html() den HTML-Code:

**Abb. 4–8**

Unterschied text()

und html()

jQuery bietet noch viel mehr, dies würde aber dieses Tutorial sprengen. Mit den vorgestellten Konzepten und Methoden sind die Entwickler für jQuery Mobile gerüstet. Trotzdem empfiehlt Herr Weber, sich sachte auf den Weg zu machen und zuerst eine mobile Webseite mit jQuery Mobile zu bauen. Danach kann dann Klippe um Klippe angegangen werden. Die Entwickler fühlen sich mit dem Bergsteiger Weber wohl, also gehts weiter.

Entwickler Felix hat eine Übersicht der aus seiner Sicht am häufigsten verwendeten jQuery-Methoden. Diese möchte er Ihnen nicht vorenthalten:

**Tab. 4–4**

Häufig verwendete
jQuery-Methoden

| Ziel | Methode |
|---|---|
| Alle Eltern-Elemente (mit oder ohne Selektor) des aktuellen Elements finden | element.parents();<br>element.parents(selektor); |
| Das nächstliegende Eltern-Element, das dem Selektor entspricht | element.closest(selektor); |
| Ein bestimmtes Element in einem Element finden | element.find(selektor); |
| Wert eines Formular-Elementes lesen und schreiben | element.val();<br>element.val(text); |

| Text in ein Element schreiben oder von einem Element lesen | `element.text();`<br>`element.text(wert);` |
|---|---|
| HTML-Code einer Selektion lesen und schreiben | `element.html();`<br>`element.html(element);` |
| Eine CSS-Klasse einem Element hinzufügen und löschen | `addClass();`<br>`removeClass();`<br>`toggleClass();` |
| HTML-Code einem Element hinzufügen | `element.append(html);`<br>`html.appendTo(element);` |
| Ein ganzes Element löschen<br>Alle Kinder des Elementes löschen | `element.remove();`<br>`element.children.remove();` |
| Ein Attribute einem Element hinzufügen | `element.attr(key, value);` |
| Ein Element kopieren | `element.clone();` |
| Ein Element verstecken | `element.hide();` |

## 4.4   jQuery-Mobile-Tutorial

*Da nun das Fundament für jQuery Mobile vorhanden ist, können wir die Grundkonzepte kennenlernen.*

Im August 2010 wurde jQuery Mobile auf der Homepage angekündigt:

»*The jQuery project is really excited to announce the work that we've been doing to bring jQuery to mobile devices. Not only is the core jQuery library being improved to work across all of the major mobile platforms, but we're also working to release a complete, unified, mobile UI framework.*«

jQuery gilt als robuste und weitverbreitete Bibliothek. Somit hat diese Ankündigung viele Erwartungen geweckt – und kann sie bis jetzt durchaus erfüllen. Es steht nicht das Aussehen einer nativen App im Mittelpunkt, sondern eine vielseitige Unterstützung von Devices, die problemlos mit dem Finger bedienbar sind.

jQuery Mobile setzt ausgeprägt auf das Konzept »HTML=Struktur, CSS=Aussehen, JavaScript=Verhalten«. Der Vorteil ist, dass mehr auf HTML5, CSS und jQuery gesetzt wird, d.h., es wird nicht alles nochmals neu gekapselt. Dies hat den Nachteil, dass die MVC-Architektur nicht so stark ausgeprägt ist und es weniger Hilfsobjekte gibt. Dafür gibt es andererseits wiederum viele zusätzliche Bibliotheken. Bei jQuery Mobile besteht die Dokumentation aus Demo und Doku. Sinnvoll ist es, den Quellcode der HTML-Dokumentationsseite zu studieren. Die Lizenz steht unter MIT- und GPL-Lizenz.

Es werden viele Plattformen unterstützt, die in drei Kategorien aufgeteilt sind: A-Grade (volle Unterstützung), B-Grade (ohne Ajax-Navigation) und C-Grade (nur rudimentär). Unter den A-Grade-Plattformen befinden sich iOS ab Version 3.2, Android ab Version 2.1, Windows Phone, Blackberry, Palm, Meego, bada und viele mehr. Dazu kommen auch Desktop-Plattformen wie der Internet Explorer, Firefox etc. Hier eine Liste aller Versionen, die mit der Version 1.3 als A-Grade unterstützt werden:

- Apple iOS 3.2-6.1
- Android 2.1-2.3
- Android 3.2 (Honeycomb)
- Android 4.0 (ICS) – die Performance bei den Transitions kann schlecht sein!
- Android 4.1 (Jelly Bean)
- Windows Phone 7-7.8
- Blackberry 6-10
- Blackberry Playbook (1.0-2.0)
- Palm WebOS (1.4-3.0)
- Firefox Mobile 18 – getestet auf Android
- Chrome for Android 18
- Skyfire 4.1
- Opera Mobile 11.5-12 – getestet auf Android 2.3
- Meego 1.2
- Tizen (pre-release)
- Samsung Bada 2.0
- UC Browser – getestet auf Android 2.3
- Kindle 3, Fire und Fire HD
- Nook Color 1.4.1
- Chrome Desktop 11-24 – getestet auf OS X 10.7 und Windows 7
- Safari Desktop 4-8 – getestet auf OS X 10.7
- Firefox Desktop 4-18 – getestet auf OS X 10.7 und Windows 7
- Internet Explorer 8-10 – getestet auf OS X 10.7, Vista, Windows 7 und Windows Surface RT. Zu beachten ist, dass das Aussehen des Internet Explorer 8 nicht sehr berauschend ist.
- Opera Desktop 10-12 – getestet auf OS X 10.7 und Windows 7

Eine komplette Liste ist unter *http://jquerymobile.com/gbs/* zu finden. Die Bibliothek ist mit ca. 24kB sehr klein.

Die wichtigsten Links:

| jQuery Mobile | http://jquerymobile.com |
|---|---|
| jQuery-Mobile-Blog | http://jquerymobile.com/blog/ |
| jQuery-Mobile-Forum | http://forum.jquery.com/jquery-mobile/ |
| jQuery-Mobile-Dokumentation | http://api.jquerymobile.com |
| jQuery-Dokumentation | http://docs.jquery.com |

*Tab. 4–5*

*Die wichtigsten*
*jQuery-Mobile-Links*

### 4.4.1   Die erste Webseite

Eine erste Homepage mit den typischen Elementen soll uns in die jQuery-Mobile-Thematik einführen: Sie soll aus zwei Seiten bestehen, wobei die erste Seite eine Liste beinhalten soll. Wenn auf einen Eintrag getippt wird, so wird die zweite Seite aufgerufen. Ein Kopf und ein Menü runden die Webseite ab:

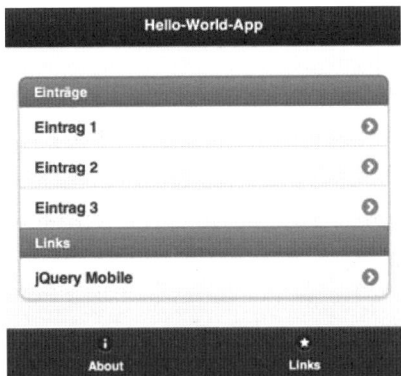

*Abb. 4–9*
*Ziel des Tutorials*

Als Erstes erstellen wir eine kleine Webseite mit den oben genannten Bereichen:

```
<!DOCTYPE html>
<html>
    <head>
        <meta charset="utf-8">
        <meta name="viewport" content="width=device-width,
            initial-scale=1">
        <title>jQM-Tutorial</title>
    </head>

    <body>
        <div id="welcome">
            <h1>Hello-World-App</h1>
            <ul>
                <li>Einträge</li>
                <li><a href="" >Eintrag 1</a></li>
                <li><a href="" >Eintrag 2</a></li>
```

*Listing 4–11*
*jQuery-Mobile-Tutorial:*
*Ausgangslage*

```
              <li><a href="" >Eintrag 3</a></li>
              <li>Links</li>
              <li><a href="jquerymobile.com" >jQuery Mobile</a></li>
            </ul>
            <a href="about.html">About</a>
          </div>
          <div id="details">
            <h1>Hello-World-Details</h1>
            <p>Details</p>
            <a href="about.html">About</a>
          </div>
        </body>
      </html>
```

Dieser Code gibt eine einfache Standardseite aus – nichts Besonderes:

*Abb. 4–10*

*Ausgangslage*

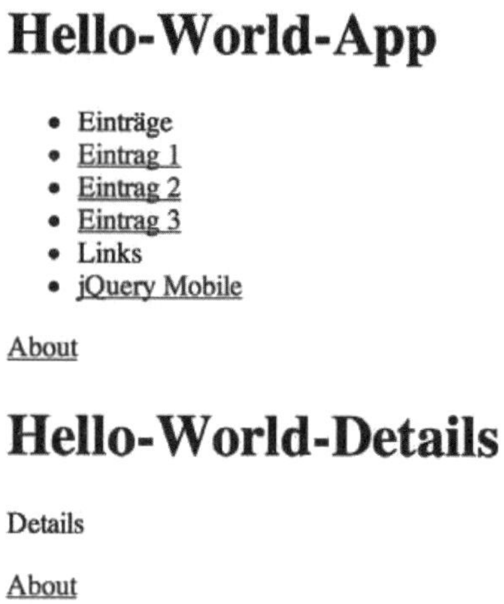

# Hello-World-App

- Einträge
- Eintrag 1
- Eintrag 2
- Eintrag 3
- Links
- jQuery Mobile

About

# Hello-World-Details

Details

About

Die erste Zeile ist der HTML5-Doctype. Die Zeile `<meta charset="utf-8">` etwas darunter ist übrigens kein Fehler! Nicht alle Tags müssen in HTML5 geschlossen werden – sie können es aber. Diese Anweisung definiert die zu verwendende Zeichencodierung. Wenn die Datei auch in diesem Format gespeichert wird – und nur dann! – können z.B. die Umlaute (ä, ö, ü) direkt so in den HTML-Code geschrieben werden.

**Zeichencodierung der Dateien festlegen**

Im Aptana Studio und in Eclipse kann die Zeichencodierung der Dateien in den Einstellungen ausgewählt werden: im Menü *General, Workspace* und dort unter *Text file encoding.*

Der Viewport ist der Darstellungsbereich. Mit dieser Anweisung wird festgelegt, dass die darstellbare Breite als Content-Breite verwendet wird und der Benutzer nicht skalieren kann. Dies ist bei Web-Apps nicht erwünscht, bei normalen Homepages aber notwendig.

Als Erstes müssen wir der Webseite das Stylesheet und die Java-Script-Dateien hinzufügen:

```
<head>
  <meta charset="utf-8">
  <meta name="viewport" content="width=device-width,
    initial-scale=1">
  <title>jQM-Tutorial</title>
  <link rel="stylesheet"
    href="http://code.jquery.com/mobile/1.3.0/
    jquery.mobile-1.3.0.min.css" />
  <script src="http://code.jquery.com/
    jquery-1.8.3.min.js"></script>
  <script
    src="http://code.jquery.com/mobile/1.3.0/
    jquery.mobile-1.3.0.min.js"></script>
</head>
```

*Listing 4–12*

*jQuery Mobile einbinden*

In den folgenden Beispielen wird der Inhalt des head-Elements nicht weiter abgedruckt, da er gleich bleibt.

Da jQuery Mobile auf jQuery aufsetzt, muss zuerst jQuery geladen werden. Nach dem Ausführen des Codes werden der Hintergrund und die Schrift angepasst angezeigt. Leider noch nicht im Mobile-Style. Dazu muss nun etwas über die Seiten-Anatomie bekannt sein. In einer HTML-Datei können mehrere jQM-Seiten enthalten sein. Diese Seiten werden mit <div>-Tags und einem entsprechenden Parameter gekennzeichnet: <div data-role="page"> </div>.

Fügen wir den zwei bestehenden div-Tags welcome und details das data-role="page"-Attribut hinzu. Das data-Attribut ist ein HTML5-Attribut und wird in jQM sehr ausgeprägt verwendet. Damit wird die Rolle des Elementes definiert, also z.B. ob es eine Seite ist. Es kann durchaus von einer gewissen Semantik gesprochen werden. Mit der Rolle »Page« teilen wir jQM mit, dass dieser Bereich eine Seite darstellt. Folglich können mehrere Seiten in einer HTML-Datei definiert sein, sie müssen es aber nicht.

In jeder Page kann es nun weitere div-Elemente mit data-role-Attributen geben. Der Titel-Bereich wird mit <div data-role="header"> gekennzeichnet. Mit data-position="fixed" wird weiter angegeben, dass der Titel immer sichtbar sein soll, auch wenn gescrollt wird. Weitere data-role-Parameter sind: content für den Inhalt der Seite und footer für die Fußzeile. Es könnten auch die neuen HTML5-Elemente zur Seitenstrukturierung benutzt werden, jedoch muss man trotzdem die role-Attribute für jQM angeben.

```
<div  data-role="page">
    <div  data-role="header">...</div>
    <div  data-role="content">...</div>
    <div  data-role="footer">...</div>
</div>
```

Somit können wir unsere Seiten ausprägen:

```
<!DOCTYPE html>
<html>
    <head>
    ...
    </head>

    <body>
        <div id="welcome" data-role="page">
            <div data-role="header" data-position="fixed" >
                <h1>Hello-World-App</h1>
            </div>
            <div data-role="content">
                <ul>
                    <li>Einträge</li>
                    <li><a href="" >Eintrag 1</a></li>
                    <li><a href="" >Eintrag 2</a></li>
                    <li><a href="" >Eintrag 3</a></li>
                    <li>Links</li>
                    <li><a href="jquerymobile.com" >
                        jQuery Mobile</a></li>
                </ul>
            </div>
            <div data-role="footer">
                <a href="about.html">About</a>
            </div>
        </div>
        <div id="details" data-role="page">
            <div data-role="header" data-position="fixed">
                <h1>Hello-World-Details</h1>
            </div>
            <div data-role="content">
                <p>Details</p>
            </div>
        </div>
    </body>
</html>
```

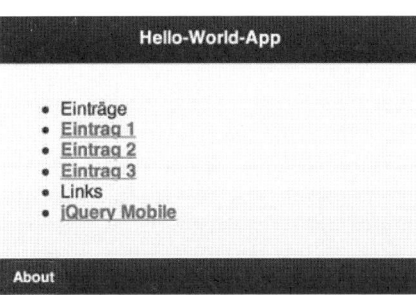

*Abb. 4–11*
*»Hello World« mit jQuery*
*Mobile»Hello World« mit*
*jQuery Mobile*

Die erste Seite wird nun im jQM-Stil dargestellt. Für die Menüführung eignet sich eine Navigationsleiste, die aus nebeneinander stehenden Buttons besteht.

```
<div data-role="footer">
    <div data-role="navbar">
        <ul>
            <li><a data-icon="info" href="about.html">About</a></li>
            <li><a data-icon="star" href="#details">Links</a></li>
        </ul>
    </div>
</div>
```

Die Liste der Buttons wird über eine HTML-Liste, die Links definiert, umgesetzt. Die Verlinkung auf eine Page kann mithilfe des jQuery-Selektors auf dessen id erfolgen, also z.B. "#details", oder auf eine Webseite in einer anderen Datei zeigen. Mit dem Attribut data-icon kann eines der vordefinierten Icons verwendet werden. Unsere Webseite sieht nun schon viel strukturierter aus:

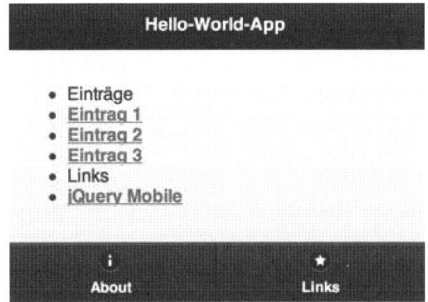

*Abb. 4–12*
*Navigationsleiste*

Jetzt fehlt uns noch die typische Liste, die auf Mobiles anzutreffen ist. Auch zu diesem Zweck gibt es eine Rolle. Das ul-Element wird mit der Rolle listview versehen: <ul data-role="listview" data-inset="true"> . Das data-inset-Attribut steuert das Aussehen der Liste. Bei true wird ein Rand freigelassen, ansonsten füllt sie die Seitenbreite. Um Titelzeilen, wie zum Beispiel »Links« darzustellen, kann das entsprechende li-element mit der Rolle data-role="list-divider" versehen werden:

```
<div data-role="content">
    <ul data-role="listview" data-inset="true">
        <li data-role="list-divider">Einträge</li>
        <li><a href="">Eintrag 1</a></li>
        <li><a href="">Eintrag 2</a></li>
        <li><a href="">Eintrag 3</a></li>
        <li data-role="list-divider">Links</li>
        <li><a href="jquerymobile.com" >jQuery Mobile</a></li>
    </ul>
</div>
```

Jetzt sieht auch die Liste aus, wie man sie auf einem Mobile Device erwarten würde:

*Abb. 4–13*

*Die erste Liste in jQM*

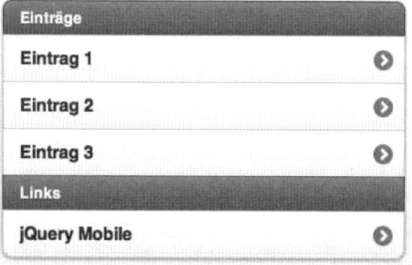

Wird auf einen der Hyperlinks geklickt, so wird die Seite per Ajax[2] nachgeladen. Deshalb ist zwischen externen Seiten und eigenen Seiten zu unterscheiden. Bei externen Seiten muss dem a-Element das Attribut rel="external" hinzugefügt werden. Die Listendefinition sieht nun folgendermaßen aus:

```
<ul data-role="listview" data-inset="true">
    <li data-role="list-divider">Einträge</li>
    <li><a href="#details">Eintrag 1</a></li>
    <li><a href="#details">Eintrag 2</a></li>
    <li><a href="#details">Eintrag 3</a></li>
    <li data-role="list-divider">Links</li>
    <li><a href="http://jquerymobile.com" rel="external">
        jQuery Mobile</a></li>
</ul>
```

---

2.  Mithilfe von Ajax kann etwas asynchron nachgeladen werden. Siehe Abschnitt 8.1.2.

## 4.4.2    Grundgerüst der Whisky-App

*»Herr Weber, das erinnert mich stark an unser Projekt«, merkt ein Mitarbeiter an. Herr Weber grinst: »Klar doch, das war ja das Ziel, also erstellen wir nun das Grundgerüst.«*

▒ Das Gerüst der Whisky-App ist schon fast fertig.

▒ Wir müssen noch die Titel ändern.

▒ Die Liste nimmt viel Platz weg, also entfernen wir das inset-Attribut.

▒ Die Navigationsleiste nimmt ebenfalls viel Platz weg, also bringen wir die Navigation in den Kopf.

▒ Die Page-IDs müssen noch auf whisky-home und whisky-detail geändert werden.

Aus den obigen Wünschen ergibt sich folgendes Listing:

```html
<!DOCTYPE html>
<html>
   <head>
      ...
   </head>

   <body>
      <!-- Homepage mit der Liste der vorhandenen Ratings -->
      <div id="whisky-home" data-role="page">
         <div data-role="header" data-position="fixed" >
            <h1>Whisky-Rating</h1>
            <div data-icon="add" data-role="button"
             data-shadow="false" data-iconpos="notext"
             class="ui-btn-right" id="newWertung"></div>
            <a href="about.html" data-rel="dialog"
             data-shadow="false" data-icon="info"
             data-role="button" data-iconpos="notext"
             class="ui-btn-left" id="about"></a>
         </div>
         <div data-role="content">
            <ul data-role="listview">
               <li data-role="list-divider">Distillery</li>
               <li><a href="#whisky-details">
                  Eintrag 1</a></li>
               <li><a href="#whisky-details">
                  Eintrag 2</a></li>
               <li><a href="#whisky-details">
                  Eintrag 3</a></li>
            </ul>
         </div>
      </div>

      <!-- Page mit dem Rating -->
      <div id="whisky-details" data-role="page">
         <div data-role="header" data-position="fixed">
```

*Listing 4–15*

*Grundgerüst der*

*Whisky-App*

```
                    <h1>Wertung</h1>
                    <a href="#whisky-home" id="home" data-icon="home"
                    data-role="button" data-shadow="false"
                    data-iconpos="notext"
                    class="ui-btn-right jqm-home"></a>
                </div>
                <div data-role="content">
                    <p>Details</p>
                </div>
            </div>
        </body>
    </html>
```

Das ergibt folgendes Aussehen:

*Abb. 4–14*

*Grundgerüst der*

*Whisky-App*

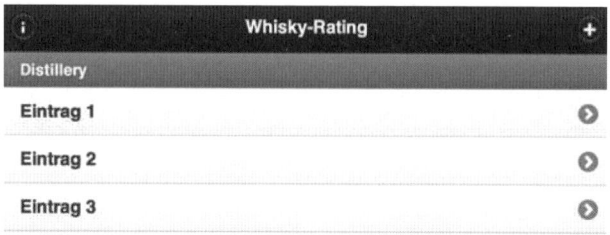

Der Add-Button wurde als `div`-Element mit der Rolle `Button` erstellt, der About-Dialog wie gewohnt mithilfe des a-Elements. Es stehen uns also beide Möglichkeiten zur Verfügung. Betrachten wir dessen Eintrag im Detail:

```
<a href="about.html" data-rel="dialog" data-shadow="false" data-
icon="info" data-role="button" data-iconpos="notext" class="ui-btn-
left" id="about"></a>
```

- `data-rel="dialog"`: Die About-Meldung wird als Dialog geöffnet, nicht als Webseite.
- `data-shadow="false"`: Die kleinen Icons mit dem schwarzen Hintergrund sehen mit einem Schatten merkwürdig aus, deshalb wurde dieser deaktiviert.
- `data-icon="info"`: als Icon das i verwenden
- `data-role="button"`: Link als Button darstellen
- `data-iconpos="notext"`: keinen Text ausgeben, nur das Icon
- `class="ui-btn-left"`: auf der linken Seite darstellen

*Herr Weber wird gefragt, wann er ein div-Element und wann er einen Anker für ein Button verwendet? Immer wenn dahinter eine Logik ausgeführt wird, verwendet er ein div-Element und weist einen Event-Handler zu. Dazu aber später mehr. Sonst, wie beim About-Button, bei dem es keine Logik gibt, verwendet er direkt den Link. Das ist aber Geschmackssache ...*

### 4.4.3    Externe Webseiten

Kehren wir zurück zu unserem Beispiel: Wenn auf den Menüpunkt *About* geklickt wird, versucht jQM per Ajax die Datei about.html nachzuladen. Dies scheitert, und entsprechend wird eine Fehlermeldung ausgegeben:

**Abb. 4–15**
*Fehler beim Laden einer Seite*

Erstellen wir also unsere About-Seite:

```
<!-- Page About -->
<div data-role="page" id="about">
    <!-- Header -->
    <div data-role="header">
        <h1>About Whisky-Rating</h1>
    </div>

    <!-- Content -->
    <div data-role="content">
        <p>Meine erste jQM-Seite</p>
    </div>
</div>
```

**Listing 4–16**
*About-Seite*

jQM kann nun die About-Seite nachladen. Interessant ist die URL, die im Browser angezeigt wird:

```
http://127.0.0.1:8020/buch/jqm_tutorial_4.html#about.html
```

Das obige Listing ist wirklich das ganze Listing! Dank des dynamischen Nachladens kann auf das Drumherum (head- und body-Elemente) verzichtet werden. Aber wie kommt der Benutzer nun zurück? Da jQM der Aufruf-Stack automatisch nachführt, kann der *Back*-Button ganz einfach durch die Angabe von data-add-back-btn="true" hinzugefügt werden:

```
<div data-role="page" id="about" data-add-back-btn="true" >
```

**Abb. 4–16**
*About-Seite mit*
*Back-Button*

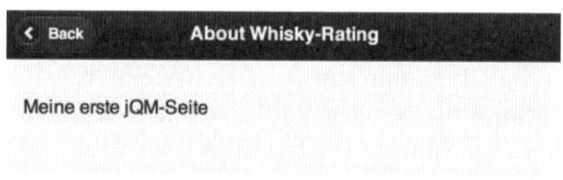

Der *Back*-Button ist nicht automatisch aktiv, da die Navigation oft anders gelöst wurde oder der *Back*-Button vom Browser verwendet werden kann – wenn man ihn nicht »versteckt«.

*Es ist nun Kaffee-Zeit. Da meint ein Mitarbeiter: »Herr Weber, aber wie funktioniert dieser Stack? Und was passiert in jQM selbst? Da müssen wir doch mal reinschauen, oder? Herr Weber nickt, trinkt den Kaffee aus und fährt fort.*

## 4.5   Inside jQuery Mobile

### 4.5.1   Stack

Wenn eine weitere Page (nicht aber ein Dialog) geladen wird, dann wird deren Objekt im Stack hinzugefügt. Somit kann zwischen den geladenen Objekten hin- und hergesprungen werden.

**Abb. 4–17**
*Funktionsweise des Stacks*

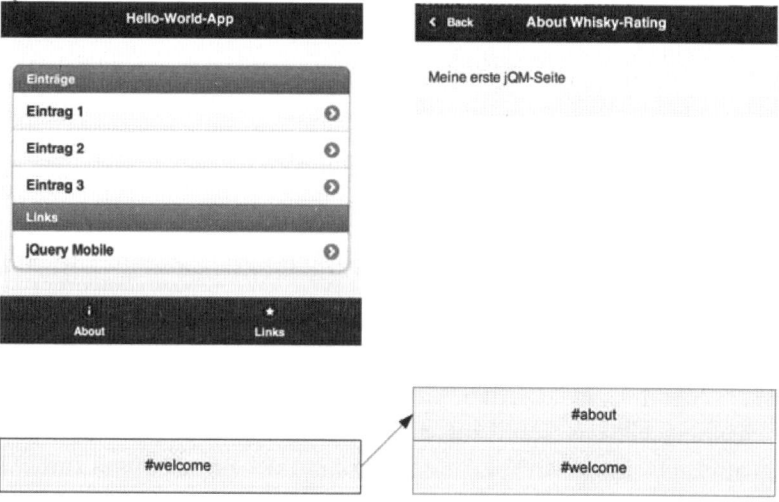

Dieser Stack ist in jQM das Objekt `urlHistory`. In der Konsole ist es entsprechend einsehbar: `$.mobile.urlHistory`. Das `$` ist eine Referenz auf jQuery. Mithilfe der Variable `mobile` kann auf das jQuery-Mobile-Widget zugegriffen werden.

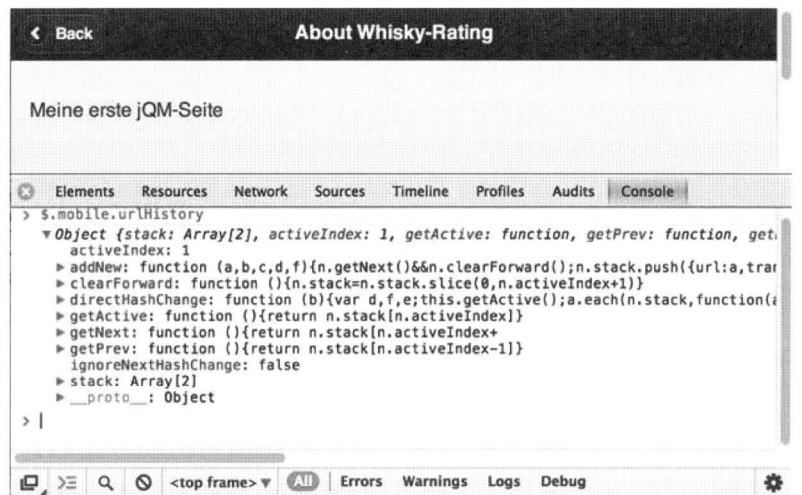

*Abb. 4–18*

*Zugriff auf das*

*Stack-Objekt*

Deutlich ist das Array mit den zwei Einträgen ersichtlich, hier zur ersten Page.

In diesem Zusammenhang sei auch erwähnt, dass auf eine Page in einer Seite wie folgt direkt zugegriffen werden kann:

```
http://127.0.0.1:8020/buch/jqm_tutorial_4.html#details
```

Mit der Methode getPrev( ) kann auf das vorherige Objekt programmtechnisch zugegriffen werden. Dies kann ganz einfach in der Konsole vom Browser getestet werden, indem die Methode aufgerufen wird:

```
$.mobile.urlHistory.getPrev( )
```

Die Variable activeIndex gibt die aktuelle Position im Stack an. Wird, wie in der Whisky-App, statt des Back-Buttons ein Home-Button eingebaut, so »protokolliert« jQM den ganzen Benutzerverlauf mit. Würde z.B. eine ID in der URL mitgegeben werden, könnte so ein eindeutiger Verlauf angezeigt werden. Um alle Einträge vor der aktuellen Position zu löschen, kann die Methode mobile.urlHistory.clearForward() verwendet werden.

## 4.5.2 Formatierung

Woher kommt diese Formatierung? Als Beispiel betrachten wir die Eigenschaft des Titelnamens in der Liste. Es handelt sich um ein li-Element mit der Rolle list-divider. Wie finden wir aber die Informationen dazu? Wenn wir die Seite mit der aktiven Fehlerkonsole betrachten, kann unter *Elemente* das dynamische HTML mit dem aktuellen

DOM zur Laufzeit betrachtet werden. Zuerst muss das entsprechende HTML-Element links gefunden und ausgewählt werden. Safari und Chrome markieren den Teil im Browser. Dann erscheinen rechts alle relevanten Daten. Wir sehen so, dass das li-Element um viele class-Attribute erweitert wurde:

**Abb. 4–19**

*Dynamischer DOM:*

*list-divider*

Betrachten wir die Klasse .ui-li-divider: Auf der rechten Seite suchen wir dessen Definition. Angenommen, wir möchten die Schrittgröße sehen, suchen wir dessen Eintrag und finden ihn bei der gemeinsamen Definition der Klassen .ui-li-divider, .ui-li-static. Durch Doppel-Klick auf das Attribut font-size können wir diesen Wert ändern, z.B. auf 30px:

**Abb. 4–20**

*Schriftgröße des Dividers*

Die Eigenschaft kann auch temporär deaktiviert werden, wenn rechts von ihr das Häkchen deaktiviert wird. Somit kann mit dem CSS gespielt und ein gewisses Verhalten analysiert werden. Dies werden wir später benötigen, um das Aussehen für die erweiterte Liste anzuwenden.

Wir können auch auf den Dateinamen klicken, und die Applikation springt zur Definition in der CSS-Datei. Der Dateiinhalt wird nun unformatiert dargestellt. Um diesen lesbar darzustellen, muss in der HTML-Datei zuerst das min aus dem Dateinamen der CSS- und Java-Script-Datei entfernt werden. Die min-Dateien wurden um überflüssige Leerzeichen und anderen Zeichen reduziert. Oft werden auch die Variablennamen reduziert.

In jQM ist die Namensgebung der Klassen nach Mustern aufgebaut: zuerst das Grundelement, dann das 2. Element und schließlich die Rolle.

```
.ui-li-divider, .ui-li-static
{ padding: .5em 15px;
  font-size: 14px;
  font-weight: bold;
}
```

### 4.5.3   data-role-Attribut

Woher kommen aber all diese Klassen? Dazu suchen wir in der Java-Script-Datei eine Stelle, die li-Elemente bearbeitet. Wir wechseln in der Entwicklungskonsole in den Bereich »Script«, wählen dort im Drop-down die jQuery-Mobile-Datei aus und suchen nach list-divider. Uns interessiert die Stelle, an der die Rolle abgefragt wird:

```
li.each(function( pos ) {
    // ...
} else if ( item.jqmData( "role" ) === "list-divider" ) {
    itemClass += " ui-li-divider ui-btn ui-bar-" + dividertheme;
    item.attr( "role", "heading" );
    // ...
}
```

Je nach Rolle werden dem Element die entsprechenden Class-Parameter mit den CSS-Klassen zugewiesen. In diesem Beispiel mit der erwarteten Klasse ui-li-divider. Die Variable dividertheme bestimmt, welches Thema (a, b, ... e) verwendet werden soll. Dazu später mehr.

Die Methode jqmData() ist erwähnenswert, weil sie das Pendant zur jQuery-Methode data() ist. Mit diesen Methoden lassen sich Metadaten zu Elementen speichern bzw. auslesen. Das heißt, es ist nicht mehr notwendig, diese in CSS-Styles oder versteckten Elementen zu speichern. Konkret werden dem Element Attribute der Form data-irgendetwas hinzugefügt. Zu beachten ist aber, dass jeder selbst den Key festlegen kann, und folglich muss somit besonders beim Einsatz von Bibliotheken aufgepasst werden. Ein kurzes Beispiel. Wir verwenden folgendes Element:

```
<h2 id="abc" data-message="Sehr wichtig!">Titel</h2>
```

Mit `$('abc').jqmData('message')` kann der Text ausgelesen werden, hier also *Sehr wichtig*. Ein neuer Text wird folgendermaßen gesetzt:

```
$('abc').jqmData('message', 'doch nicht so wichtig');
```

Wir werden diesen Mechanismus bei der Liste mit den Wertungen anwenden, indem wir zu jedem Eintrag die GUID der Wertung speichern werden und somit die richtige Wertung anzeigen können.

Weshalb sollten wir nun die jQM-Methoden verwenden und nicht die jQuery-Methoden? Die jQM-Entwickler haben vorgesehen, dass sie irgendwann einen Namespace-Mechanismus hinzufügen werden. Dann wird der Zugriff entsprechend vereinfacht.

Ein Attribut wird mit der Methode `jqmRemoveData()` entfernt.

*War das etwas zu viel? Herr Weber empfiehlt den Entwicklern, ein wenig damit zu spielen. Im Kapitel 7 geht's dann nochmals ans Eingemachte.*

## 4.6   Zusammenfassung

*Die Entwickler haben einen kleinen Einblick in jQuery und jQuery Mobile erhalten. Bei jQM war es zwar nur statischer Natur, aber Herr Weber versichert, dass noch genügend Dynamik kommen wird. Hauptsache, der Rucksack für das Projekt ist gepackt – und das ist er definitiv: Das Modell steht und die Voraussetzungen zu jQuery Mobile sind gegeben. Es kann nun losgehen – auch wenn sich noch einige Schleierwolken am Horizont befinden, aber Herr Weber meint, mit den weiteren Kapiteln werden sich diese schnell auflösen.*

# 5 Der Whisky-App ein Gesicht geben

*Das Modell steht und das Grundgerüst der View ist im letzten Kapitel erstellt worden. Also höchste Zeit, sich mit den Details zu jQuery Mobile auseinanderzusetzen. Die verwendeten Bibliotheken hält Herr Weber als lokale Kopie im lib-Verzeichnis, da es keinen Sinn mehr macht, sie von extern nachzuladen, wenn später das Offline-API verwendet wird oder eine Hybrid-App erstellt werden soll. Er rät zudem, sich zuerst auf die Smartphone-Version zu konzentrieren und diese erst später in diesem Kapitel zu einer Tablet-Version zu erweitern. Als Ausgangslage dient der Code aus Abschnitt 4.4.2.*

## 5.1 Model und Controller an die View anbinden

Im Grundgerüst aus dem Abschnitt 4.4.2 haben wir das MVC-Pattern noch nicht angewendet. Dies wollen wir nun nachholen. Dafür verwenden wir unser Projekt aus Abschnitt 3.4 mit dem Modell und die Ausgangslage der View. Als Erstes kopieren wir das Listing 4–15 in das Stammverzeichnis und benennen die HTML-Datei in index.html um. Dasselbe machen wir mit dem About-Dialog, Listing 4–16. Die lokale Kopie von jQuery Mobile kann unter *http://jquerymobile.com/download/* heruntergeladen werden. In jQM ist jQuery noch nicht enthalten, deshalb müssen wir es separat unter *http://jquery.com/download/* besorgen. Auf der Download-Seite von jQM steht jeweils, welche jQuery-Version welche jQM-Version unterstützt[1]. Die Dateien kopieren wir in das lib-Verzeichnis und passen die Pfade im <head>-Element der index.html[2]-Datei an:

---

1. Für jQM in der Version 1.2.0 empfehle ich mindestens jQuery 1.7 oder 1.8, für die jQM-Version 1.3 muss mindestens jQuery 1.8 eingesetzt werden!
2. Wie weiter oben bereits erwähnt, empfehle ich, während der Entwicklung die lesbaren Dateien einzubinden und bei der »Produktiv-Setzung« nur noch die optimierten minimierten Dateien zu verwenden.

*Listing 5–1*

*Header der Whisky-App*

```
<head>
    <meta charset="utf-8">
    <meta name="viewport" content="width=device-width,
        initial-scale=1">

    <title>Whisky-Rating</title>

    <link rel="stylesheet" href="lib/mobile/jquery.mobile.css" />

    <script src="lib/jquery.js"></script>
    <script src="lib/mobile/jquery.mobile.js"></script>
    <script src="lib/mvc.js"></script>  <!-- Unser MVC-Obj. -->
</head>
```

Jetzt fehlt uns noch der Controller. Die Idee ist, dass wir alle `href`-Attribute durch Event-Handler ersetzen. Dazu erstellen wir die Datei `controller.js`. Da wir keine Vererbung brauchen, können wir ein normales Objekt erzeugen, das in der Methode `initialize()` alle Events registriert.

> **Tipp:**
>
> Es empfiehlt sich, zu jedem Event hinzuzuschreiben, wo es ausgelöst werden kann und welche Page das Ziel ist. Dies erleichtert später die Wartung:
> ```
> /** Zurück auf Home
>  * Quelle: whisky-details
>  * Ziel: whisky-home */
> ```

In der Tabelle 5–1 sind die benötigten Events für die Whisky-App zusammengestellt. Zurzeit sind noch nicht alle Elemente in der HTML-Datei definiert, aber das kommt im Laufe dieses Kapitels. Aktuell sind die drei ersten vorhanden:

*Tab. 5–1*

*Events der Whisky-App*

| Bedeutung | Element-ID | Quell-ID der Page | Ziel-ID der Page |
|---|---|---|---|
| About-Dialog (Menü) | about | whisky-home | about.html |
| Home-Dialog | home | whisky-details | whisky-home |
| Neue Wertung (Menü) | newWertung | whisky-home | whisky-details |
| Detail-Wertung (Tippen auf Tabelle) | | whisky-home | whisky-details |
| Wertung löschen | delWertung | whisky-details | whisky-home |
| Wertung speichern | saveWertung | whisky-details | whisky-home |

Wie können wir nun einen Wechsel der Seite (page) in JavaScript erzwingen? Dazu dient die Methode `$.mobile.changePage()`. Als Parameter wird die Ziel-Page-ID oder eine Datei angegeben. Da ein simpler Wechsel des Inhaltes nicht sexy wirkt, können wir mit dem zweiten Parameter die Transformation definieren. Dieser Parameter ist eine Parameter-Liste:

```
$.mobile.changePage("#whisky-home", {transition: "pop"});
```

Alle Parameter sind in der Dokumentation unter *API, Methods & Utilities* zu finden. Häufig verwendete sind:

- changeHash: Die Location-Bar im Browser wird jeweils mit der aktuellen URL aktualisiert – was aber nicht immer erwünscht ist. Wenn unsere Whisky-App zum Beispiel nur im Browser laufen soll, ist dies nicht erwünscht, da wir nicht direkt zu den Details springen möchten. Dann wird aber auch der Stack nicht aktualisiert! Standardwert: true.

> **Hinweis:**
>
> Wenn auf eine externe Seite verwiesen wird und diese über den Stack zurückfinden muss (Back-Button oder das x bei den Dialogen), so ruft jQM die URL vor der App auf, da sich diese im Stack befindet! Deshalb dürfen wir diesen Parameter bei der About-Seite nicht verwenden. Da die Whisky-App schlussendlich als App laufen soll – und es somit kein URL-Eingabe-Element gibt – lassen wir diesen Parameter weg.

- data: Mit diesem Attribut kann der Ziel-URL ein String mit Daten mitgegeben werden. Dies funktioniert nur, wenn eine URL angegeben worden ist.
- role: Dieses Attribut definiert, mit welcher Rolle (page, dialog, ...) die Page geladen werden soll. Damit ist es auch möglich, eine Page als Dialog zu laden, obwohl dies in der HTML-Datei anders definiert ist. Dieses Attribut übersteuert folglich die Definition in der HTML-Datei.
- showLoadMsg: Soll der Loading-Dialog angezeigt werden? Standard: true.
- transition: Dieses Attribut definiert die Animation beim Seitenwechsel.

Die Transformation der Seiten erfolgt über CSS[3]. Leider funktionieren nicht alle Transformationen auf allen Plattformen korrekt. Einige sind auch sehr langsam, siehe auch den Abschnitt 7.4 zur Performance. Folgende Transformationen sind zurzeit möglich:

---

3.   Oliver Gast hat eine spannende Testseite mit CSS3-Transformationen ins Web gestellt: *http://www.olivergast.de/wp-content/demos/transitions/index.html*

*Abb. 5–1*

*Transformationen*

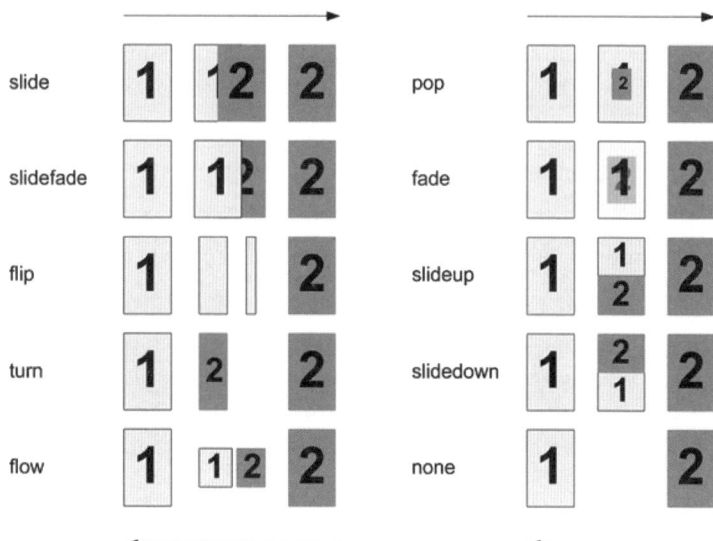

Mit der Testseite[4] können die Transformationen unter der Zielplattform zuerst getestet werden!

*Die Entwickler der Spirit AG entscheiden sich, die Detailseite immer mit slidedown zu animieren, die Homeseite dann mit slideup und die Dialoge mit fade.*

Nun stellt sich die Frage, wann wir die Events registrieren sollen. Eigentlich dann, wenn das Dokument geladen und bereit ist. Dazu können wir den jQM-Event pageinit verwenden, der aufgerufen wird, wenn die Page initialisiert wird (und somit unsere Elemente im Speicher für Manipulationen zur Verfügung stehen). Implementieren wir im Folgenden den Controller:

*Listing 5–2*

*Controller*

```
/** Controller */
var WhiskyAppController = function() {
    /** Zurück auf Home.
     * Quelle: whisky-details
     * Ziel: whisky-home */
    function home() {
        $.mobile.changePage("#whisky-home",
                { transition: "slideup" } );
    }

    /** Neue Wertung erstellen
     * Quelle: whisky-home
     * Ziel: whisky-details */
    function addTasting() {
```

---

4.   *http://jquerymobile.com/test/docs/pages/page-transitions.html*

```
        $.mobile.changePage("#whisky-details",
                { transition: "slidedown" } );
    }

    /** About-Seite als Dialog
     * Quelle: whisky-home
     * Ziel: about.html */
    function about() {
        $.mobile.changePage("about.html",
                { transition: "fade", role: "dialog" } );
    }

    return {
        initialize : function() {
            // Add-Button in der Liste
            $("#newWertung").bind( 'vclick', addTasting);

            // About-Dialog
            $("#about").click(about);

            // Home-Button
            $("#home").click(home);
        }
    };
}

/** Controller aufrufen, wenn pageinit von jQM geworfen wird */
$('#whisky-home').live("pageinit", function(event) {
    // Event-Listener-Buttons
    WhiskyApp.controller.initialize();
});
```

Zusätzlich erstellen wir ein »Main«, das heißt: ein Objekt, in dem wir unsere globalen Instanzvariablen führen. In diesem Main-Objekt instanziieren wir sowohl den Controller als auch das Model:

```
var WhiskyApp = {
    tastings: new Tastings(),
    controller: new WhiskyAppController(),
}
```

*Listing 5–3*

*Die Datei main.js*

Damit wir nun alles testen können, müssen die JavaScript-Dateien in der index.html-Datei eingebunden werden:

```
<head>
 <meta charset="utf-8">

 <title>Whisky-Rating</title>
 <link rel="stylesheet" href="lib/mobile/jquery.mobile.css" />

 <script src="lib/jquery.js"></script>
 <script src="lib/mobile/jquery.mobile.js"></script>
 <script src="lib/mvc.js"></script> <!-- MVC-Bibliothek -->
```

```
<script src="js/model.js"></script>       <!-- Logik -->
<script src="js/controller.js"></script> <!-- Events -->
<script src="js/main.js"></script>
</head>
```

*Da ruft ein Entwickler enttäuscht: Weshalb funktioniert es denn bei mir nicht? Ein Blick genügt: Er tippte bei der Transformation  statt fade  face ein. Dann geht leider gar nichts mehr ...*

## 5.2   Themen

jQM bringt fünf verschiedene *Themes* (auf Deutsch: Themen) mit, die das Aussehen der Web-App auf je unterschiedliche Weise festlegen. Sie werden mit den Buchstaben a, b, c, d und e abgekürzt. Mithilfe des Attributs data-theme kann ein Thema für eine Page oder ein einzelnes Element festgelegt werden.

*Abb. 5–2*

*Themen von jQM*

Das Thema a entspricht eher einem dunklen Aussehen wie bei Android, Thema b ist in einem Blauton gehalten und die Themen c und d in Grautönen. Das Thema e, ganz in Gelb, eignet sich für besonders wichtige Sachen, die hervorstechen sollen.

Die Themen lassen sich mit dem ThemeRoller per Drag-and-drop verändern. Die generierte CSS-Datei kann dann im Projekt eingebunden werden. Inspirieren lassen können Sie sich von der Seite *http://www.jqmgallery.com/*.

*Abb. 5–3*

*ThemeRoller*

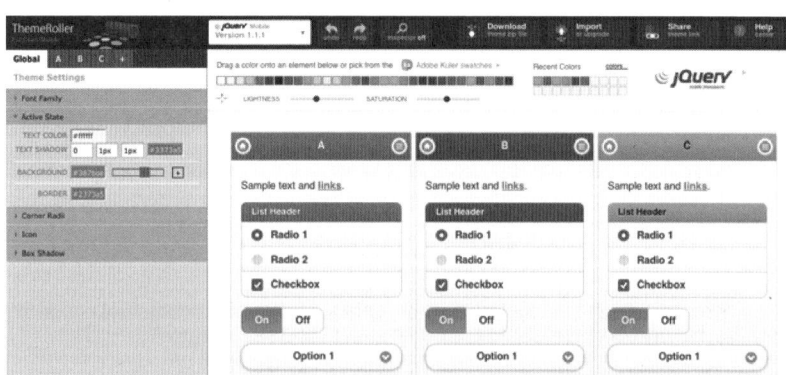

*Das Entwicklungsteam einigt sich auf das Thema c. Der About-Dialog soll im Thema a erfolgen. Weitere Abweichungen werden ad hoc diskutiert. Die Designer werden dann gegebenenfalls eine Anpassung vornehmen.*

## 5.3   Formular-Elemente gruppieren

### 5.3.1   Collapsible Sets

Die Detail-Page besteht aus vielen verschiedenen Eingabeelementen. Wenn all diese Elemente auf einer Seite untereinander dargestellt würden, wäre die Seite sehr unübersichtlich. Für die Gruppierung von Elementen gibt es daher in jQM *Collapsible Sets*.

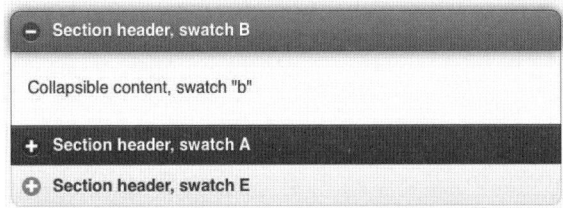

*Abb. 5–4*
*Collapsible Sets*

In unserer App gruppieren wir die Elemente in die Bereiche *Allgemein*, *Wertung* und *Ort*. Wie gewohnt verwenden wir dafür ein `div`-Element mit der entsprechenden Rolle `collapsible-set`. Pro Set wird ein weiteres `div`-Element mit der Rolle `collapsible` erstellt. Mit dem Attribut `data-collapsed` kann festgelegt werden, ob ein Content-Block (bei der ersten Darstellung) aufgeklappt oder zugeklappt ist. Jeder Block kann ein eigenes Thema haben; es zeigt einerseits, wie das Set dargestellt werden soll, (`data-theme="e"`) und andererseits, wie der Inhalt im Set dargestellt werden soll (`data-content-theme="c"`). Da die Wertung herausstechen soll, verwenden wir für dieses Set das Thema e (gelb). Als Titel wird der Text im folgenden h3-Element verwendet. Folgendes Listing zeigt den Einsatz der Sets in der Whisky-App:

```
<!-- Page mit der Wertung -->
<div id="whisky-details" data-role="page" data-position="fixed"
     data-content-theme="c">
   <div data-role="header">
      <h1>Tasting</h1>
      <a href="" id="home" data-icon="home" data-role="button"
         data-iconpos="notext" class="ui-btn-right jqm-home"></a>
   </div>
   <div data-role="content">
```

*Listing 5–4*
*Collapsible Set in der Whisky-App*

```
<div id="whiskydetail">
  <!-- Eingabe-Elemente -->
  <div data-role="collapsible-set">
    <div data-role="collapsible" data-collapsed="true"
         data-content-theme="c">
      <h3>Allgemein</h3>
    </div>
    <div data-role="collapsible" data-collapsed="true"
         data-theme="e" data-content-theme="c">
      <h3>Wertung</h3>
    </div>
    <div data-role="collapsible" data-collapsed="true"
         data-content-theme="c">
      <h3>Ort</h3>
    </div>
  </div>
</div>
</div>
</div>
```

> **Hinweis:**
>
> Wird beim Element kein Content-Thema angegeben, so fehlen die senk-
> rechten Linien von Set zu Set.

Wer die Standard-Icons nicht mag, kann diese auch durch andere
ersetzen. Dafür stehen die data-Attribute data-collapsed-icon und
data-expanded-icon zur Verfügung:

```
<div data-role="collapsible" data-collapsed-icon="arrow-r" data-
expanded-icon="arrow-d">
```

Folgende Icons werden mitgeliefert, wobei bars und edit erst seit Version 1.3 dabei sind:

*Abb. 5–5*

*jQuery-Mobile-Icons*

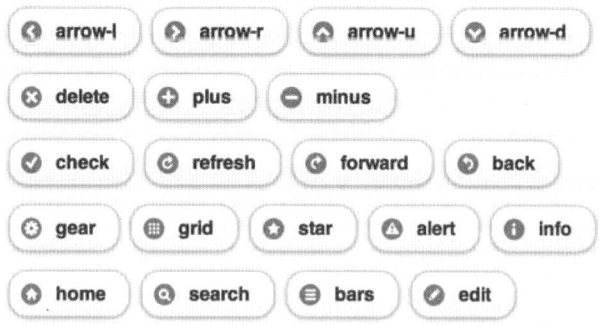

Weitere Icons hat Andy Matthews[5] für jQM aufbereitet. Nach dem
Download können die CSS-Dateien und deren Unterverzeichnisse in

das Projekt kopiert werden, und das Stylesheet kann in der Index-
Datei hinzugefügt werden:

```
<link rel="stylesheet" href="css/original/jqm-icon-pack-2.0-
original.css" />
```

Zu beachten ist, dass bei den Font-Icons die Icons im CSS etwas größer
gemacht werden. Dadurch kann es passieren, dass die Formatierungen
nicht mehr stimmen. Ich persönlich verwende deshalb nur die *Original-*
Icons:

Abb. 5–6

*Die Original-Icons des*
*jQM-Icon-Packs*

Wenden wir die genannten Icons an, könnte das wie folgt aussehen:

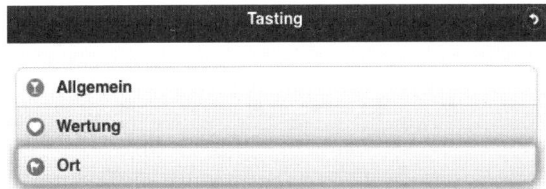

Abb. 5–7

*Collapsible Set in der*
*Whisky-App*

Wir haben im Code oben bei den drei Elementen die Icons entsprechend hinzugefügt:

```
<div data-role="collapsible-set">
    <div data-role="collapsible" data-collapsed="true"
        data-collapsed-icon="drink" data-content-theme="c">
        <h3>Allgemein</h3>
    </div>
    <div data-role="collapsible" data-collapsed="true"
        data-collapsed-icon="heart" data-theme="e"
        data-content-theme="c">
        <h3>Wertung</h3>
    </div>
    <div data-role="collapsible" data-collapsed="true"
        data-collapsed-icon="flag" data-content-theme="c">
        <h3>Ort</h3>
    </div>
</div>
```

Eigene Icons können im PNG-Format mit einer Auflösung von 18 × 18
Pixel und für Retina mit 36 × 36 Pixel eingebunden werden. Wichtig
ist, dass der Hintergrund transparent ist. Die Anwendung erfolgt weiterhin mit dem data-icon-Attribut:

---

5.  *http://andymatthews.net/code/jQuery-Mobile-Icon-Pack/index.html*

```
<a href="#" data-role="button" data-icon="crm">CRM</a>
```

Nun muss noch eine CSS-Klasse definiert werden, die mit .ui-icon beginnt:

```
.ui-icon-crm { background-image: url("crm.png"); }
```

### 5.3.2   Grid-Darstellung

Eine weitere Formatierungsmöglichkeit ist die Spaltendarstellung. Die Idee von jQM ist, dass der Content-Bereich in zwei bis fünf Spalten mit gleicher Breite aufgeteilt werden kann.

In einem übergeordneten Bereich muss die Anzahl der Spalten im class-Attribut angegeben werden:

```
<div class="ui-grid-d"></div>
```

Für zwei Spalten wird die Klasse ui-grid-a verwendet, für drei ui-grid-b, für vier ui-grid-c und für fünf ui-grid-d. Danach ist in dessen Block pro Spalte ein weiterer Block zu definieren, bei dem wiederum über das class-Attribut die Spalte angegeben wird. Die erste Spalte erhält den Wert ui-block-a, die zweite ui-block-b usw. bis zur fünften mit dem Wert ui-block-e.

Das fünfspaltige Design aus der Abbildung 5–2 wird wie folgt umgesetzt:

```
<div class="ui-grid-d">
   <div class="ui-block-a">
      <div data-role="header">
         <h1>Header A</h1>
      </div>
      ...
   </div>

   <div class="ui-block-b">
   ...
   </div>

   <div class="ui-block-c">
   ...
   </div>

   <div class="ui-block-d">
   ...
   </div>

   <div class="ui-block-e">
   ...
   </div>
</div>
```

Dynamische Spaltenbreiten und ein Responsive Layout können per CSS erzeugt werden. Wird unter jQM 1.3 das `Class`-Attribut `ui-responsive` mitgegeben, so werden, wenn der Platz nicht ausreicht, die Zellen automatisch untereinander dargestellt.

Will man einen eigenen Wert für den Umbruch definieren, der in jQM *Breakpoint* genannt wird, muss die Klasse selbst per Media-Query definiert werden, dabei kann man auch gleich die Spaltenbreite angeben. Wir können dies in unserem About-Dialog anwenden:

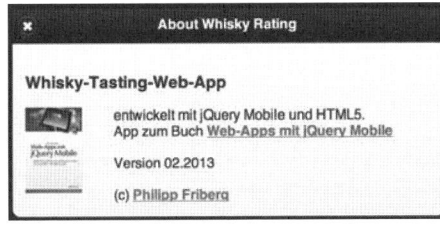

*Abb. 5–8*

*About-Dialog im Responsive Layout*

Die CSS-Definition finden Sie gleich am Anfang des Codes. Wenn die Breite kleiner als 25 Einheiten ist, so werden die Zellen untereinander (`width: 100%; float: none`) dargestellt, ansonsten nebeneinander, wobei die erste Spalte 22% des Platzes erhält:

```
<!-- page About-Dialog -->
<div data-role="page" data-theme="c" id="whisky-about">
    <style>
        @media all and (max-width: 25em) {
            .my-breakpoint .ui-block-a, .my-breakpoint .ui-block-b {
                width: 100%;
                float: none;
            }
        }

        @media all and (min-width: 25em) {
            .my-breakpoint.ui-grid-a .ui-block-a {
                width: 22%;
            }
            .my-breakpoint.ui-grid-a .ui-block-b {
                width: 77%;
            }
        }
    </style>

    <!-- Header -->
    <div data-role="header">
        <h1>About Whisky Rating</h1>
```

*Listing 5–5*

*about.html mit zwei Spalten*

```
</div>
<!-- /header -->

<!-- Content -->
<div data-role="content">
    <h3>Whisky-Tasting-Web-App</h3>
    <div class="ui-grid-a my-breakpoint">
        <div class="ui-block-a">
            <img src="img/buch_kl.jpg" />
        </div>

        <div class="ui-block-b">
            entwickelt mit jQuery Mobile und HTML5.<br />
            App zum Buch Web-Apps mit jQuery Mobile</a>
            <br /><br />Version 02.2013<br /><br />
            (c) <a href="http://xapps.ch">Philipp Friberg</a>
        </div>
    </div>
</div>
<!-- /Content -->
</div>
<!-- /page -->
```

## 5.4     Die Formular-Elemente

Die grafischen Elemente wurden in jQuery Mobile als *Widgets* entwickelt. Ein Widget ist ein Interaktions-Element einer grafischen Benutzerschnittstelle, das ein eigenes Verhalten aufweisen kann. Der Vorteil ist, dass es gekapselt ist und somit der Quellcode modularer wird. Ein Widget kann z.B. ein Text-Feld oder eine Dialog-Box sein. Im Abschnitt 7.5 werden wir uns nochmals intensiv darum kümmern.

### 5.4.1     Field-Container

jQM rendert je nach zur Verfügung stehendem Platz die Anordnung der Felder unterschiedlich, siehe Abbildung 5–9. Die linke Darstellung erfolgt in der vertikalen Ausrichtung. Kippt der Benutzer das Smartphone in die Horizontale, hat jQM mehr Platz in der Breite und stellt die Seite wie rechts dar. Um diese dynamische Darstellung zu unterstützen, muss jQM über semantische Informationen zu den Element-Gruppen verfügen. Deshalb müssen sich zusammengehörige Elemente in einem *Field-Container* befinden:

```
<div data-role="fieldcontain">
    ...
</div>
```

*Abb. 5–9*
*Anordnung der Elemente*
*je nach Fensterbreite*

**Hinweis:**

In der Version 1.2 haben die Entwickler von jQM das Rendering vom Field-Container überarbeitet, sodass der Platz besser ausgenutzt wird.

### 5.4.2 Mini-Elemente

Form-Elemente gibt es immer in zwei Varianten: in einer Standardgröße und einer Mini-Version. Mini-Versionen wirken kompakter und die Schrittgröße ist leicht kleiner, aber auch auf einem Smartphone noch gut lesbar.

*Abb. 5–10*
*Originalgröße (oben),*
*Mini-Elemente (unten)*

Mithilfe des Attributs data-mini="true" im Element werden die Mini-Varianten gerendert.

### 5.4.3 Texteingabe

*Abb. 5–11*
*Texteingabe-Elemente*

In der HTML-Struktur werden Formularelemente zur Texteingabe wie folgt definiert:

```
<label for="bezeichnung">Bezeichnung</label>
<input type="text" autofocus autocomplete="off" name="bezeichnung"
id="bezeichnung" value="" />

<label for="kommentar">Bemerkungen:</label>
<textarea name="kommentar" id="kommentar"></textarea>
```

Mithilfe des Elements `label` kann die semantische Zuordnung zu einem Eingabe-Element erfolgen. Im Element `input` wird über das Attribut `type` die Eingabetastatur beeinflusst, siehe Tabelle 1–1. Der Typ `file` wird seit jQM 1.3 unterstützt.

> **Hinweise:**
>
> Stimmen die Attribute `for` beim Label nicht mit der `id` beim Form-Element überein, kann jQM die Spalten-Formatierung nicht mehr durchführen.
>
> Das Label-Element hat den Vorteil, dass jQM die Textzeile auf gleicher Höhe darstellt wie den Text des Eingabe-Elements. Wird stattdessen reiner Text verwendet, wird er Kopf-bündig dargestellt, was nicht besonders schön aussieht. Muss dies trotzdem manuell erfolgen, kann im CSS die Zeilenhöhe auf 29.8px gesetzt werden. Dies entspricht der Höhe des Box-Modells eines Input-Feldes:
>
> ```
> .table-tf2 {
>     width: 20%;
>     float: left;
>     padding-right: 0.5%;
>     line-height: 29.8px;
> }
> ```
>
> Dieser Wert kann in der Entwicklungskonsole aus den berechneten Feldern gelesen werden.

Interessant ist das Input-Element vom Typ `search`. Die Ecken werden in diesem Fall mehr abgerundet und zusätzlich wird das Lupen-Icon eingeblendet. Es verhält sich sonst genauso wie andere Typen, siehe das erste Eingabeelement in Abbildung 5–11.

Neben den üblichen HTML5-Attributen wie `placeholder` etc. stellt jQM seit Version 1.3 das Attribut `data-clear-btn="true"` zur Verfügung. Dabei wird automatisch ein »Clear-Button« für das Löschen des Textes zur Verfügung gestellt. Der Tooltip-Text ist änderbar mit dem Attribut `data-clear-btn-text="löschen"`.

*Abb. 5–12*
*Clear-Button im Eingabefeld*

Die Textarea dient der Eingabe mehrerer Zeilen. Auch dieses Element verhält sich gleich. Zu beachten ist, dass die Höhe bei mehreren Zeilen automatisch vergrößert wird. Das spart Platz und fördert die Übersichtlichkeit. Leider funktioniert der Clear-Button nicht.

Im Controller werden die Elemente folgendermaßen verwendet:

```
var bezeichnung = $('#bezeichnung').val(); // Lesen der Eingabe
$('#bezeichnung').val(bezeichnung);        // Setzen einer Eingabe
```

Auf das Widget wird mit $('input').textinput(); zugegriffen. Mithilfe der Parameter 'enable' oder 'disable' kann das Element entsprechend zur Laufzeit gesteuert werden. Um auf Texteingaben reagieren zu können, kann das Element wie gewohnt an die Events change, blur, focus etc. gebunden werden. Das Widget bietet zusätzlich noch das create-Event, das aufgerufen wird, wenn das Element von jQM erzeugt wurde oder neu gerendert werden muss.

```
$( ".selector" ).bind( "change", function(event, ui) { ... });
```

### 5.4.4 Datumseingabe

Der HTML5-Input-Type date und ähnliche funktionieren unter dem iPhone sehr gut – aber leider auf dem Desktop und unter Android nicht. Deshalb muss eine separate Bibliothek verwendet werden. Mein persönlicher Favorit ist jQuery Mobile Datebox[6] von JTSage. Diese Bibliothek bildet verschiedene Eingabetypen für Datums- und Zeiteingaben nach.

**Hinweis:**

Um Verwirrungen vorzubeugen: Von Datebox gibt es zwei Versionen. Eine für den Desktop (Datebox) und eine optimierte für jQuery Mobile unter dem Namen jQuery Mobile Datebox. Ich empfehle die Version für jQM!

Es gibt mehrere Modi für die Datumseingabe, die in Abbildung 5–13 zu sehen sind (von links nach rechts): DateBox, CalBox, FlipBox, SlideBox und DurationBox. Für die Zeiteingabe gibt es die TimeBox und die Time-FlipBox. Für spezielle Anwendungen können die CustomBox und Custom-Flip verwendet werden, in denen auch Symbole und anderes ausgewählt werden können. Eine direkte Datumseingabe ist nicht mehr möglich, es wird sofort die entsprechende Dialogbox geöffnet.

---

6.  *http://dev.jtsage.com/jQM-DateBox2/*

***Abb. 5–13***
*Datebox im Einsatz mit*
*den entsprechenden Modi*

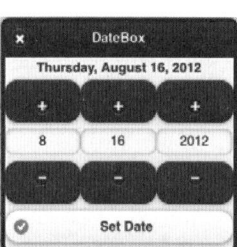

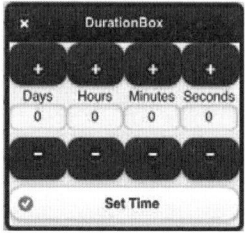

Für die Internationalisierung gibt es Übersetzungen[7] in viele Sprachen, auch Deutsch. Ich habe die deutsche JS-Datei zusätzlich eingebunden, und schon ist die Arbeit getan.

Die Anwendung ist ganz einfach. Beim Input-Element muss in guter jQM-Manier die Rolle datebox angegeben werden und als Option der Modus. Der Typ muss text sein, da es sonst mit der nativen Implementatierung Konflikte gibt.

```
<div data-role="fieldcontain">
    <label for="date">Datum:</label>
    <input name="date" id="date" type="text"
           data-role="datebox"
           data-options='{"mode":"calbox", "useNewStyle":true}'/>
</div>
```

Es gibt unzählige weitere Möglichkeiten, um die Datebox anzupassen. Ein Blick auf die Homepage hilft dabei sehr. Leider wird das Mini-Element nur teilweise unterstützt (kleine Schrift, aber weiterhin ein großes Grundelement).

Die Benutzungslizenz ist sehr liberal, solange man auf das Ursprungsprojekt verlinkt.

*Um die Datumseingabe auch auf Android zu gewährleisten, verwendet das Team in der Whisky-App ebenfalls diese Bibliothek:*

```
<link rel="stylesheet" href="lib/datebox/jqm-datebox.css" />
<script src="lib/datebox/jqm-datebox.core.js"></script>
<script src="lib/datebox/jqm-datebox.mode.calbox.js"></script>
```

---

7.   *http://dev.jtsage.com/jQM-DateBox/demos/api/i18n.html*

```
<script
src="lib/datebox/jquery.mobile.datebox.i18n.de.utf8.js"></script>

<div data-role="fieldcontain">
    <label for="date">Degustiert:</label>
    <input type="text" name="date" id="date" data-role="datebox"
           data-options='{"mode":"calbox", "useNewStyle":true}'
           data-mini="true"/>
</div>
```

## 5.4.5   Slider

Der Slider ist ein sehr beliebtes Element geworden, nicht umsonst
wurde er in HTML5 miteinbezogen. Ein Slider ist ein Input-Element
vom Typ range und hat einen Start- und einen Endwert:

```
<div data-role="fieldcontain">
  <label for="slider">Slider:</label>
  <input type="range" name="slider" id="slider"
         value="50" min="0" max="100"
         data-highlight="true" data-mini="true" />
</div>
```

*Abb. 5–14*
*Slider*

Der blaue Teilbalken wird mit data-highlight="true" erzeugt. Ansonsten sind beide Teile des Balkens grau.

Die Standard-Events können wie gewohnt gebunden werden. Die
spannenden Events sind aber virtuelle Events von jQM, siehe weiter
unten.

Werte können im Controller wie folgt gelesen und gesetzt werden,
wobei nach dem Setzen eines Wertes unbedingt ein refresh erzwungen
werden muss, damit der Wert visuell auch angezeigt wird:

```
var gtorf = $('#torf').val();            // Lesen
$('#torf').val(gtorf).slider("refresh"); // Schreiben und Refresh
```

In der Whisky-App werden die sechs Geschmacksrichtungen als Slider
abgebildet. Stellvertretend ein Slider:

```
<div data-role="fieldcontain">
  <label id="labelSherry" for="sherry">Sherry:</label>
  <input type="range" data-highlight="true" name="sherry"
         id="sherry" data-mini="true" value="0" min="0" max="6" />
</div>
```

### 5.4.6    Rangesliders

Mit dem Rangeslider[8] lässt sich auf komfortable Art ein Bereich eingeben:

*Abb. 5–15*

*Rangeslider*

Er entspricht dem Slider, außer dass dem Field-Container ein zweites
Label-/Input-Feld-Paar hinzugefügt wird:

```
<div data-role="fieldcontain">
    <div data-role="rangeslider">
        <label for="range-a">Rangeslider:</label>
        <input name="range-a" id="range-a" min="0" max="100"
               value="0" type="range" />
        <label for="range-b">Rangeslider:</label>
        <input name="range-b" id="range-b" min="0" max="100"
               value="100" type="range" />
    </div>
</div>
```

### 5.4.7    Flip Toggle Switch

Der Flip Toggle Switch ist ein beliebtes Element für An/Aus, Ja/Nein
und andere zweiwertige Eingaben. Er ist im Grunde genommen ein
Spezialfall eines Select-Elementes, das nur zwei Zustände hat.

*Abb. 5–16*

*Flip-Toggle-
Switch-Element*

Flip switch:

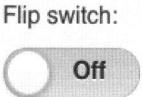

Der Code dazu sieht wie folgt aus:

```
<label for="flip-1">Select slider:</label>
<select name="flip-1" id="flip-1" data-role="slider">
  <option value="off">Off</option>
  <option value="on">On</option>
</select>
```

Beim Thema bezieht sich die Standard-Anweisung auf den Knopf. Mit
dem Attribut data-track-theme kann der Hintergrund geändert werden.

---

8.    Ab jQM, Version 1.3, vorhanden

Auch hier gilt bei der Anwendung, dass nach dem Setzen eines Wertes ein refresh durchgeführt werden muss:

```
var proof = $('#proof').val(); // Lesen
$('#proof').val(proof);        // Schreiben
$("#proof").slider("refresh"); // Refresh
```

*Für die Fassstärke und das Finish verwendet das Team solche Flip Toggle Switches, im folgenden Beispiel für die Fassstärke:*

```
<div data-role="fieldcontain">
  <label for="proof">Fassstärke:</label>
  <select name="proof" id="proof" data-role="slider"
          data-mini="true">
    <option value="nein" selected="selected">Nein</option>
    <option value="ja">ja</option>
  </select>
</div>
```

## 5.4.8  Radio-Buttons

Es gibt zwei verschiedene Darstellungsvarianten von Radio-Buttons: horizontal oder vertikal, wobei bei der horizontalen Anordnung kein Platz für lange Texte zur Verfügung steht! Dieser Unterscheidung dient das HTML-Element fieldset mit der Rolle controlgroup. Wenn die horizontale Darstellungsform gewünscht wird, muss zusätzlich data-type="horizontal" angegeben werden.

*Abb. 5–17*

*Radio-Buttons: oben vertikal, unten horizontal*

Bei Radio-Buttons werden das Legend-Element als einführender Text und das Label-Element als Label für die Auswahl verwendet:

```
<fieldset data-role="controlgroup">
  <legend>Tier:</legend>
  <input type="radio" name="radio-choice" id="radio-choice-1"
         value="choice-1" checked="checked" />
  <label for="radio-choice-1">Katze</label>

  <input type="radio" name="radio-choice" id="radio-choice-2"
         value="choice-2"  />
  <label for="radio-choice-2">Hund</label>
```

```
        <input type="radio" name="radio-choice" id="radio-choice-3"
               value="choice-3"  />
        <label for="radio-choice-3">Hamster</label>
</fieldset>
```

Es könnte selbstverständlich auch ein Image platziert werden:

```
<input type="radio" name="wertung" id="grob-4" value="1" />
<label for="grob-4"><img src="img/emoticon_tongue.png" /></label>
```

Das Lesen eines Wertes in JavaScript erfolgt über das selektierte Element. Beim Schreiben eines Wertes muss wieder ein refresh erfolgen:

```
// Lesen
var eindruck = $("input:radio:checked[name='eindruck']").val();
// Schreiben und Refresh
$('#eind-mild').attr("checked", true).checkboxradio("refresh");
```

### 5.4.9    Sternen-Wertung

In diesem Zusammenhang möchte ich meine Lieblingsbibliothek für die Sternen-Wertung vorstellen. Eine Sternen-Wertung ist eigentlich ein Radio-Button, dessen Aussehen angepasst wurde.

*Abb. 5–18*

*Radio-Buttons als*

*Sternen-Wertung*

**Star-Rating**

Star-Rating-Eingabe:                        ★ ★ ★ ☆ ☆

Star-Rating-Ausgabe:                        ★ ★ ★ ☆ ☆

Es handelt sich dabei um das jQuery-Plug-in *Star Rating*[9]. Unter der genannten URL kann man es herunterladen und die Dateien delete.gif, jquery.rating.css, jquery.rating.pack.js und star.gif in das Verzeichnis /lib/rating/ kopieren. Die Anwendung ist intuitiv:

```
<h2>Star-Rating</h2>
<div data-role="fieldcontain">
   <fieldset data-role="controlgroup" data-mini="true">
     <legend>Star-Rating-Eingabe:</legend>
     <input name="s" type="radio" class="star required starinput"/>
     <input name="s" type="radio" class="star starinput"/>
     <input name="s" type="radio" class="star starinput"
                checked="checked"/>
     <input name="s" type="radio" class="star starinput"/>
     <input name="s" type="radio" class="star"/>
   </fieldset>
</div>
```

---

9.   http://www.fyneworks.com/jquery/star-rating/

```
<div data-role="fieldcontain">
  <fieldset data-role="controlgroup" data-mini="true">
    <legend >Star-Rating-Ausgabe:</legend>
    <input name="s2" type="radio"
           disabled="disabled" class="star"/>
    <input name="s2" type="radio"
           disabled="disabled" class="star"/>
    <input name="s2" type="radio"
           disabled="disabled" class="star" checked="checked"/>
    <input name="s2" type="radio"
           disabled="disabled" class="star"/>
    <input name="s2" type="radio"
           disabled="disabled" class="star"/>
  </fieldset>
</div>
```

Das erste Beispiel zeigt die Anwendung für die Eingabe, der untere Block nur für die Ausgabe. Da die Bibliothek nicht für mobile Devices optimiert ist, sind die Sterne für die Fingerbedienung zu nah beieinander, siehe die Ausgabe-Variante. Deshalb müssen wir den Style `starinput` definieren, der die Abstände erweitert. Aus meiner Sicht können nun die Sterne treffsicher mit dem Finger gewählt werden:

```
<style>
  div.starinput {margin-right: 7px}
</style>
```

Die Anzahl der selektierten Sterne kann mit `$('#wertung').rating('select', wert);` gesetzt werden. Die Bibliothek stellt dann automatisch die richtige Anzahl Sterne bis zum selektierten Eintrag dar. Wird die Klasse `required` weggelassen, so hat der Benutzer die Möglichkeit, die Selektion zu löschen.

Das Projekt steht unter der MIT- und der GPL-Lizenz.

*Die allgemeine Wertung würde sich für diese Sternen-Wertung sehr gut eignen. Also setzt das Team die Bibliothek auch ein:*

```
<div data-role="fieldcontain">
  <fieldset data-role="controlgroup" data-mini="true">
  <legend>Grob-Wertung:</legend>
  <input name="wertung" id="wertung" value="1" type="radio"
         class="star required starinput"/>
  <input name="wertung" id="wertung" value="2" type="radio"
         class="star starinput"/>
  <input name="wertung" id="wertung" value="3" type="radio"
         class="star starinput"/>
  <input name="wertung" id="wertung" value="4" type="radio"
         class="star"/>
  </fieldset>
</div>
```

*Das Style-Element fügt das Team in eine eigene CSS-Datei (`my.css`) ein.*

### 5.4.10   Checkbox

Die Checkboxen funktionieren genauso wie die Radio-Buttons, außer
dass mehrere Optionen gleichzeitig selektierbar sind:

Es folgt der Code zur obigen Abbildung:

```
<div data-role="fieldcontain">
   <fieldset data-role="controlgroup" data-mini="true">
     <legend>Gewünschte News-Letter:</legend>
     <input type="checkbox" name="checkbox-1a" id="checkbox-1a"/>
     <label for="checkbox-1a">Produkte-News</label>

     <input type="checkbox" name="checkbox-2a" id="checkbox-2a"/>
     <label for="checkbox-2a">Unternehmens-News</label>

     <input type="checkbox" name="checkbox-3a" id="checkbox-3a"/>
     <label for="checkbox-3a">Security Alerts</label>
   </fieldset>
</div>

<div data-role="fieldcontain">
   <fieldset data-role="controlgroup" data-type="horizontal"
             data-mini="true">
     <legend>Font styling:</legend>
     <input type="checkbox" name="checkbox-6" id="checkbox-6"/>
     <label for="checkbox-6">b</label>

     <input type="checkbox" name="checkbox-7" id="checkbox-7"/>
     <label for="checkbox-7"><em>i</em></label>

     <input type="checkbox" name="checkbox-8" id="checkbox-8"/>
     <label for="checkbox-8">u</label>
   </fieldset>
</div>
```

### 5.4.11  Select Options

In Version 1.2 von jQM wurden die Select Options überarbeitet. Eine einfache Auswahl wird wie folgt erzeugt:

```
<label for="select-0" class="select">Shipping method:</label>
<select name="select-0" id="select-0">
    <option value="standard">Standard: 7 day</option>
    <option value="rush">Rush: 3 days</option>
    <option value="express">Express: next day</option>
    <option value="overnight">Overnight</option>
</select>
```

In dieser Variante wird das select-Element entsprechend gerendert ausgegeben. Der Content, d.h. die möglichen Optionen, werden im Look-and-Feel des entsprechenden Betriebssystems dargestellt. Als Alternative kann dieser Content aber auch formatiert im jQM-Stil ausgegeben werden. Wird dies gewünscht, so muss data-native-menu="false" beim select-Element mitgegeben werden:

*Abb. 5–20*

*Select Option: native (iOS) und jQM-Ausgabe*

> **Hinweis:**
>
> Die jQM-Ausgabe funktioniert nicht, wenn der Hash nicht nachgeführt wird. Somit darf nicht changeHash: false beim Seitenwechsel mitgegeben werden, siehe Abschnitt 5.1.

Für die Ausgabe wird auch die Mini-Variante unterstützt und wie bei den Checkboxen auch die Anordnung in der Horizontalen:

data-role="controlgroup" data-type="horizontal">. Somit kann eine Datumseingabe auch mit Select-Menüs umgesetzt werden:

Auch interessant ist die Möglichkeit von *Optgroups*, das bedeutet, dass gewisse Auswahlkriterien als Gruppe dargestellt werden:

```
<div data-role="fieldcontain">
    <label for="select-choice-nc" class="select">Gruppen:</label>
    <select data-native-menu="false" id="select-choice-nc">
        <optgroup label="Früchte">
            <option value="Apfel">Apfel</option>
            <option value="Orange">Orange</option>
            <option value="Brine">Brine</option>
        </optgroup>
        <optgroup label="Gemüse">
            <option value="Blumenkohl">Blumenkohl</option>
            <option value="Fenchel">Fenchel</option>
            <option value="Karotten">Karotten</option>
        </optgroup>
        <optgroup label="Beilage">
            <option value="Risotto">Risotto</option>
            <option value="Bratkartoffeln">Bratkartoffeln</option>
            <option value="Teigwaren">Teigwaren</option>
        </optgroup>
    </select>
</div>
```

Sollte eine Mehrfach-Selektion möglich sein, so muss dies mit dem Parameter `multiple="multiple"` definiert werden:

Wie üblich können die Themen entsprechend gesetzt und alle üblichen Events registriert werden.

Aus JavaScript heraus kann der Wert gelesen und gesetzt werden – wie fast schon zu erwarten mit dem üblichen refresh:

```
var fass = $('#fass').val();                 // Lesen
$('#fass').val(fass).selectmenu("refresh"); // Schreiben
```

*In der Whisky-App werden zwei Select-Menüs benötigt: ein großes für die Fassauswahl, ein kleines für den Finish. Bei der Fassauswahl verwenden die Entwickler die jQM-Ausgabe:*

```
<div data-role="fieldcontain">
  <label for="fass" class="select">Fass:</label>
  <select name="fass" id="fass" data-native-menu="false"
          data-mini="true">
    <option value="Barrel">Barrel (US-Eichen 2001)</option>
    <option value="Sherry">Sherry Butt (EUR-Eiche, 500l)</option>
    <option value="Madeira">Madeira Drum (FR-Eiche, 650l)</option>
    ...
    <option value="Gorda">Gorda (US-Eiche, 700l)</option>
  </select>
</div>
```

### 5.4.12   Native Forms

Es kann Fälle geben, in denen es nicht erwünscht ist, das Formular-Element durch jQM anzupassen. In solchen Fällen kann durch das Attribut data-role="none" die Erweiterung ausgeschaltet werden. Dies wird beim Einsatz alternativer Eingabeformen benötigt, zum Beispiel wenn die eingesetzte Bibliothek bereits das Element erweitert und rendert.

### 5.4.13   Tooltips/Pop-ups

Seit jQM 1.2 gibt es das Pop-up-Widget und somit eine einfache Möglichkeit, Tooltips abzubilden:

*Abb. 5–23*

*Tooltip in der Whisky-App*

Als Erstes muss wie bei einer Page ein eigener Bereich mit der `data-role="popup"` definiert werden:

```
<div data-role="popup" id="tooltipFrucht" data-theme="e">
    <p>Zitrus, Apfel, Aprikose, Dörrobst</p>
</div>
```

Danach kann die Page mithilfe eines Hyperlinks geöffnet werden. Alternativ kann dies auch per JavaScript erfolgen:

```
<a href="#tooltipFrucht" data-rel="popup">Frucht:</a>
$('#myPopupDiv').popup("open");  // öffnen
$('#myPopupDiv').popup("close"); // schliessen
```

Ein Pop-up kann auf eine bestimmte Koordinate oder relativ zu etwas positioniert werden. Dazu muss dem Attribut `data-position-to` die relative Position mitgegeben werden, z.B: `origin`, `window` oder ein Element `#element`. Mit der `open()`-Methode von JavaScript können die x- und y-Koordinaten übergeben werden.

Sowohl Transitions als auch Themes werden vollumfänglich unterstützt. Interessant in diesem Zusammenhang könnte `data-over-lay-theme="a"` sein. Hier wird ein Thema mitgegeben, das als Hintergrund dargestellt werden soll. Mit dem Attribut von oben wird dann der Rest des Bildschirmes leicht gräulich dargestellt, siehe Abbildung 5–24. Ein einfaches »Sind Sie sicher?«-Pop-up wird wie folgt umgesetzt:

```
<a href="#popupDialog" data-rel="popup" data-position-to="window"
data-role="button" data-inline="true" data-transition="pop">
Löschen</a>

<div data-role="popup" id="delDialog" data-overlay-theme="a"
    data-theme="c">
  <div data-role="header" data-theme="a" class="ui-corner-top">
    <h1>Wertung löschen?</h1>
  </div>
  <div data-role="content" data-theme="d"
      class="ui-corner-bottom ui-content">
    <h3 class="ui-title">Wertung wirklich löschen?</h3>
    <p>Diese Aktion kann nicht rückgängig gemacht werden.</p>
    <a href="delNo" data-role="button" data-inline="true"
      data-rel="back" data-theme="c">Abbrechen</a>
    <a href="delRealy" data-role="button" data-inline="true"
      data-rel="back" data-transition="flow"
      data-theme="b">Löschen</a>
  </div>
</div>
```

*Listing 5–6*

*Dialog-Box in jQM erstellen*

*Abb. 5–24*

*Löschen-Dialog mit Overlay-Technik*

**Hinweis:**
Die Positionierung mehrerer Pop-ups übereinander funktioniert nicht.

*Die obige Sicherheitsabfrage verwendet das Team für die Nachfrage vor dem Löschen einer Wertung. Die Tooltips können gut eingesetzt werden, um die sechs Geschmacksrichtungen zu erläutern.*

### 5.4.14 Buttons

Buttons können auf verschiedene Arten verwendet werden. Im obigen Dialog, Listing 5–6, werden die Links zu Buttons, weil wir data-role="button" mitgegeben haben. Dasselbe geht auch bei div-Elementen. Zu guter Letzt kann auch das übliche button-Element verwendet werden.

Buttons können durch Icons mit dem Attribut data-icon angereichert werden. Mit data-iconpos kann die Position des Icons definiert
werden, zum Beispiel rechts vom Text: data-iconpos="right". Für die
Platzierung oben vom Text muss top, für unten am Text muss bottom
hingeschrieben werden.

Eine Gruppierung von Buttons ist eine spannende Darstellungs-
möglichkeit:

```
<div data-role="controlgroup" data-type="horizontal" >
  <a href="index.html" data-role="button"
     data-icon="plus">Hinzufügen</a>
  <a href="index.html" data-role="button"
     data-icon="delete">Löschen</a>
</div>
```

Dies ergibt die zwei Buttons als Leiste:

*Abb. 5–25*

*Buttons mit Icons*

*horizontal gruppiert*

Buttons werden gleich breit wie die sichtbare Breite dargestellt, als
sogenanntes Block-Level-Element. Ist dies nicht erwünscht, kann der
Button mit data-inline="true" etwas kompakter dargestellt werden –
gleich breit wie der darin enthaltene Text:

*Abb. 5–26*

*Button mit data-inline*

*(oben) und ohne (unten)*

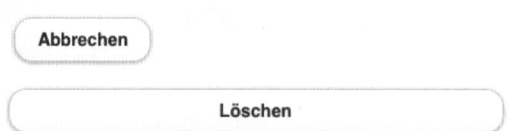

*Das Projektteam diskutiert, ob das Speichern und Löschen einer Wer-
tung mithilfe von Buttons realisiert werden soll oder über eine Navigationsleiste (Navigation Bar). Ein paar Tests zeigen schnell, dass sich die
Navigationsleiste besser den unterschiedlich breiten Displays anpasst:*

```
<div data-role="navbar">
  <ul>
    <li><a id="home2" href="" data-icon="back">Abbrechen</a></li>
    <li><a id="delWertung" href=""
           data-icon="delete">Löschen</a></li>
    <li><a id="saveWertung" href="" data-icon="check"
           class="ui-btn-active">Speichern</a></li>
  </ul>
</div>
```

## 5.5   Form-Elemente in der Whisky-App

*Die Entwickler von der Spirit AG sind verwirrt: so viele HTML5-data-Attribute! Herr Weber schmunzelt und verweist auf die sehr gute Übersichtsseite von jQM[10]. Da finden die Entwickler zu jedem Element die möglichen data-Attribute. Also schnell bookmarken...*

### 5.5.1   View

Die komplette Wertungseingabe ist im Listing auf der Webseite zum Buch zu finden. Die Detail-Ansicht sieht nun wie in der Abbildung dargestellt aus.

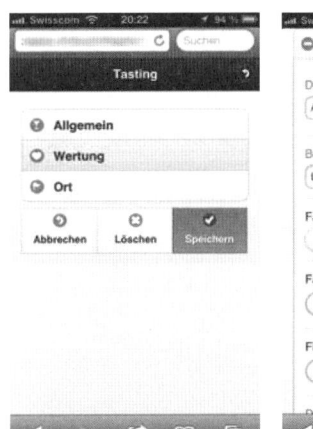  

*Abb. 5–27*

*Detail-Ansicht der Whisky-App*

### 5.5.2   Controller

Jetzt muss der Controller so erweitert werden, dass die Navigation auch funktioniert. Dazu müssen alle zusätzlichen Events der Buttons sowie der Tooltips registriert werden. Die nachfolgenden Erweiterungen werden im Objekt WhiskyAppController vorgenommen.

```
return {
    initialize : function() {
        // Add-Button in der Liste
        $("#newWertung").bind( 'vclick', addTasting);

        // About-Dialog
        $("#about").click(about);
```

*Listing 5–7*

*Event-Registrierung im Controller*

10.   *http://jquerymobile.com/demos/1.2.0/docs/api/data-attributes.html*

```
// Home-Button
$("#home").click(home);

// Delete-Button
$("#delWertung").click(function(){
                    $('#delDialog').popup('open') });
$("#delRealy").click(deleteWertung);
$("#delNo").click(function(){
                $('#delDialog').popup('close') });

// Save-Button
$("#saveWertung").bind( 'vclick', saveWertung);

// Tooltips
$("#labelTorf").bind( 'click', function(){
                    $('#tooltipTorf').popup('open',
                    {positionTo: '#torf'}) } );
$("#labelSherry").bind( 'click', function(){
                    $('#tooltipSherry').popup('open',
                    {positionTo: '#sherry'})} );
$("#labelHolz").bind( 'click', function(){
                    $('#tooltipHolz').popup('open',
                    {positionTo: '#holz'})} );
$("#labelFrucht").bind( 'click', function(){
                    $('#tooltipFrucht').popup('open',
                    {positionTo: '#frucht'})} );
$("#labelFlora").bind( 'click', function(){
                    $('#tooltipFlora').popup('open',
                    {positionTo: '#flora'})} );
$("#labelFeinty").bind( 'click', function(){
                    $('#tooltipFeinty').popup('open',
                    {positionTo: '#feinty'})} );
},
/* Click auf Eintrag */
edit : function(guid) {
    edit(guid);
}
```

},

Die öffentliche edit()-Methode werden wir aufrufen, wenn der Benutzer auf einen Eintrag in der Tabelle getippt hat. Dazu aber später.

Der Controller muss die aktuelle Wertung speichern, die der Benutzer editiert. Dazu verwenden wir die Variable actWertung. Will er eine neue Wertung anlegen, erstellen wir eine neue leere Wertung. Die allgemeine Methode refreshWertung() aktualisiert die Page. Entweder werden die Standardwerte gesetzt oder die Werte der gewählten Wertung:

```
/** Neue Wertung erstellen.
 * Quelle: whisky-home
 * Ziel: whisky-details */
function addTasting() {
   // Datum ermitteln, leider muss das ganz genau stimmen.
   var ldate = new Date();
   var disp_date = "";
   if( (ldate.getMonth()+1) < 10 )
   {
      if( ldate.getDate() < 10 )
         disp_date = "0" + ldate.getDate() + ".0" +
               (ldate.getMonth()+1) + "." + ldate.getFullYear();
      else
         disp_date = ldate.getDate() + ".0" + (ldate.getMonth()+1)
                     + "." + ldate.getFullYear();
   }
   else
   {
      if( ldate.getDate() < 10 )
         disp_date = "0" + ldate.getDate() + "." +
               (ldate.getMonth()+1) + "." + ldate.getFullYear();
      else
         disp_date = ldate.getDate() + "." + (ldate.getMonth()+1)
                     + "." + ldate.getFullYear();
   }

   // Neues Tasting mit Default-Werten löschen
   actWertung = new Wertung(disp_date,"","","Barrel","ja","nein",
                     "","2","0", "0", "0", "0", "0", "0",
                     "mittel", "", "" );

   // und so tun, als ob es eine gäbe...
   edit();
}

/** Wertung darstellen zum Editieren
 * Quelle: whisky-home
 * Ziel: whisky-details */
function edit(guid) {
   // Aktuelle Wertung merken, wenn nicht schon gemacht
   if( guid != undefined )
      actWertung = WhiskyApp.tastings.getWertungByID(guid);

   // Page wechseln
   $.mobile.changePage("#whisky-details",
            { transition: "slidedown" } );

   // Werte setzen
   refreshWertung();
}

/** Aktualisiert Wertungs-Page
 */
```

*Listing 5–8*

*Hinzufügen und Anzeigen*
*einer Wertung (Controller)*

```
function refreshWertung() {
// Zuweisungen
  $('#date').val(actWertung.date);
  $('#distillery').val(actWertung.distillery);
  $('#bezeichnung').val(actWertung.bezeichnung);
  $('#fass').val(actWertung.fass).selectmenu("refresh");
  $('#proof').val(actWertung.proof).slider("refresh");
  $('#finishing').val(actWertung.finishing).slider("refresh");
  $('#probennr').val(actWertung.nr);
  $('#wertung').rating('select', actWertung.wertung-1);
  $('#torf').val(actWertung.gtorf).slider("refresh");
  $('#sherry').val(actWertung.gsherry).slider("refresh");
  $('#holz').val(actWertung.gholz).slider("refresh");
  $('#frucht').val(actWertung.gfrucht).slider("refresh");
  $('#flora').val(actWertung.gflora).slider("refresh");
  $('#feinty').val(actWertung.gfeinty).slider("refresh");
  $('#finish').val(actWertung.finish).selectmenu("refresh");
  $('#kommentar').val(actWertung.kommentar);
}
```

Das Löschen einer Wertung fehlt noch. Dazu muss die GUID aus der aktuellen Wertung gelesen und die entsprechende Methode im Modell aufgerufen werden:

*Listing 5–9*
*Löschen einer Wertung*
*(Controller)*

```
/** Wertung löschen.
 * Quelle: whisky-details
 * Ziel: whisky-home */
function deleteWertung() {
  if( actWertung != null )
    WhiskyApp.tastings.deleteID(actWertung.guid);

  $.mobile.changePage("#whisky-home",
            { transition: "slideup" } );
}
```

Beim Speichern einer Wertung müssen die Werte aus der Page gelesen und im Modell aktualisiert werden. Da unsere edit()-Methode im Modell entscheidet, ob es sich um eine neue oder zu aktualisierende Wertung handelt, kann dieselbe Save-Methode sowohl für das Erzeugen als auch für das Editieren verwendet werden:

*Listing 5–10*
*Speichern einer Wertung*
*(Controller)*

```
/** Wertung speichern.
 * Quelle: whisky-details
 * Ziel: whisky-home */
function saveWertung() {
  var w;
  // Eintrag hinzufügen
  if( actWertung == null )
    w = new Wertung();
  else // Wertung updaten
    w = actWertung.date;
```

```
// Felder holen
w.date = $('#date').val();
w.distillery = $('#distillery').val();
w.bezeichnung = $('#bezeichnung').val();
w.fass = $('#fass').val();
w.finishing = $('#finishing').val();
w.proof = $('#proof').val();
w.nr = $('#probennr').val();

w.wertung = $("input:radio:checked[name='wertung']").val();
w.gtorf = $('#torf').val();
w.gsherry = $('#sherry').val();
w.gholz = $('#holz').val();
w.gfrucht = $('#frucht').val();
w.gflora = $('#flora').val();
w.gfeinty = $('#feinty').val();
w.finish = $('#finish').val();
w.kommentar = $('#kommentar').val();

// Eintrag hinzufügen/erzeugen (wird in Methode entschieden)
WhiskyApp.tastings.edit(w);

$.mobile.changePage("#whisky-home",
            { transition: "slideup" } );
}
```

### 5.5.3 Eingabeprüfung

*Die Entwickler sind happy, dass sie die aufwendige Detail-Page fertiggestellt haben. Und trotzdem, da fehlt doch noch etwas: Was passiert, wenn der Benutzer keinen Namen bei der Distillery eingibt? Was, wenn das Datum ungültig ist? Die Überprüfung der Eingaben fehlt also noch! In der Diskussion wird schnell klar, dass es drei Felder gibt, die zu prüfen sind: die Distillery, die Bezeichnung und das Datum.*

Leider werden die HTML5-Attribute pattern und required von mobilen (und einigen Desktop-) Browsern noch nicht unterstützt. Es gibt zum Glück verschiedene weitere Möglichkeiten, die Eingaben zu prüfen – doch jQM selbst bietet keine an. Im Web findet man unzählige Bibliotheken, jedoch sind diese oft sehr komplex oder überdimensioniert. Wie wäre es aber, wenn wir die zwei oben genannten Attribute selbst implementieren? Das ist gar nicht so schwierig:

1. Wir schreiben ein Objekt Validator, das dynamisch alle Elemente mit den Attributen pattern oder required prüft. Diese validate()-Methode des Objektes soll true, wenn alle Prüfungen erfolgreich waren oder ansonsten false zurückgeben.

2.  Die Methode `autoValidate()` von `Validator` soll einen Event-Handler für alle Elemente registrieren, die ein `pattern`- oder `required`-Attribut besitzen. Somit wird die Validierung auch zur Laufzeit durchgeführt. Dem Benutzer wird die Prüfung mithilfe der Farben Grün und Rot visuell dargestellt, wobei der Label-Text für dessen Element verwendet wird, sodass auch andere Widgets korrekt funktionieren. Siehe Abbildung 5–28.
3.  Die Darstellung der Farben implementieren wir in einem CSS.

*Abb. 5–28*

*Validierung im Einsatz*

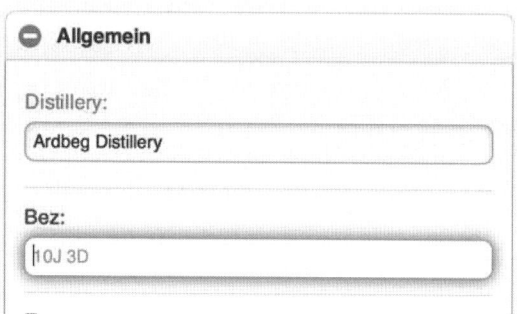

Beginnen wir mit der Implementierung. Zuerst schreiben wir die CSS-Definition in der Datei `validation.css`:

*Listing 5–11*

*Validierungs-CSS*

```
/* Validation */
.V_valid_field {
    color: #00CC00;
}
.V_invalid_field {
    color: #CC0000;
}
```

Da es sich beim Validierungs-Objekt um ein allgemeines Objekt handelt, fügen wir es in unserer Bibliotheken-Sammlung ein, in der Datei `mvc.js`:

*Listing 5–12*

*Validierung:*

*Validator-Objekt*

```
/** Validierung
 * by Philipp Friberg, inspiriert von Michael Grosch
 * http://www.webkrauts.de/2010/12/13/formulare-auf-der-hoehe-der-
   zeit/ */
var Validator = Class.extend({
    init: function() {
    },
    /** Statische Funktion, kann als Code dem Event-Handler
        mitgegeben werden */
    validate: function() {
        var err = 0;
        var page = $.mobile.activePage;
        // Nur auf der aktuellen Page prüfen
```

```
     if( page == undefined )
        page = "";
     else
        page = '#' + $.mobile.activePage.attr("id");
❶   $(page+' input[required]').each(function(n,element) {
        if($(element).val().length == 0) {
           err++;
           $(element).parents('div')
                   .find("label[for='"+$(element)[0].id+"']")
                   .addClass('V_invalid_field');
           $(element).parents('div')
                   .find("label[for='"+$(element)[0].id+"']")
                   .removeClass('V_valid_field');
        }
        else {
           $(element).parents('div')
                   .find("label[for='"+$(element)[0].id+"']")
                   .addClass('V_valid_field');
           $(element).parents('div')
                   .find("label[for='"+$(element)[0].id+"']")
                   .removeClass('V_invalid_field');
        }
     });
❷   $(page+' input[pattern]').each(function(n,element) {
        var fieldPattern = new RegExp('^' +
                          $(element).attr('pattern') + '$');
        var fieldValue = $(element).val();
        if($(element).attr('pattern') &&
           !fieldValue.match(fieldPattern)) {
           err++;
           $(element).parents('div')
                   .find("label[for='"+$(element)[0].id+"']")
                   .addClass('V_invalid_field');
           $(element).parents('div')
                   .find("label[for='"+$(element)[0].id+"']")
                   .removeClass('V_valid_field');
        }
        else {
           $(element).parents('div')
                   .find("label[for='"+$(element)[0].id+"']")
                   .addClass('V_valid_field');
           $(element).parents('div')
                   .find("label[for='"+$(element)[0].id+"']")
                   .removeClass('V_invalid_field');
        }
     });
     if(err > 0) {
        return false;
     } else {
        return true;
     }
   },
```

```
    /** Event-Handler registrieren */
❸ autoValidate: function() {
        $('input[required]').bind( 'keyup', this.validate);
        $('input[pattern]').bind( 'keyup', this.validate);
    }
});
```

Wie wir aus dem Listing oben erkennen, werten wir in ❶ alle `input`-Elemente aus, die das Attribut `required` und `pattern` (Selektor `input[pattern]`) enthalten. Wir prüfen dann, ob mindestens ein Zeichen vorhanden ist, und setzen entsprechend die CSS-Klasse. Unter ❷ prüfen wir das `pattern`-Attribut. Dazu erzeugen wir eine *Regular Expression* mit dem Wert des Attributs und testen sie auf den Wert des `value`-Attributs. Bei ❸ registrieren wir den *Key-up*-Event für die Live-Validation.

Das wäre es schon fast gewesen. Nun müssen wir nur noch die Attribute in der `index.html`-Datei hinzufügen:

```
...
<label for="distillery">Distillery:</label>
<input type="text" required autofocus autocomplete="off"
 name="distillery" id="distillery" placeholder="Distillery
 (autocomplete)" data-mini="true" />
...
<label for="bezeichnung">Bez:</label>
<input type="text" required autocomplete="off" placeholder="10J 3D"
 name="bezeichnung" id="bezeichnung" data-mini="true" />
...
<label for="date">Degustiert:</label>
<input type="text" required
 pattern="(0[1-9]|1[0-9]|2[0-9]|3[01]).(0[1-9]|1[012]).[0-9]{4}"
 name="date" id="date" data-role="datebox"
 data-options='{"mode":"calbox", "useNewStyle":true}'
 data-mini="true"/>
...
```

Im Controller müssen wir gewährleisten, dass wir nicht speichern, bevor die Validierung erfolgreich war:

```
var WhiskyAppController = function() {
    var actWertung;    // Aktuell bearbeitetes Tasting
    var valid = new Validator();
    ...
    /** Neue Wertung erstellen
     * Quelle: whisky-home
     * Ziel: whisky-details */
    function addTasting() {
        $.mobile.silentScroll();
        ...
        // und so tun, als ob es eine gäbe...
        edit();
```

```
        valid.validate(); // Erstmalige Validierung
    }
    ...
    /** Wertung darstellen zum Editieren
     * Quelle: whisky-home
     * Ziel: whisky-details */
    function edit(guid) {
        ...
        // Werte setzen
        refreshWertung();
        valid.validate(); // 1. Validierung für Farbe
    }
    ...
    /** Wertung speichern
     * Quelle: whisky-details
     * Ziel: whisky-home */
    function saveWertung() {
        var w;
        // Eintrag hinzufügen
        if( actWertung == null )
            w = new Wertung();
        else // Wertung updaten
            w = actWertung;

        if( valid.validate() == false )
            return false;
    }
    ...
    return {
        initialize : function() {
            ...
            // Live-Validierung
            valid.autoValidate();
            ....
    };
}
```

Somit haben wir nun eine ganz einfache Validierung selbst gebaut.

## 5.6   Die Listview als Ausgangspunkt

Bereits im jQuery-Mobile-Tutorial haben wir uns mit *Listviews*, den Listen, auseinandergesetzt. In diesem Abschnitt wollen wir die bereits begonnene Listview erweitern und in die Details für unsere Whisky-App eintauchen.

Es soll das Sternen-Rating im Listeneintrag abgebildet werden, das Finish, die Fasssorte und ob es sich um einen Whisky in Fassstärke handelt. Dazu kommt die Anforderung, dass wir ein Icon ausgeben, wenn der Whisky besonders rauchig oder sehr fruchtig ist oder einen sehr starken Sherry-Geschmack hat.

### 5.6.1    Definieren der Listenstruktur

Die Listview definieren wir in der Struktur, das heißt in der `index.html`-Datei. Die einzelnen Einträge müssen wir aber dynamisch hinzufügen. Vielleicht erinnern wir uns an das MVC-Konzept: Dafür ist nun die View verantwortlich. Da ich ein Gegner von HTML in JavaScript bin, definiere ich jeweils in der HTML-Datei die Struktur eines Zeileneintrags als Template. In der View lese ich dieses Template aus, klone es mit `clone()` von jQuery, reichere es mit den konkreten Daten an und füge es der Liste hinzu. Das hat den Vorteil, dass ich bei einer anderen Darstellung eines Eintrages nur das Template anpassen muss. Besonders bei solch aufwendigen Einträgen dürfte der Kunde das Layout öfter mal ändern... So können wir auf einfache Weise ein unobtrusives JavaScript erreichen, vgl. Abschnitt 3.1.

*In der Diskussion mit den Entwicklern definieren sie zusammen mit Herrn Weber folgendes Aussehen:*

**Abb. 5–29**

*Wertungsliste*

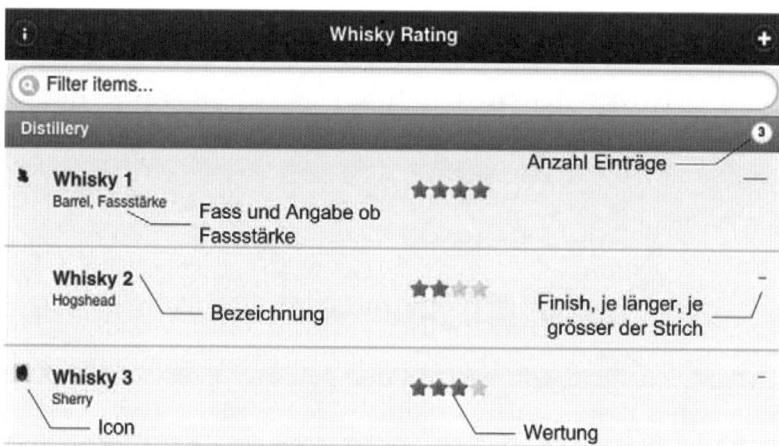

Gewisse Formatierungen bietet bereits jQM an:

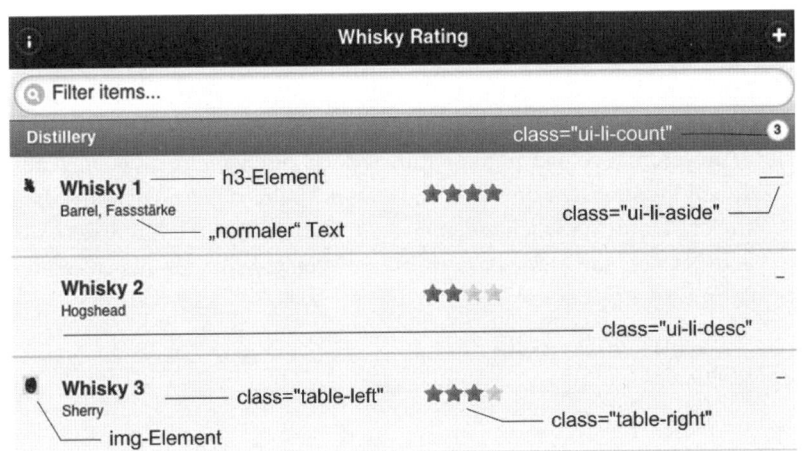

**Abb. 5–30**

*Elemente in der Liste*

Ein Image-Element als *Thumbnail* platziert jQM automatisch Links in der Zeile. Wird zusätzlich die Klasse `ui-li-icon` angeben, wird das Image klein dargestellt:

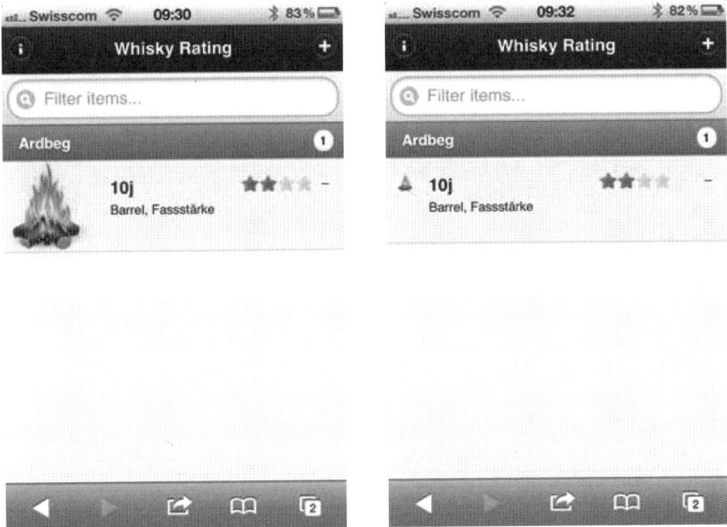

**Abb. 5–31**

*Bilder in der Listview: als Thumbnail links und als Icon rechts*

*Herr Weber diskutiert mit den Entwicklern, ob sie Thumbnails oder Icons verwenden wollen. Die großen Bilder beeindrucken zwar mehr, aber da es sich nicht um eine Hauptinformation, sondern um eine kleine Zusatzinformation handelt, einigen sie sich auf die Icons.*

▌ Titel können durch das h3-Element ausgeprägt werden. Unformatierter Text wird automatisch etwas kleiner darunter eingefügt.

▌ Informationen, die rechts außen oben platziert werden sollen, müssen mit der Klasse ui-li-aside versehen werden.

▌ In unserem Beispiel genügt dies jedoch noch nicht: Wie in einer Tabelle wollen wir in einer separaten Spalte das Star-Rating darstellen. Dafür habe ich einen eigenen CSS-Stil für die linke Seite für den Namen mit dem Fass und eine rechte Seite für die Wertung definiert:

*Listing 5–13*

*CSS für mehrere Spalten in der Liste*

```
/* Tabelle in der Liste */
.table-left {
    width: 60%;
    float: left;
}
.table-right {
    width: 40%;
    float: right;
}
```

▌ Damit diese Ausrichtung jedoch funktioniert, müssen diese zwei Spalten sich in einem Bereich befinden. Dazu kann der jQM-Style ui-li-desc verwendet werden:

```
<span class="ui-li-desc">
    <span class="table-left">
        <h3 id="ui-li-title"></h3>
        <p id="ui-li-fass"></p></td>
    </span>
    <span class="table-right">
        <div data-role="fieldcontain">
            <fieldset data-role="controlgroup">
                ...
            </fieldset>
        </div>
    </span>
</span>
```

▌ Die Auto-Dividers enthalten den Distillery-Namen und die Anzahl der Wertungen. Diese *Count bubbles*, die Kreise mit einer Zahl, werden mit der Klasse ui-li-count erzeugt. Die Distillery hat keine bestimmte Ausprägung.

Somit können wir das Template definieren. Wichtig ist, dass wir das Template mit style="display: none" unsichtbar machen. In der View werden wir dann den entsprechenden Eintrag klonen und der leeren Liste hinzufügen.

Hier nun der Content-Ausschnitt aus der index.html-Datei. In der CSS-Datei dürfen wir nicht vergessen, das Listing 5–13 einzufügen.

```
<!-- Content -->
<div data-role="content">
    <!-- List-Template -->
    <div id="whiskylist_temp" style="display: none">
        <ul class="whiskies_temp" data-role="listview" >
            <!-- List-Divider (Distillery) Template -->
            <li id="titleTemplate" data-role="list-divider">
                <span id="label">Titel</span>
                <span class="ui-li-count">-</span>
            </li>
            <!-- Wertungs-Template -->
            <li id="entryTemplate" class="entry" >
                <span id="forsearch" style="display: none"></span>
                <img class="ui-li-icon" />
                <span class="ui-li-desc">
                    <span class="table-left">
                        <h3 id="ui-li-title"></h3>
                        <p id="ui-li-fass"></p></td>
                    </span>
                    <span class="table-right">
                        <!-- Wird nach dem Rendern zum Star-Rating -->
                        <div data-role="fieldcontain">
                            <fieldset data-role="controlgroup">
                                <input name="" value="1" type="radio"
                                 class="required"/>
                                <input name="" value="2" type="radio"
                                 class=""/>
                                <input name="" value="3" type="radio"
                                 class=""/>
                                <input name="" value="4" type="radio"
                                 class=""/>
                            </fieldset>
                        </div>
                    </span>
                </span>
                <p class="ui-li-aside"></p>
            </li>
        </ul>
    </div>
    <!-- Liste -->
    <div id="whiskylist">
        <ul class="whiskies" data-role="listview"
            data-filter="true">
        </ul>
    </div>
</div> <!-- Content -->
```

*Listing 5–14*

*Template der Liste*

Vielleicht fragen Sie sich nun, was das Element mit der id forsearch hier zu suchen hat. Nun, wir möchten ja dem Benutzer die Gelegenheit geben, Wertungen zu suchen/filtern. jQM sucht standardmäßig im Content des Listeneintrages. Da aber die Distillery dort fehlt, verstecken wir sie in diesem nicht sichtbaren Element.

**Filtern/Suchen in den Listviews**

Wie im Text erwähnt, durchsucht jQM bei der Listview-Suche den Content.
Es gibt aber auch eine andere Möglichkeit, die Suche zu beeinflussen:
Mit dem Attribut `data-filtertext` kann der Suchtext spezifiziert werden.
Dann durchsucht aber jQM den Content nicht mehr!

```
<li data-filtertext="NASDAQ:AAPL Apple Inc.">Apple</li>
```

Mit jQuery Mobile 1.3 gibt es die Möglichkeit, nur das Suchfeld ohne die
Liste darzustellen: `data-filter-reveal="true"`. Erst wenn der Benutzer
die ersten Buchstaben eingibt, wird das Filterresultat dargestellt. Dies
wird besonders benötigt bei unübersichtlich großen Listen, die in einer
Komplettdarstellung keinen Sinn machen. In der jQM-Dokumentation
wird dabei auch von Autocomplete gesprochen.

Das Star-Rating ist im Template noch nicht komplett ausgeprägt: Es
fehlt die entsprechende Klasse. Dies erfolgt erst zur Laufzeit durch das
Plug-in in der View. Würden wir dieses Element bereits jetzt ausprägen, würde es Probleme beim Klonen geben. Mehr dazu später.

### 5.6.2   Weitere Eigenschaften der Listview

#### Auto-Dividers in den Listviews

Es wäre mit der Angabe von `data-autodividers="true"` im ul-Element
auch möglich, dass jQM die Dividers selbst erzeugt, und zwar anhand
des ersten Buchstabens des li-Elements.

#### Split Button List

An dieser Stelle ein kleiner Exkurs: Stellen Sie sich vor, der Kunde
möchte einen Kaufen-Button rechts der Liste zu jeder Wertung hinzufügen. Dies kann einfach mit der Split Button List umgesetzt werden;
hier das Beispiel aus der Dokumentation:

*Abb. 5–32*

*Split Button List*

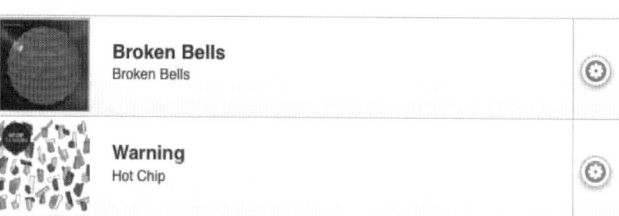

Der Benutzer hat nun zwei Flächen: den eigentlichen Eintrag und rechts den Button. Dem ul-Element muss das Attribut `data-split-icon="gear"` mit dem entsprechenden Icon mitgegeben werden, im Beispiel ist das gear. Im Listeneintrag muss ein weiterer Link hinzugefügt werden:

```
<li>
    <a href="index.html">
    <img src="images/album-bb.jpg" />
    <h3>Broken Bells</h3>
    <p>Broken Bells</p>
    </a><a href="#purchase" data-rel="popup"
            data-position-to="window"
            data-transition="pop">Purchase album</a>
</li>
```

**Nummerierte Listview**

Statt des ul-Elements kann auch das ol-Element für eine nummerierte Liste verwendet werden.

**Auffrischen der Liste**

Wenn wir eine Inset-Liste verwenden würden (`data-inset="true"`), dann müssten wir nach dem dynamischen Hinzufügen von Einträgen die Liste visuell aktualisieren, damit die Rundungen stimmen. Dafür können wir refresh vom Widget aufrufen. Im folgenden Beispiel aktualisiert Herr Weber die Liste automatisch, wenn auf die overview-Seite mit der Liste gewechselt wird. Dies ist sinnvoll, da es bei jeder Aktualisierung, die der Benutzer eventuell gar nicht sieht, unnötige Rechenleistung verbrauchen würde.

```
$(document).bind("pagechange", function(event, ui) {
  if( $.mobile.activePage.attr("id") == "overview" ) {
    $('#posListe ul').listview('refresh'); // Liste aktualisieren
  }
});
```

### 5.6.3 Erstellen der View

Um nun die Einträge darzustellen, müssen wir unsere View implementieren. Dazu erzeugen wir die Datei view.js, definieren dort das Objekt WhiskyView, das vom Objekt View aus der MVC-Bibliothek erbt. Nebst der init()-Methode brauchen wir eine Sortier-Methode, um die Wertungen nach den Destillerien zu ordnen, sowie die update()-Methode für den Observer:

```
/**
 *  UPDATE-METHODE
 *  Aktualisiert die Wertungs-Liste */
var WhiskyView = View.extend({
    init : function() {
        this._super();
    },
    /** Sortierung des Tasting-Arrays */
    sortAlg : function(a, b) {
        a = a.distillery.toLowerCase();
        b = b.distillery.toLowerCase();
        return (a == b) ? 0 : (a > b) ? 1 : -1;
    },
    /** GUI aktualisieren */
    update : function(scope, data) {
    }
});
```

Die WhiskyView muss in der main.js-Datei erzeugt werden. Danach
kann dieses Objekt beim Observer registriert werden:

```
var WhiskyApp = {
    tastings: new Tastings(),
    controller: new WhiskyAppController(),
    gui: new WhiskyView()
}

// Observer auf Tastings
WhiskyApp.tastings.addObserver(WhiskyApp.gui, "update");
```

Ab sofort werden wir informiert, wenn eine Wertung hinzugefügt,
geändert oder gelöscht wird. Somit bleibt nur noch, die Aktualisierung
der Liste zu implementieren:

1.  Als Erstes müssen wir alle bestehenden Einträge in der Listview lö-
    schen.
2.  Dann lesen wir alle Wertungen und sortieren diese.
3.  Wir iterieren über alle Wertungen und bestimmen, ob eine neue
    Distillery bewertet wurde. Wenn ja, klonen wir das titleTemplate
    (den Divider) und fügen die Distillery hinzu. Zuvor müssen wir
    aber noch die Anzahl der Wertungen in den alten Divider-Eintrag
    schreiben – die Anzahl kennen wir ja nicht von Beginn an.
4.  Dann klonen wir entryTemplate für eine Wertung. Auch dieses
    Template befüllen wir mit den entsprechenden Daten. Besonders
    ist das Star-Rating: Wir setzen vorerst nur das checked-Attribut
    beim entsprechenden Eintrag. Nicht vergessen dürfen wir, den
    Event click zu registrieren, damit wir die Detail-Page aufrufen
    können. Dies überlassen wir dann dem Controller. Die Methode
    haben wir ja bereits implementiert. Damit wir wissen, auf welche

Wertung der Benutzer getippt hat, speichern wir im Listen-Eintrag die GUID. Anhand dieser kann der Controller dann die richtige Wertung ermitteln.

5.  Wir fügen nun das Template unserer Liste whiskylist hinzu.

6.  Wenn wir alle Einträge hinzugefügt haben, können wir zum Schluss alle Radio-Buttons zu Star-Ratings rendern: $('#whiskylist ul li input[type=radio]').rating(); Wichtig ist, dass wir das Template nicht rendern, da sonst das Klonen nicht mehr funktioniert. Weshalb? Nun, ein Blick in die Entwicklungskonsole genügt: Das Plugin erzeugt viele zusätzliche Elemente, die von den Input-Elementen abhängig sind. Deshalb habe ich diesen Ansatz gewählt.

```
▼<div class="ui-controlgroup-controls">
  ▼<div class="ui-radio">
    ▼<span class="star-rating-control">
      ▶<div class="rating-cancel" style="display: none; ">_</div>
      ▶<div class="star-rating rater-0 star required starinput star-rating-applied star-rating-live star-rating-on" id=
      "wertung">_</div>
      ▶<div class="star-rating rater-0 star starinput star-rating-applied star-rating-live star-rating-on" id="wertung">_</div>
      ▶<div class="star-rating rater-0 star star-rating-applied star-rating-live" id="wertung">_</div>
      ▶<div class="star-rating rater-0 star star-rating-applied star-rating-live" id="wertung">_</div>
    </span>
    <input name="wertung" id="wertung" value="1" type="radio" class="star required starinput star-rating-applied" style="display:
    none; ">
  </div>
```

**Abb. 5–33**

*Erzeugter Code zur Sternen-Wertung*

Aus dem obigen Ablauf ergibt sich nun der folgende Code:

```
/** GUI aktualisieren */
update : function(scope, data) {
    var actTitel = "";
    var count = 0;
    var line = "";

    // (1) Alte Listview löschen
    $('#whiskylist ul li').remove();

    var ar = scope.getWertungen(); // (2) alle Wertungen lesen
    ar.sort(this.sortAlg);          // und sortieren
    // (3) Durch die Wertungen gehen
    for(var i = 0; i < ar.length; i++) {
        // Titel
        if(ar[i].distillery != actTitel) {
            if(newEntryRowTitle != null) {
                // Anzahl Wertungen der letzten Distillery setzen
                newEntryRowTitle.find('.ui-li-count').text(count);
                count = 0;
            }
            var newEntryRowTitle = $('#titleTemplate').clone();
            actTitel = ar[i].distillery;
            newEntryRowTitle.find('#label').text(actTitel);
            newEntryRowTitle.appendTo('#whiskylist ul');
        }

        // (4) Allg. Informationen
        count++;
```

**Listing 5–16**

*Update-Methode der View*

```
var newEntryRow = $('#entryTemplate').clone();
newEntryRow.jqmData('entryId', ar[i].guid); //Save GUID
newEntryRow.find('#ui-li-title').text(ar[i].bezeichnung);
if(ar[i].proof == "ja")
   newEntryRow.find('#ui-li-fass').html(ar[i].fass+
                                    ", Fassstärke");
else
   newEntryRow.find('#ui-li-fass').html(ar[i].fass);
newEntryRow.find('#forsearch').text(ar[i].distillery);
// Finish darstellen
line = "";
if( ar[i].finish == "mittel" )
   line = line + "&ndash;";
if( ar[i].finish == "lang" )
   line = line + "&ndash;&ndash;";
if( ar[i].finish == "sehrlang" )
   line = line + "&ndash;&ndash;&ndash;";
newEntryRow.find('.ui-li-aside').html(line);

// Wertung (Sterne)
newEntryRow.find('input[value='+ar[i].wertung+']')
         .prop('checked', true);
newEntryRow.find('input[type=radio]')
         .prop('name', 'list-'+i);

// Bilder setzen
if (ar[i].gfrucht >= 5)
   newEntryRow.find('.ui-li-icon')
            .attr("src", "img/fruit.png");
if (ar[i].gsherry >= 5)
   newEntryRow.find('.ui-li-icon')
            .attr("src", "img/cherry.png");
if (ar[i].gtorf >= 5)
   newEntryRow.find('.ui-li-icon')
            .attr("src", "img/peat.png");

// Event-Listener setzen auf Clicken
newEntryRow.bind( 'vclick', function() {
   // Darstellen der Details mit ent. GUID aus entryId
   WhiskyApp.controller.edit($(this).jqmData('entryId'));
});

// (5) Der Liste hinzufügen
newEntryRow.appendTo('#whiskylist ul');
}

// Anzahl Wertungen der letzten Distillery setzen
if (newEntryRowTitle != null) {
   newEntryRowTitle.find('.ui-li-count').text(count);
}

// (6) Alle Radio-Buttons rendern
$('#whiskylist ul li input[type=radio]').rating();
}
```

*Die Entwickler sind zufrieden, staunen sogar ein wenig. Ohne die Logik anzufassen, läuft alles. Nun sind die letzten Skeptiker vom MVC-Prinzip überzeugt! Grund genug, sich ein Feierabendbier zu gönnen – oder einen Whisky?*

## 5.7   Die jQM-Tabelle

*Die Entwickler finden die Möglichkeiten der Listview sehr spannend, aber eine Alternative für Tabellen ist sie nicht. Deshalb bitten sie Herrn Weber, das seit jQuery Mobile 1.3 vorhandene Table-Widget zu besprechen.*

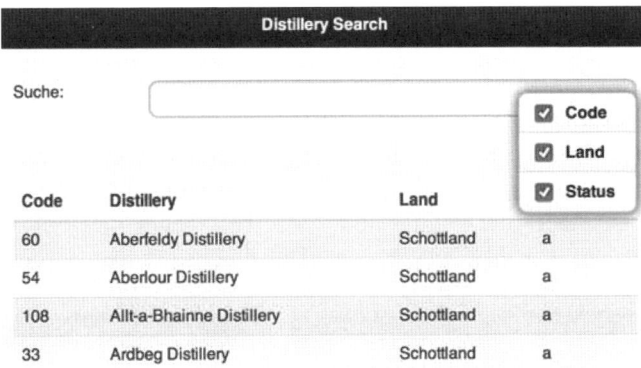

**Abb. 5–34**
*Tabellen-Widget von jQM*

Eine Tabelle dynamisch auf kleinem Platz darzustellen – an dieser Aufgabe haben sich schon viele Frameworks die Zähne ausgebissen. Das jQM-Team hat das Problem erkannt und auf eine elegante Art gelöst. Es bietet zwei verschiedene Arten von Tabellen an:

- Reflow-Tabellen: Diese Tabellen passen die Art der Darstellung, als Block oder als Tabelle, der Breite an.
- Column toggle mode: Bei diesen Tabellen können Spalten ein- und ausgeblendet werden.

Eine Tabelle wird wie gewohnt mit den `table`-, `th`- und `tr`-Elementen definiert. Dabei sind ein paar Restriktionen und Bedingungen zu beachten:

- Die Elemente `rowspan` und `colspan` dürfen nicht verwendet werden, sonst gibt es Probleme in der Darstellung bzw. beim Ausblenden der Spalten.
- Die Tabelle benötigt eine `id`!

▓ Die erste Zeile *muss* eine Überschriftszeile sein, also th statt tr verwenden! Diese dürfen vom thead-Element umgeben sein.

▓ Damit die Tabellen sich dynamisch der Breite anpassen, muss das Class-Attribut ui-responsive mitgegeben werden.

▓ Die Themen werden pro Zelle unterstützt. Somit ist es einfach, einzelne Zellen hervorzuheben.

Zusätzlich werden zwei weitere CSS-Klassen für ansprechende Tabellen zur Verfügung gestellt:

▓ Punktierte Zeilenlinien können mit table-stroke erzeugt werden.

▓ Ein Zebra-Muster wird bei table-stripe erzeugt.

### 5.7.1   Reflow-Tabelle

Die Reflow-Tabellen eignen sich besonders, wenn alle Spalten dargestellt werden müssen, aber die Breite nicht immer ausreichend ist. Ist der darzustellende Bereich breit genug, werden die Daten in Spalten dargestellt; wenn nicht, z.B. auf einem Smartphone, werden die Daten als formatierter Block dargestellt. Wir betrachten dies am Beispiel einer kleinen Web-App, bei der nach Destillerien gesucht werden kann:

*Abb. 5–35*

*Reflow-Tabellen*

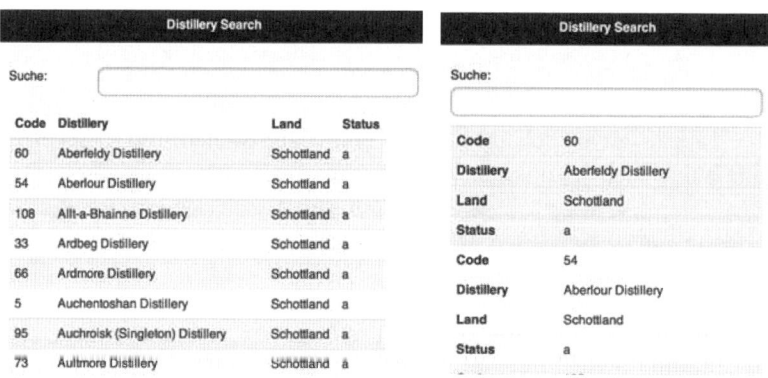

Der HTML-Code zur Tabelle ist recht einfach:

```
<table data-role="table" data-mode="reflow" id="res"
class="ui-responsive table-stroke table-stripe">
   <thead>
     <tr>

       <th>Code</th>
       <th>Distillery</th>
       <th>Land</th>
       <th>Status</th>
     </tr>
```

```
    </thead>
    <tbody>
      <tr>
        <td>60</td>
        <td>Aberfeldy Distillery</td>
        <td>UK</td>
        <td>a</td>
      </tr>
      ...
    </tbody>
  </table>
```

Was macht nun jQM? Es parst den Titel und fügt ein b-Element vor den Text jeder Zelle:

```
<td><b class="ui-table-cell-label">Code</b>60</td>
```

Zur Laufzeit werden dann der Titel oder das b-Element ein- bzw. ausgeblendet. Dies wird mit CSS und den Media-Tags umgesetzt. Der Vorteil ist, dass wir selbst definieren können, wann dies geschehen soll. So kann der optimale Zeitpunkt (Breakpoint) je nach Tabelle variieren. Ist der voreingestellte Wert also nicht optimal, überschreiben wir diesen:

```
@media (min-width: 10em) {
    .my-custom-breakpoint td, .my-custom-breakpoint th,
    .my-custom-breakpoint tbody th, .my-custom-breakpoint tbody td,
    .my-custom-breakpoint thead td, .my-custom-breakpoint thead th
    {
        display: table-cell
        margin: 0
    }
    .my-custom-breakpoint td .ui-table-cell-label,
    .my-custom-breakpoint th .ui-table-cell-label
    {
        display: none;
    }
}
```

*Listing 5–17*
*Eigener Tabellen-*
*Breakpoint*

Die Media-Bedingung ist der Schlüssel zum Ziel: In diesem Beispiel wird die Listenform dargestellt, wenn die darzustellende Breite weniger als 10 Einheiten[11] beträgt. Bei der Tabelle muss nun die obige Klasse my-custom-breakpoint statt der Standard-Definition ui-responsive mitgegeben werden.

---

11. 10em entsprechen in jQM ohne Skalierung 160px.

### 5.7.2    Column-toggle-Tabelle

In diesem Modus wird die Tabelle immer als Tabelle dargestellt. Um den Platz gut auszunutzen, können einzelne Spalten je nach verfügbarem Platz dynamisch ein- bzw. ausgeblendet werden, oder aber der Benutzer wählt seine darzustellenden Spalten:

*Abb. 5–36*
*Tabelle mit Spalten-*
*Button zur Ein- bzw.*
*Ausblendung der Spalten*

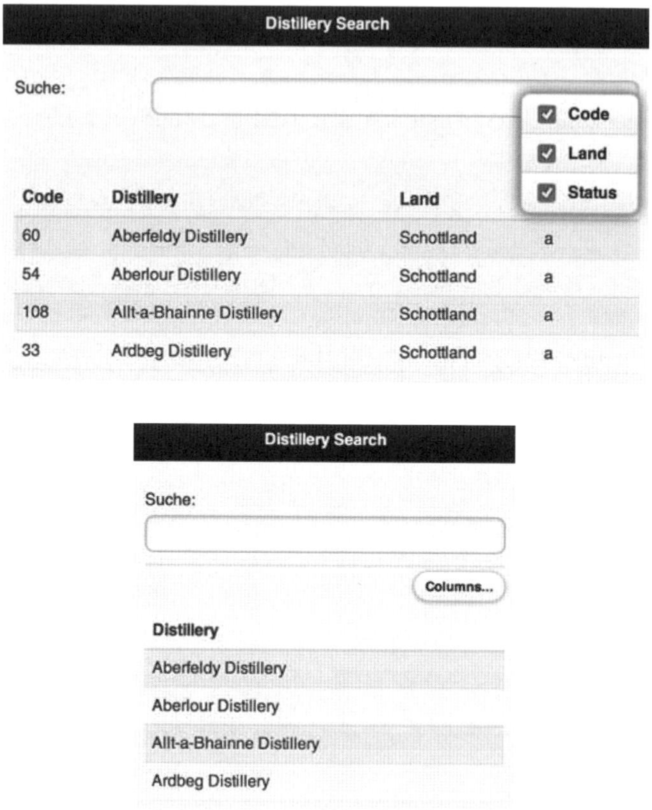

Im Beispiel oben (Abb. 5–36) kann der Benutzer die Spalten konfigurieren. Unten hat jQM automatisch Spalten entfernt, weil die Breite kleiner wurde. Die Tabelle dazu:

```
<table data-role="table" data-mode="columntoggle" id="res"
  class="ui-responsive table-stroke table-stripe">
    <thead>
      <tr>
        <th data-priority="2">Code</th>
        <th>Distillery</th>
        <th data-priority="3">Land</th>
        <th data-priority="3">Status</th>
      </tr>
```

```
    </thead>
    <tbody id="reslist">
      <tr>
        <td>60</td>
        <td>Aberfeldy Distillery</td>
        <td>Schottland</td>
        <td>a</td>
      </tr>
    </tbody>
  </table>
```

Das Attribut `data-priority` bestimmt die Wichtigkeit der Spalte und somit, in welcher Reihenfolge diese ausgeblendet werden. Wenn der Platz also kleiner wird, werden als Erstes die Spalten mit der Priorität 3 ausgeblendet, dann die Spalten mit der Priorität 2 usw. Es gibt insgesamt 6 Prioritäten: Ab 320px wird Priorität 1 eingeblendet, ab 480px Priorität 2, ab 640px Priorität 3, ab 800px Priorität 4, ab 960px Priorität 5 und ab 1120px Priorität 6. Wird nichts angegeben, so ist die Spalte sehr wichtig und wird immer dargestellt – bei uns z.B. die Distillery. Diese Spalte kann der Benutzer auch nicht über den Button ausblenden. Durch die Definition eigener »Breakpoints« können diese Werte auch angepasst werden:

```
/* Priorität 1 bei 320px (20em x 16px) */
@media screen and (min-width: 20em) {
    .my-custom-class th.ui-table-priority-1,
    .my-custom-class td.ui-table-priority-1 {
      display: table-cell;
    }
}
```

Die Beschriftung des Buttons der Spaltenauswahl kann mit dem Attribut `data-column-btn-text` geändert werden.

*Die Entwickler halten dieses Widget für eine der besten Erweiterungen von jQM 1.3. Wenn statt Text ein Link in die Tabelle eingefügt wird, kann auch eine interaktive Tabelle erzeugt werden! Eine echte Alternative zu den Listviews ...*

## 5.8 Panels

*Panels sind bei mobilen Apps eine oft benutzte Gestaltungsmöglichkeit. Wenn z.B. die Whisky-App mehr Menüpunkte hätte, so könnte ein Menü in ein Panel ausgelagert werden. Ein Kunde von Herrn Weber verwendete Panels auch schon für punktuelle Statusmeldungen oder eine Anmeldemöglichkeit. Panels werden seit jQM 1.3 unterstützt.*

In einem autonomen kleinen Beispiel wollen wir das Panel-Widget genauer betrachten. Ein Panel ist ein `div`-Bereich mit dem `data-role`-Attribut `panel`. Es muss in einer Page vor dem Header oder am Schluss definiert werden, dazwischen ist es nicht erlaubt:

```
<div data-role="page">

    <div data-role="panel" id="mypanel1">
    </div><!-- /panel -->

    <!-- header -->
    <!-- content -->
    <!-- footer -->

    <div data-role="panel" id="mypanel2">
    </div><!-- /panel -->

</div><!-- page -->
```

Zurzeit darf es sich auch nicht außerhalb einer Page befinden, dies soll jedoch später ermöglicht werden, sodass auch Page-übergreifende Panels definiert werden können.

Ein Panel kann entweder rechts oder links eingeblendet werden (`data-position="right"` oder `"left"`) und kann ein eigenes Thema haben (`data-theme="b"`). Ein Panel kann über die bestehende Page gelegt (`data-display="overlay"`) oder neben die Page geschoben werden (`data-display="reveal"`). Dies soll unser kleines Beispiel demonstrieren, das ohne die eingeblendeten Panels wie folgt aussieht:

*Abb. 5–37*

*Panel-Widget-*

*Beispielseite*

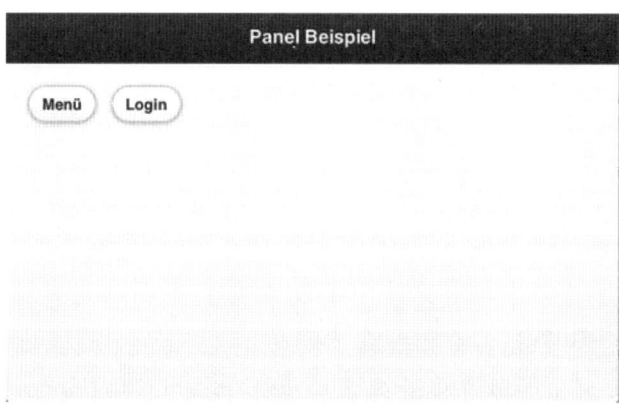

Klickt der Benutzer auf einen der Buttons, so wird links ein Menü mit der `reveal`-Darstellung, rechts eine Login-Seite in der `overlay`-Darstellung eingeblendet:

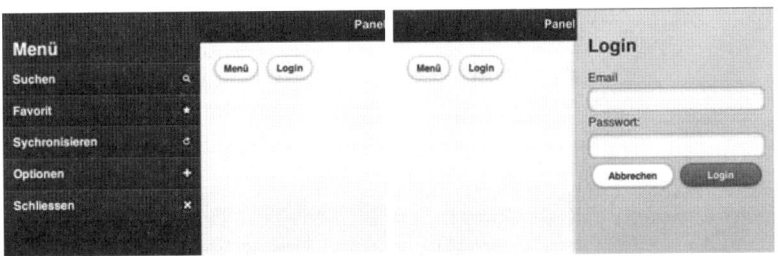

*Abb. 5–38*

*Panels im Einsatz*

Der Quellcode dazu sieht folgendermaßen aus:

*Listing 5–18*

*Panel-Beispiel*

```html
<!DOCTYPE html>
<html>
    <head>
        <meta charset="utf-8">
        <meta name="viewport" content="width=device-width,
            initial-scale=1">
        <title>jQuery Mobile Panel</title>
        <link rel="stylesheet" href=" jquery.mobile.min.css">
        <script src=" jquery.min.js"></script>
        <script src=" jquery.mobile.min.js"></script>
    </head>

    <body>
        <div data-role="page">
            <div data-role="header">
                <h1>Panel Beispiel</h1>
            </div><!-- /header -->

            <div data-role="content">
                <a href="#panel1" data-role="button"
                    data-inline="true" data-mini="true">Menü</a>
                <a href="#panel2" data-role="button"
                    data-inline="true" data-mini="true">Login</a>
            </div><!-- /content -->

            <div data-role="panel" id="panel1"
                data-position="left" data-display="reveal"
                data-theme="a">
                <h2>Menü</h2>
                <ul data-role="listview" data-theme="a" >
                    <li data-icon="search">
                        <a href="../search.html">Suchen</a>
                    </li>
                    <li data-icon="star">
                        <a href="#fav">Favorit</a>
                    </li>
                    ...
                </ul>
            </div><!-- /panel -->
```

```
<div data-role="panel" id="panel2"
    data-position="right" data-display="overlay"
    data-theme="b">

    <form class="userform">
        <h2>Login</h2>
        <label for="email">Email</label>
        <input type="email" name="email" id="email"
            data-clear-btn="true" data-mini="true">

        <label for="password">Passwort:</label>
        <input type="password" name="password"
            id="pwd" data-clear-btn="true"
            autocomplete="off" data-mini="true">

        <div class="ui-grid-a">
            <div class="ui-block-a">
                <a href="#" data-rel="close"
                    data-role="button" data-theme="c"
                    data-mini="true">Abbrechen</a>
            </div>
            <div class="ui-block-b">
                <a href="#" data-rel="close"
                    data-role="button" data-theme="b"
                    data-mini="true">Login</a>
            </div>
        </div>
    </form>

    <!-- panel content goes here -->
</div><!-- /panel -->

        </div><!-- /page -->
    </body>
</html>
```

Wie wir aus dem Code erkennen, kann ein Panel, wie jede andere Page auch, mit einem Button oder Link geöffnet werden. In JavaScript erfolgt das Öffnen und Schließen mit den entsprechenden Methoden open und close:

```
$( "#panel1" ).panel( "open" , optionsHash );
$( "#panel1" ).panel( "close" );
```

Es ist sogar möglich, mehrere Panels auf einmal zu öffnen – aber nur mit JavaScript:

```
$( "#panel1" )
    .panel( "open" )
    .then( function( options ){
        $( "#panel2" ).panel( "open" );
    });
```

Der Benutzer kann ein Panel schließen: mit der Esc-Taste, per Swiping oder durch nochmaliges Betätigen des Buttons, der das Panel geöffnet hat. Möchte man dies unterbinden, so muss das Attribut `data-swipe-close="false"` angegeben werden. Auch ein Tippen auf die ursprüngliche Seite veranlasst ein Schließen des Panels. Dies kann mit `data-dismissible="false"` unterbunden werden.

## 5.9  Tablet-Feeling

*Beim Testen der Web-App auf dem Tablet findet das Team, dass der Platz nicht optimal genutzt wird. Eigentlich könnte doch die Liste links dargestellt werden und die Details rechts. Auf dem Smartphone soll das Layout aber beibehalten werden. So gedacht, so gemacht...*

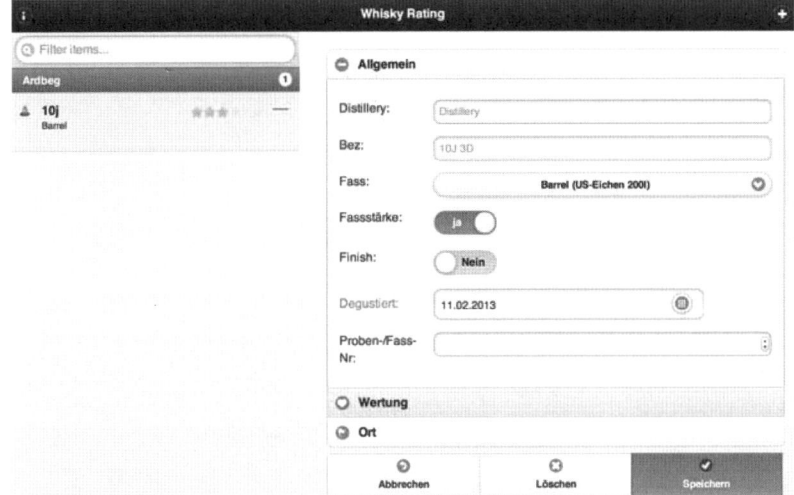

**Abb. 5–39**

*Tablet-Layout*

Dieses Layout nennt sich *Responsive Layout*. Die zwei Spalten gestalten wir mit CSS, wie oben schon bei der Listview. Dafür definieren wir einen Bereich für die Liste, die 35 % der Fläche einnehmen darf, und einen Bereich für die Wertung, die 60 % einnehmen darf. Die fehlenden 5 % dazwischen dienen als Trennung. Dies soll aber nur gelten, wenn die Pixelbreite größer als 650 Pixel[12] ist. Diese Bedingung kann mithilfe von Media-Query erreicht werden:

```
@media all and (min-width: 650px).
```

Fügen wir also den folgenden Code in die CSS-Datei ein:

---

12.  Die 650 Pixel sind ein Erfahrungswert: Wenn ein Device mindestens so viele Pixel aufweist, ist der Bildschirm genügend groß für dieses Layout.

*Listing 5–19*

*CSS-Definition für die Tablet-Darstellung*

```
/* Responsive Layout */
@media all and (min-width: 650px) {
    .content-list {
        width: 35%;
        float: left;
    }
    .content-details {
        width: 60%;
        float: right;
    }
}
```

Als Nächstes passen wir die Struktur an. Die Idee ist folgende: Wenn die Pixel-Breite größer als die genannten 650 Pixel ist, dann kopieren wir den Whisky-Detail-Bereich (whiskydetail) aus der Page whisky-detail in den Bereich whiskydetails der Page whisky-home und löschen die ganze Detail-Page:

*Abb. 5–40*

*Konzept zur Tablet-Darstellung*

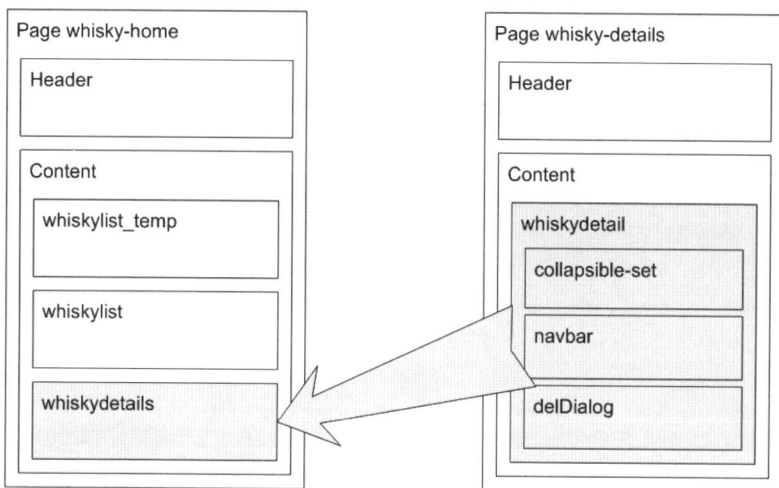

Die Details werden die Klasse content-details haben, die Whisky-Liste die Klasse content-list:

```
<!-- Liste -->
<div id="whiskylist" class="content-list">
    <ul class="whiskies" data-role="listview" data-filter="true">
    </ul>
</div>
<!-- Details (Responsive Layout) -->
<div id="whiskydetails" class="content-details"></div>
```

Nun können wir uns ans Umkopieren wagen. Da es sich um die View handelt, implementieren wir dies in der Datei view.js. Umkopieren können wir, wenn die App geladen wurde, aber noch bevor die

HTML-Seite von jQM gerendert wurde. Für dieses Page-Handling stellt uns jQM verschiedene Events zur Verfügung:

▪ *Page load events*: Bevor eine Seite in dem DOM geladen wird, wird der Event `pagebeforeload` gefeuert. Danach erfolgt `pageload` oder im Fehlerfall `pageloadfailed`.

▪ *Page change events*: Analog zum Laden der Page gibt es Events für den Wechsel zwischen den Pages: `pagebeforechange`, `pagechange` und `pagechangefailed`.

▪ *Page transition events*: Diese Events werden für die Animation von einer zur anderen Page benötigt: `pagebeforeshow`, `pagebeforehide`, `pageshow` und `pagehide`.

▪ *Page initialization events*: Der Event `pagebeforecreate` wird benötigt, wenn etwas ausgeführt werden muss, wenn die Page sich im DOM befindet, aber noch kein Plug-in den HTML-Code angepasst hat. Der Event `pagecreate` wird gefeuert, wenn die Plug-ins initialisiert wurden, aber die Widgets noch nicht abgearbeitet wurden. Dies ist empfehlenswert, wenn eigene jQuery-Widgets verwendet werden. Wurde die Page erweitert, wird `pageinit` gefeuert.

Der `pagebeforecreate` ist ein geeigneter Event für das Umkopieren des Contents. In diesem Event ermitteln wir die Fensterbreite vom `window`-Objekt. Wenn dieses größer als 650 Pixel[13] ist (❶), lesen wir den Detail-Abschnitt als HTML aus und fügen ihn im neuen Bereich ein. Dann löschen wir die ganze Detail-Page. Bei Smartphones ❷ löschen wir nur den `whiskydetails`-Bereich und entfernen die Klasse bei der Liste:

*Listing 5–20*
*Umkopieren der Detail-Page*

```
/**
 * Bevor die Seite erzeugt wird, je nach Auflösung die
 Pages/Contents umhängen. */
$(document).bind("pagebeforecreate", function(){
  var winwidth = $(window).width();

  // Je nach Auflösung...
  if(winwidth >= 650) {
❶    var element = $('#whiskydetail').html();
     $('#whiskydetails').append(element);
     $('#whisky-details').remove();
     WhiskyApp.tablet = true;
  } else {
❷    $('#whiskylist').removeClass("content-list");
     $('#whiskydetails').remove();
  }
});
```

_____

13. Unter iOS werden bei Retina-Displays die virtuellen Pixel zurückgegeben und nicht die physikalischen.

Sicherlich haben Sie die neue Variable `WhiskyApp.tablet` bemerkt, die wir im Tablet-Modus auf `true` setzen. Dies hilft uns später bei der Unterscheidung. Wo wir diese definiert haben? Im Main:

```
var WhiskyApp = {
    tastings: new Tastings(),
    controller: new WhiskyAppController(),
    gui: new WhiskyView(),
    tablet: false
}
```

Leider war das noch nicht alles. Wenn Sie nun die App ausführen, merken Sie, dass die Details noch nicht initialisiert sind und dass die Navigation nicht ganz funktioniert. Dies ist ja logisch, da wir nun keine Page mehr haben. Also müssen wir noch ein paar Änderungen im Controller machen.

Im Objekt `WhiskyAppController` müssen wir uns jedes Mal, wenn `changePage()` aufgerufen wird, überlegen, was im Tablet-Fall zu tun ist:

▪ `home()`: Es muss bereits eine neue Wertung erzeugt werden, da ja der Button wegfällt und der Benutzer jederzeit im permanent sichtbaren Detail-Bereich eine neue Wertung erstellen kann. Wenn aber diese Methode aus dem Pop-up des Löschen-Dialogs aufgerufen wird, muss dieser geschlossen werden. Daraus ergibt sich der folgende neue Code:

```
/** Zurück auf Home.
 * Quelle: whisky-details
 * Ziel: whisky-home */
function home() {
    if( WhiskyApp.tablet == true ) {
        // Einfach schließen, auch wenn nicht offen
        $('#delDialog').popup('close');
        addTasting();
    }
    else
        $.mobile.changePage("#whisky-home",
                { transition: "slideup" } );
}
```

▪ `edit()` wird aufgerufen, wenn eine Wertung dargestellt werden soll. Hier muss der Seitenwechsel nur beim Smartphone ausgelöst werden.

▪ `deleteWertung()` wird beim Löschen einer Wertung aufgerufen. Da der Dialog davor aufgerufen wird, ist die Anweisung immer noch korrekt. Damit die Eingabemaske leer ist, muss davor zusätzlich `addTasting()` aufgerufen werden:

```
/** Wertung löschen.
 * Quelle: whisky-details
 * Ziel: whisky-home */
function deleteWertung() {
   if( actWertung != null )
      WhiskyApp.tastings.deleteID(actWertung.guid);

   if( WhiskyApp.tablet == true )
      addTasting();

   $.mobile.changePage("#whisky-home",
              { transition: "slideup" } );
}
```

▪ Bei saveWertung() muss beim Tablet die nächste neue Wertung angezeigt werden – also das gleiche Verhalten wie bei home().

▪ about(): Dieser Dialog bleibt bestehen. Also müssen wir nichts ändern.

Jetzt fehlt uns noch eine leere Bewertung. Das könnten wir in der View beim Event pageshow aufrufen:

```
/**
 * Event für neues Tasting darstellen. */
$('#whisky-home').live("pageshow", function(event, ui) {
   if(WhiskyApp.tablet == true)
      WhiskyApp.controller.firstView();
});
```

Die Methode firstView() ist eine öffentliche Methode vom Controller, der addTasting() aufruft:

```
/* click auf Eintrag */
firstView : function() {
   addTasting();
}
```

Jetzt gibt es noch eine Unschönheit: Wenn eine Wertung in den Details betrachtet werden möchte und der Benutzer weit unten in der Liste ist, muss er selbst wieder nach oben scrollen. Wenn er umgekehrt eine Wertung speichert, befindet er sich irgendwo im Bildschirm. Um wieder an den Anfang der Seite zu gelangen, stellt jQM die Methode $.mobile.silentScroll(); zur Verfügung. Bauen wir also diesen Aufruf im Controller in die Methoden addTasting() und edit() ein.

*Bei der Spirit AG geht ein langer Tag zu Ende. Herr Weber fragt mit einem Lächeln: »Seid Ihr etwas verwirrt?« Die Entwickler nicken und werden am folgenden Morgen den Code nochmals im Gesamtzusammenhang betrachten.*

## 5.10  App-Feeling

*Der Kunde von Herrn Weber findet das ja schön und recht, aber eine*
*App im Browser? Das kann es doch nicht sein! Herr Weber schmun-*
*zelt und nickt. Da fehlen schon noch ein paar Details...*

### 5.10.1  Home-Icon

Der Benutzer erwartet, dass die App auf seinem Home-Screen
erscheint. Ein Bookmark kann auch auf dem Home-Screen hinterlegt
werden:

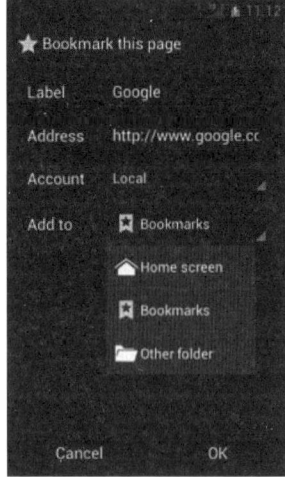

Tippt der Benutzer auf ein solches Bookmark-Icon, öffnet sich der
Browser und die Applikation wird geladen. Woher kommt aber das
Icon? Die Lösung ist eine PNG-Grafik mit bestimmten Maßen, ohne
abgerundete Ecken und ohne Glanzeffekt! Die Effekte werden unter
iOS automatisch hinzugefügt.

Dieses Icon muss in der index.html-Datei mit dem link-Element
verlinkt werden. Als rel-Attribut geben wir die magische Zeichenfolge
apple-touch-icon an:

```
<!-- Non-Retina iPhone, iPod Touch, Android 2.1+ -->
<link rel="apple-touch-icon" href="img/whisky.png" />
<!-- 1. Und 2. Generation iPad: -->
<link rel="apple-touch-icon " sizes="72x72" href="icon-72.png">
<!-- iPhone mit Retina-Display: -->
<link rel="apple-touch-icon " sizes="114x114" href="icon-114.png">
<!-- iPad mit Retina Display: -->
<link rel="apple-touch-icon " sizes="144x144" href="icon-144.png">
```

Möchte man auf den Glanzeffekt verzichten, muss precomposed hinzugefügt werden: apple-touch-icon-precomposed.

```
<link rel="apple-touch-icon-precomposed " href="img/icon.png" />
```

Unter Android 2.1 und später funktioniert dies auch, jedoch nur ohne
Effekt. Um ein zuverlässiges Resultat zu erhalten, wird die precompo-
sed-Variante empfohlen.

Unter iOS wäre es auch möglich, ein Icon mit dem Namen apple-
touch-icon.png  im Wurzelverzeichnis zu hinterlegen. Diese Variante
wird aber wegen der Inkompatibilität zu Android nicht empfohlen.

### 5.10.2   Vollbildmodus

Unter iOS verbraucht der Safari leider 104 Pixel des knappen Bild-
schirms nur für die URL-Eingabe und die Navigation. Deshalb kann
die Web-App auch im Vollbildmodus gestartet werden:

```
<meta name="apple-mobile-web-app-capable" content="yes" />
<meta name="apple-mobile-web-app-status-bar-style"
 content="black" />
```

Öffnet der Benutzer die Web-App von seinem Home-Bookmark aus,
so werden weder URL-Leiste noch Navigationsleiste eingeblendet.
Dann fehlt aber der Back-Button des Safari-Browsers und muss eventuell wieder in jQuery Mobile aktiviert werden. Mit der zweiten Zeile
wird bewirkt, dass die Status-Leiste schwarz erscheint. Eine äquiva-
lente Lösung unter Android gibt es nicht.

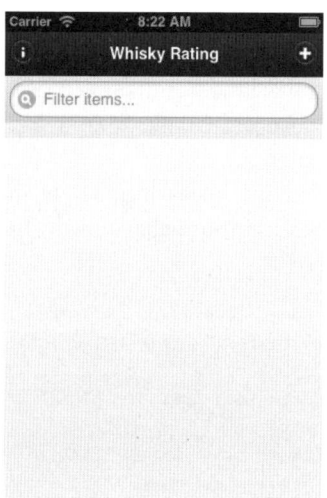

### 5.10.3   Startgrafik

Wenn eine Web-App mit dem Home-Bookmark im Vollbildmodus
startet, wird dem Anwender ein Bildschirmfoto der App präsentiert,
während die App geladen wird. Ohne Beihilfe wird die letzte Position,
an der sich der Anwender befand, als Foto präsentiert – nur kann er da
nichts machen. Ein Start-Foto der App einzublenden wäre da sicher
sinnvoller. Dies kann ab iOS 3.0 mit einer PNG-Grafik umgesetzt werden. In der `index.html`-Datei muss diese Datei ebenfalls verlinkt werden, diesmal mit dem `rel`-Attribut `apple-touch-startup-image`:

```
<link rel="apple-touch-startup-image" href="img/aboutkl.png" />
```

Auf den verschiedenen Geräten gelten unterschiedliche Grafik-Grö-
ßen. Hier eine Zusammenfassung:

```
<-- iPad - landscape (748x1024) -->
<link rel="apple-touch-startup-image" href="images/ipad-
landscape.png" media="screen and (min-device-width: 481px) and
(max-device-width: 1024px) and (orientation:landscape)" />

<-- iPad - portrait (768x1004) -->
<link rel="apple-touch-startup-image" href="images/ipad-
portrait.png" media="screen and (min-device-width: 481px) and (max-
device-width: 1024px) and (orientation:portrait)" />

<-- iPhone - (320x460) -->
<link rel="apple-touch-startup-image" href="images/iphone-
lowres.png" media="screen and (min-device-width: 200px) and (max-
device-width: 320) and (orientation:portrait)" />
```

Hier ist das media-Attribut zu beachten. Damit kann definiert werden, wann der Link gültig ist. Folgende Tabelle zeigt alle Formate für die Icons und Startgrafiken in der Übersicht:

| Gerät | Auflösung des Icons | Auflösung der Startgrafik |
|---|---|---|
| iPhone 5 und iPod touch der 5. Generation | 114x114 | 640x1136 |
| Hochauflösende iPhones und iPod- touch-Geräte | 114x114 | 640x960 |
| iPhone und iPod touch | 57x57 | 320x480 |
| Hochauflösendes iPad | 144x144 | 1536 x 2008 (Hochformat) 2048 x 1496 (Querformat) |
| iPad | 72x72 | 768 x 1004 (Hochformat) 1024 x 748 (Querformat) |

*Tab. 5–2*

*Auflösungen der Icons und Startgrafiken unter iOS*

## 5.11  Zusammenfassung

Wir haben in diesem Kapitel das grafische Benutzerinterface mit jQuery Mobile umgesetzt. Dabei haben wir die verschiedenen Eingabeelemente angewendet und erlebt, wie eine klare Trennung nach MVC anzuwenden ist. Dass dies noch keine App ausmacht, ist klar. Es fehlen z.B. noch die Datenhaltung, die Verwendung der Geolocation und die Kommunikation mit einem Server. Außerdem sollte die App auch offline-fähig werden, Diagramme darstellen, eine Eingabehilfe für die Destillerien bieten, und es sollten native Versionen der App existieren. Aber das Buch hat noch viele Seiten – daher wünsche ich viel Spaß beim Weiterlesen.

*Der Kunde von Herrn Weber ist zufrieden – auch wenn noch viele Anforderungen offen sind. Die Entwickler freuen sich nun, in die HTML5-Funktionen abzutauchen. Dabei werden sie auch noch spezielle Funktionen von jQuery Mobile antreffen.*

# 6 Whisky-App und HTML5-APIs

*Entwickler Max: »Unsere App sieht nicht schlecht aus, aber wir wollen ja nicht mit flüchtigen Bewertungen arbeiten. Ich habe genug davon, immer wieder Wertungen einzugeben. Herr Weber, können wir dem nicht gleich Abhilfe verschaffen?« So gesagt, so getan.*

## 6.1 Datenbanken auf dem Mobile

In HTML5 gibt es für die clientseitige Datenhaltung die Standards *Web Storage*, *Web SQL* und *Indexed DB*. Der Web Storage eignet sich für das Speichern von einfachen Werten – im Web wird in diesem Zusammenhang oft vom »Cookie-Nachfolger« gesprochen. Die Web SQL dient der Datenhaltung von Tabellen und ist eine sehr primitive Datenbank. Die Indexed DB speichert Objekte und setzt keine SQL-Kenntnisse voraus.

Für das Speichern der Wertungen eignet sich Web SQL. Dieser Standard wird von Safari und Chrome sowohl auf dem Desktop als auch auf dem mobilen Gerät unterstützt. Leider wird der Standard mangels Implementierungen nicht mehr weiterentwickelt. Firefox, IE und Chrome unterstützen die Indexed DB, deren Objektmodell für viele JavaScript-Entwickler einfacher zu verstehen ist. Dieser Standard durchlebt aber immer noch größere Änderungen, z.B. sind nicht mehr alle Implementierungen vor dem Firefox 10 kompatibel mit den aktuellen Versionen.

Den Web Storage benötigen wir erst im Kapitel 8.

*Die Entwickler sind etwas ernüchtert. Schade, dass es keinen klaren Standard gibt. Herr Weber empfiehlt, Web SQL zu benutzen, da dieser Standard von Safari unter iOS und von Android unterstützt wird. Trotzdem werden wir auch die Indexed DB betrachten.*

### 6.1.1    Web SQL

Die clientseitige Datenbank ist eine geniale HTML5-Funktion. Sie erlaubt Entwicklern eine einfache JavaScript-Datenbank-API zu nutzen, um Daten dauerhaft in einem relationalen Format zu speichern. Das API ist erwartungsgemäß asynchron. Es können OPEN-SQL-Befehle[1] benutzt werden, und sogar Transaktionen werden unterstützt.

> **Security**
>
> Die Sichtbarkeit der gespeicherten Daten wird durch Protokoll, Hostname (oder IP-Adresse) und Portnummer der URL des Dokuments bestimmt. Das heißt, eine Web-App aus einer anderen Sub-Domain sieht nicht dieselben Daten.

Wir wollen nun unsere Tastings in der Datenbank ablegen. Dazu erstellen wir eine JavaScript-Datei db.js und fügen die Datei in der index.html-Datei hinzu.

Wie fast schon zu erwarten, erstellen wir ein eigenes Objekt. Dort öffnen wir im Konstruktor die Datenbank. Neben den Methoden für das Fehler-Handling benötigen wir eine Methode für das Erstellen der Tabelle und das Hinzufügen, Lesen, Aktualisieren und Löschen (die CRUD-Methoden) der Tabelleneinträge.

Die Frage stellt sich, wie dieses Objekt über Änderungen im Model erfährt. Dazu könnten wir auch das MVC-Pattern verwenden: Wir beobachten das Model auf Veränderungen und aktualisieren dann entsprechend die Datenbank – also ähnlich wie die View. Aber statt einer Ausgabe auf den Bildschirm machen wir eine Änderung in der Datenbank. Ein gutes Beispiel, wie das MVC-Prinzip auch für andere Schichten als nur die View benutzt werden kann!

*Abb. 6–1*

*Das WhiskyDB-Objekt*

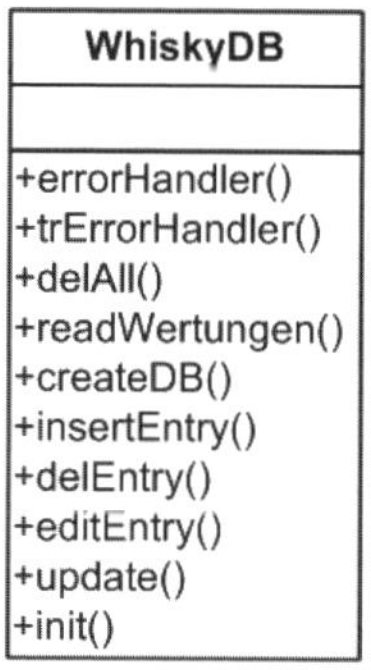

| WhiskyDB |
|---|
| |
| +errorHandler() |
| +trErrorHandler() |
| +delAll() |
| +readWertungen() |
| +createDB() |
| +insertEntry() |
| +delEntry() |
| +editEntry() |
| +update() |
| +init() |

---

1. Als kurze Einführung in SQL kann der Artikel unter *http://de.wikibooks.org/wiki/ Einführung_in_SQL:_Ein_Einstieg* helfen.

Beginnen wir mit dem Konstruktor des Objektes:

```
/*********** DATABASE ************/
/** Whisky-DB-Zugriff */
var WhiskyDB = Class.extend({
   init : function() {
❶      this.shortName = 'Whisky';
      this.displayName = "Whisky Rating App";
      this.version = "1.0";
      this.maxSize = 1048576; // 1 MB

      console.log("Web SQL");

      try {
❷         this.db = openDatabase(this.shortName, this.version,
                           this.displayName, this.maxSize);
❸         this.createDB();
      }
      catch(e) {
         if (e == 2)
            alert("Invalid database version.");
         else
            alert("Unknown error "+e+".");
      }
   },
```

*Listing 6–1*

*WhiskyDB: init()-Methode*

In der `init()`-Methode öffnen wir mit `openDatabase()` ❷ die Datenbank. Ein paar Parameter, die wir benötigen, definieren wir bei ❶:

- `shortName`: die Datenbankidentifikation
- `displayName`: Name, der dem Anwender in der Benutzeroberfläche angezeigt wird. Das aber handhaben die Browser verschieden. Zum Teil wird auch der `shortName` angezeigt.
- `version`: Eine Zahl, die für Updates und Abwärtskompatibilität verwendet werden kann, wenn sich zum Beispiel das Datenmodell ändert. Somit kann dann die Datenbank auf das neue Model migriert werden. Darum muss man sich aber selbst kümmern und eine geeignete Strategie festlegen – am besten im Voraus...
- `maxSize`: die maximale Größe der Datenbank in Kilobytes. Die Obergrenze kann von Browser zu Browser verschieden sein. In der Regel können Datenbanken bis 5 MB ohne Benutzernachfragen angelegt werden. Danach wird der Benutzer um Erlaubnis gefragt. Meist ist die Obergrenze 10 MB.

❸: Wenn kein Fehler auftritt, kann die Datenbank erzeugt werden:

```
/** CREATE Table */
createDB : function() {
❶ this.db.transaction(
      function(transaction) {
```

*Listing 6–2*

*WhiskyDB: createDB()-Methode*

```
❷        transaction.executeSql(
❸        'CREATE TABLE IF NOT EXISTS wertungen ' +
         ' (guid TEXT NOT NULL PRIMARY KEY, ' +
         ' date DATE NOT NULL, ' +
         ' distillery TEXT NOT NULL, ' +
         ' bezeichnung TEXT, ' +
         ' fass TEXT, ' +
         ' proof TEXT, ' +
         ' finishing TEXT, ' +
         ' probennr INTEGER, ' +
         ' wertung INTEGER, ' +
         ' gtorf INTEGER, ' +
         ' gsherry INTEGER, ' +
         ' gholz INTEGER, ' +
         ' gfrucht INTEGER, ' +
         ' gflora INTEGER, ' +
         ' gfeinty INTEGER, ' +
         ' finish INTEGER, ' +
         ' kommentar TEXT, ' +
         ' ort TEXT );', [], function(){},
                     WhiskyApp.db.errorHandler );
    }
  );
},
```

Eine Datenbankabfrage muss im Kontext einer Transaktion ❶ stattfinden. Diese kann mit der Methode `transaction()` gestartet werden. Als Parameter wird eine Funktion erwartet, die die Transaktions-Lebensdauer darstellt. Mit der Methode `executeSql()` ❷ können nun SQL-Befehle ausgeführt werden, die als String übergeben ❸ werden. Wir erzeugen die Tabelle `wertungen`, falls diese noch nicht existiert. Als zweiten Parameter erwartet `executeSql()` ein Array an Werten, die an die Datenbank gesendet werden; dazu später mehr. Der dritte Parameter ist eine Funktion, die im Erfolgsfall aufgerufen wird. Die Funktion im vierten Parameter (bei uns also `errorHandler()`) wird im Fehler-Fall ausgeführt. Neben dieser Methode gibt es noch ein Fehler-Handling auf Transaktionsebene:

*Listing 6–3*
*WhiskyDB: Fehler-*
*Handling*

```
/** Fehler-Handling, statische Methode! */
errorHandler : function(transaction, error) {
   WhiskyApp.gui.alert('Fehler: ' + error.message +
                     '(' + error.code + ')');
   return true;
},

/** Fehler-Handling, statische Methode! */
trErrorHandler : function(transaction) {
   WhiskyApp.gui.alert('trErrorHandler: ' + transaction.message );
   return true; //true = roll back, false = execution
},
```

Im Listing unten führen wir beim Lesen der Wertungen ein SELECT auf die Datenbank aus ❶, erzeugen pro Eintrag ein neues Wertungs-Objekt ❷ und fügen dieses einem Array hinzu. Dieses Array übergeben wir am Schluss dem Model (setWertungen()) ❸.

**Listing 6–4**

*WhiskyDB:*

*Wertungen lesen*

```
/** Alle Wertungen lesen */
readWertungen : function() {
    var array = new Array();
    this.db.transaction( function(transaction) {
❶      transaction.executeSql( 'SELECT * FROM wertungen ORDER BY
        distillery;',[] ,
        function (transaction, result) {
            for (var i=0; i < result.rows.length; i++) {
                var row = result.rows.item(i);
                // Wertung erzeugen
❷              var wertung = new Wertung(row.date, row.distillery,
                                row.bezeichnung, row.fass, row.proof,
                                row.finishing, row.probennr,
                                row.wertung, row.gtorf, row.gsherry,
                                row.gholz, row.gfrucht, row.gflora,
                                row.gfeinty, row.finish, row.kommentar,
                                row.ort, row.guid);
                array.push(wertung);
            }
            // Alle Wertungen dem Model übergeben
❸          WhiskyApp.tastings.setWertungen(array);
        }, WhiskyApp.db.errorHandler );
    }, WhiskyApp.db.trErrorHandler );
},
```

Diese Methode rufen wir im Main auf, um die App zu initialisieren. Da wir das MVC-Pattern verwenden, können wir an dieser Stelle einen weiteren Observer beim Model registrieren:

```
var WhiskyApp = {
    tastings: new Tastings(),
    controller: new WhiskyAppController(),
    gui: new WhiskyView(),
    tablet: false,
    db: new WhiskyDB()
}

// Observer auf Tastings
WhiskyApp.tastings.addObserver(WhiskyApp.gui, "update");
WhiskyApp.tastings.addObserver(WhiskyApp.db, "update");
WhiskyApp.db.readWertungen();
```

Somit wird der Datenbankinhalt bereits beim Start der App dargestellt. Jetzt müssen wir aber noch die Datensätze in die Datenbank bringen. Deshalb zurück zum WhiskyDB-Objekt. Das Schema der fol-

genden Methoden für das Löschen, Editieren und Hinzufügen ist
immer gleich: Transaktion anlegen und SQL-Befehl ausführen:

*Listing 6–5*

*WhiskyDB: Wertungen*

*hinzufügen, löschen und*

*editieren*

```
/** INSERT */
insertEntry : function(wertung) {
    this.db.transaction( function(transaction) {
        transaction.executeSql(
                'INSERT INTO wertungen (guid, date, distillery,
bezeichnung, fass, proof, finishing, probennr, wertung, gtorf,
gsherry, gholz, gfrucht, gflora, gfeinty, finish, kommentar, ort)
VALUES (?, ?, ?, ?, ?, ?, ?, ?, ?, ?, ?, ?, ?, ?, ?, ?, ?);',
                [wertung.guid, wertung.date, wertung.distillery,
wertung.bezeichnung, wertung.fass, wertung.proof,
wertung.finishing, wertung.nr, wertung.wertung, wertung.gtorf,
wertung.gsherry, wertung.gholz, wertung.gfrucht, wertung.gflora,
wertung.gfeinty, wertung.finish, wertung.kommentar, wertung.ort],
                function(){ }, WhiskyApp.db.errorHandler );
    }, WhiskyApp.db.trErrorHandler );
},

/** DELETE einer einzelnen Wertung */
delEntry : function(guid) {
    this.db.transaction( function(transaction) {
        transaction.executeSql('DELETE FROM wertungen WHERE
                            guid=?;', [guid], function() { },
                            WhiskyApp.db.errorHandler);
    }, WhiskyApp.db.trErrorHandler );
},

/** Ganzen Tabelleninhalt löschen */
delAll : function() {
    this.db.transaction( function(transaction) {
        transaction.executeSql( 'DELETE FROM wertungen;', [],
        function(){}, WhiskyApp.db.errorHandler );
    });
},

/** EDIT */
editEntry : function(wertung) {
    this.db.transaction( function(transaction) {
        transaction.executeSql('UPDATE wertungen SET date=?,
distillery=?, bezeichnung=?, fass=?, proof=?, finishing=?,
probennr=?, wertung=?, gtorf=?, gsherry=?, gholz=?, gfrucht=?,
gflora=?, gfeinty=?, finish=?, kommentar=? WHERE guid=?;',
        [wertung.date, wertung.distillery, wertung.bezeichnung,
wertung.fass, wertung.proof, wertung.finishing, wertung.nr,
wertung.wertung, wertung.gtorf, wertung.gsherry, wertung.gholz,
wertung.gfrucht, wertung.gflora, wertung.gfeinty, wertung.finish,
wertung.kommentar, wertung.guid], function(){},
WhiskyApp.db.errorHandler);
    }, WhiskyApp.db.trErrorHandler );
},
```

Beim SQL-Statement verwende ich die Platzhalter ?. Diese werden der Reihe nach durch die Werte im Array des 2. Parameters ersetzt. Ich hätte auch das INSERT-Statement direkt schreiben können, aber das birgt zwei Probleme:

- Es wird sehr unleserlich, weil wir die ' mit \' escapen müssen.
- Die Security: Per SQL Injection könnte der Benutzer zum Beispiel in ein Eingabefeld schreiben: '); DROP TABLE wertungen; -- Das würde dann die ganze Tabelle löschen! Die zwei Bindestriche am Schluss bewirken in SQL, dass der Rest ignoriert wird, ist also ideal, um die Transaktion erfolgreich abzuschließen. Sie denken: »selbst schuld«? Hm, und was ist, wenn wir die Datenbank mit einem Server synchronisieren?

Somit ist unsere Datenbankanbindung entwickelt. Fehlt noch die Logik-Anbindung. Da wir das MVC-Pattern verwenden, müssen wir also eine update()-Methode zur Verfügung stellen. Darin können wir anhand des CRUD-Parameters (diese Aktion geben wir im Model als Parameter mit) entscheiden, wie wir die Wertung in der Datenbank verändern:

```
/** DB aktualisieren */
update : function(scope, data) {
    switch(data.crud) {  // bei R nichts machen
    case 'C':
        this.insertEntry(data.obj);
        break;
    case 'U':
        this.editEntry(data.obj);
        break;
    case 'D':
        this.delEntry(data.obj.guid);
        break;
    }
}
```

*Listing 6–6*

*WhiskyDB:*

*update()-Methode*

Da nur Safari und Chrome Web SQL unterstützen, müssen wir die App in solch einem Browser testen. Das Gute ist, dass wir in der Entwicklungskonsole die Datenbankeinträge betrachten können. Wie wir in der Abbildung 6–2 sehen, ist es sogar möglich, direkt SQL-Befehle einzugeben!

**Abb. 6–2**

*Web SQL in der*

*Entwicklungskonsole*

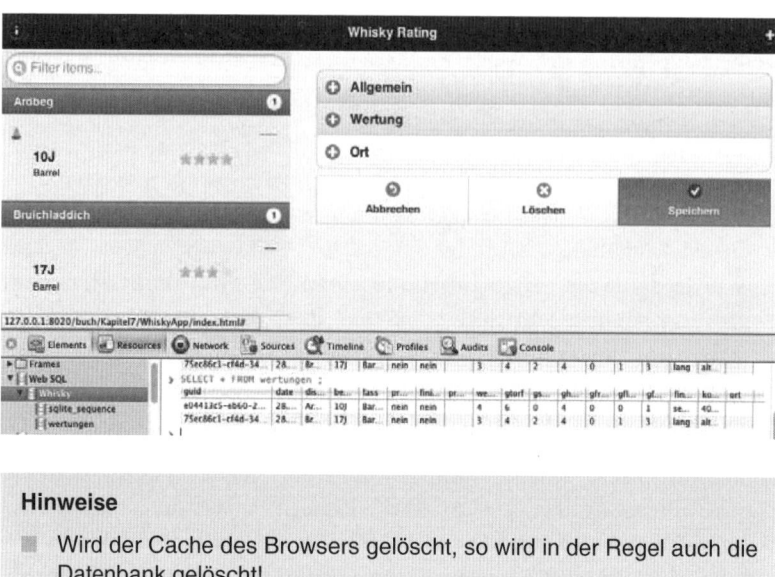

### Hinweise

■ Wird der Cache des Browsers gelöscht, so wird in der Regel auch die Datenbank gelöscht!

■ Im Backup der iOS-Geräte ist die Datenbank enthalten.

*Die Entwickler spielen etwas in der Entwicklungskonsole, da ruft plötzlich einer: »Aber was ist nun mit dem Firefox? Da kommt einfach so eine kryptische Fehlermeldung. Das geht doch nicht!« Nach einer kurzen Diskussion entscheiden sie sich, die Indexed DB doch noch zu implementieren – für den Desktop-Gebrauch. Wir werden sie etwas abkürzen und sie spätestens dann, wenn es um Synchronisation und die native App geht, fallen lassen.*

### Wo werden die Daten gespeichert?

Exemplarisch für Safari auf dem Mac OS suchen wir unsere Datenbank. Im Benutzerverzeichnis gibt es das Unterverzeichnis Library. Dieses Verzeichnis ist immer ein guter Start, um benutzerspezifische Daten eines Programmes zu suchen. Dort finden wir prompt auch das Safari-Verzeichnis. Darin gibt es das Verzeichnis Databases und LocalStorage. Innerhalb des Databases-Verzeichnisses finden wir pro Domain ein Unterverzeichnis. Gehen wir in eines hinein, gibt es dort die *.db-Dateien, die wir mit einem Texteditor öffnen können:

```
1   SQLite format 3 @
2   , Ë ſ U Ö Ë A  !II Á%tablesqlite_sequencesqlite_sequence CREATE TABLE sqlite_sequence(name,se
3   tabletastingstastings CREATE TABLE tastings  (id INTEGER NOT NULL PRIMARY KEY AUTOINCREMEN
4   ≈ ≈9 m WebKitDatabaseVersionKey1.0   À À4 m WebKitDatabaseVersionKey
5   E E n à FÊ1A I
6       %%Á-20.7.2011Bruichladdich15Jfass_eichenfassneinnein mittelnormalSchloſweg 3, 69190 Wa
7       %%Á-20.7.2011Ardbeg17Jfass_eichenfassneinnein mittelnormalSchloſweg 3, 69190 Walldorf,
8       %%Á518.7.2011Miausdffass_eichenfassneinnein mittelnormalSchloſweg 1-3, 69190 Walldorf,
9       %%Á518.7.Á8 1A
10  I
11      %%e29.7.2011Bruichladdichfass_eichenfassneinnein mittelnormalPosition ermitteln....
12  Î Î - tastings
```

*Abb. 6–3*

*Datenbankdatei in Safari*

Wir sehen, dass es sich um eine SQLite-Datenbank handelt. In der Zeile 2 steht sogar der SQL-Befehl, um die Datenbanktabelle zu erstellen. Ab Zeile 6 erkennen wir die konkreten Einträge.
Die Datei ist also nicht verschlüsselt, deshalb gilt Vorsicht mit vertraulichen Daten!

## 6.1.2   Indexed DB

In diesem Abschnitt gebe ich kurz einen Einblick in die Indexed DB. Im Gegensatz zur Web-SQL-Datenbank ist sie ein Objektspeicher und keine relationale Datenbank! Dies bedeutet, dass es keine Tabelle mit Spalten gibt, sondern dass JavaScript-Objekte, die entsprechend vorher definiert werden müssen, abgelegt werden. Ein Index definiert dann, wie die Objekte wiedergefunden werden.

*Um es einfacher zu halten, werden wir ein Objekt definieren, das die GUID und das Objekt* wertung *enthält. Dies hat den Nachteil, dass nicht direkt nach anderen Merkmalen gesucht werden kann. Dafür bleibt das Beispiel übersichtlicher.*

Auch die Indexed DB ist asynchron und enthält Transaktionen. Der Ablauf ist derselbe wie bei einer Web SQL:

1. Datenbank öffnen
2. Objektspeicher erstellen
3. Daten hinzufügen, lesen und löschen

Beim Punkt 3 fehlt das Update. Das ist etwas anders: Wird ein Objekt hinzugefügt, dessen Key bereits existiert, wird es überschrieben. Somit braucht es kein Update.

Wir erstellen wieder ein `WhiskyDB`-Objekt. Im Konstruktor instanziieren wir das Objekt `indexedDB` mit den Parametern, um auf die Datenbank zuzugreifen:

```
/*********** DATABASE ************/
/** Whisky-DB-Zugriff
 */
var WhiskyDB = Class.extend({
   init : function() {
      this.shortName = 'Whisky';
      this.store = "wertungen";
      this.version = "2";

      console.log("Indexed DB");

      if ('webkitIndexedDB' in window) {
         window.IDBTransaction = window.webkitIDBTransaction;
         window.IDBKeyRange = window.webkitIDBKeyRange;
      }

      this.indexedDB = {};
      this.indexedDB.db = null;
      this.indexedDB.indexedDB = window.indexedDB ||
         window.webkitIndexedDB || window.mozIndexedDB;

      this.indexedDB.onerror = function(e) {
         WhiskyApp.gui.alert(e.massage);
      };
   },
```

In readWertungen() öffnen wir den Objektspeicher, und wenn es diesen nicht gibt, erstellen wir ihn:

```
/** Alle Wertungen lesen */
readWertungen : function() {
   // db öffnen
❶  var request = this.indexedDB.indexedDB.open(this.shortName,
                                                this.version);
   request.onsuccess = function(evt) {
      WhiskyApp.db.indexedDB.db = request.result;
❸     WhiskyApp.db.readObj();
   };

   request.onerror = function(evt) {
      alert("IndexedDB error: " + evt.target.errorCode);
   };

   // Wenn Version nicht mehr stimmt oder die DB
   // nicht vorhanden ist, dann Objekt erzeugen
   request.onupgradeneeded = function(evt) {
❷     var objectStore = evt.currentTarget.result.
         createObjectStore(this.store, {
         keyPath : "guid",
         autoIncrement : false
      });
   };
},
```

```
/** Alle Wertungen lesen */
readObj : function() {
   var array = new Array();
   var db = this.indexedDB.db;
❹ var trans = db.transaction([this.store],
                 IDBTransaction.READ_WRITE);
   var store = trans.objectStore(this.store);

   // Alle Wertungen lesen
   var keyRange = IDBKeyRange.lowerBound(0);
❺ var cursorRequest = store.openCursor(keyRange);

   cursorRequest.onsuccess = function(e) {
       var result = cursorRequest.result || e.result;

❻     if (result == undefined) {
           WhiskyApp.tastings.setWertungen(array);
       } else {
           array.push(result.value.data);
           result.continue();
       }
   };

   cursorRequest.onerror = this.indexedDB.onerror;
},
```

Bei ❶ öffnen wir den Objektspeicher. Sollte dieser nicht existieren, erzeugen wir den Store und geben an, welcher der Schlüssel ist ❷. Dann lesen wir alle Elemente in der Methode readObj() ❸. In dieser Methode starten wir die Transaktion ❹ und legen danach einen Cursor an ❺. Ein Cursor ist wie ein Iterator, der über die Elemente geht. Solange es Objekte gibt ❻, erzeugen wir eine Wertung und fügen diese im lokalen Array hinzu. Danach setzen wir das Array im Model.

Jetzt fehlen noch die Methoden für das Löschen und Hinzufügen sowie die Update-Methode des MVC-Patterns. Ein Objekt fügen wir mit der put()-Methode hinzu, und mit der delete()-Methode können wir ein bestimmtes Objekt löschen:

```
/** INSERT */
insertEntry : function(wertung) {
   var db = this.indexedDB.db;
   var trans = db.transaction([this.store],
               IDBTransaction.READ_WRITE);
   var store = trans.objectStore(this.store);

   var data = {
       "guid" : wertung.guid,
       "data" : wertung
   };
```

```
                var request = store.put(data);

                request.onerror = function(e) {
                   WhiskyApp.db.errorHandler(e);
                };
             },

             /** DELETE */
             delEntry : function(guid) {
                var db = this.indexedDB.db;
                var trans = db.transaction([this.store],
                              IDBTransaction.READ_WRITE);
                var store = trans.objectStore(this.store);
                var request = store.delete(guid);
                request.onsuccess = function(evt) {
                };
             },

             /** EDIT */
             editEntry : function(wertung) {
                // entspricht dem insert
                this.insertEntry(wertung);
             },

             /** DB aktualisieren */
             update : function(scope, data) {
                switch(data.crud) {// bei R nichts machen
                   case 'C':
                      this.insertEntry(data.obj);
                      break;
                   case 'U':
                      this.editEntry(data.obj);
                      break;
                   case 'D':
                      this.delEntry(data.obj.guid);
                      break;
                }
             }
          }
```

Die Initialisierung kann gleich erfolgen, da die Objekte gleich heißen. Jetzt fehlt uns noch die Unterscheidung zwischen Web SQL und der Indexed DB. Dies können wir mit der Modernizr-Bibliothek einfach in der index.html-Datei lösen, siehe auch Abschnitt 4.2. Wenn Web SQL nicht unterstützt wird, so wird die Indexed DB verwendet und die entsprechende JavaScript-Datei geladen:

*Listing 6–7*
*Dynamisches Laden*
*des korrekten*
*WhiskyDB-Objektes*

```
<script src="lib/modernizr.js"></script>

<script>                                    // DB
   if( Modernizr.websqldatabase )
      document.write('<script src="js/db.js">\x3C/script>');
   else
```

```
        document.write('<script src="js/dbIndexed.js">\x3C/script>');
</script>
<script src="js/location.js"></script>    <!-- Geolocation -->
<script src="js/model.js"></script>       <!-- Logik -->
<script src="js/controller.js"></script> <!-- Events -->
<script src="js/view.js"></script>        <!-- View -->
<script src="js/main.js"></script>        <!-- Main -->
```

*Anhand dieses Beispiels haben wir deutlich gesehen, dass eine gute Architektur das Lösen von Problemen vereinfacht.*

## 6.2   Die eigene Location ermitteln

Im HTML5-Standard wurde die JavaScript-API um Geolocation erweitert. Dazu dient das Objekt `navigator.geolocation`. Geolocation berechnet die Position aufgrund von GPS-Daten, sofern ein GPS-Gerät zur Verfügung steht, oder etwas ungenauer mithilfe von WiFi- und IP-Auswertungen. Viele Notebooks besitzen heutzutage ebenfalls einen GPS-Chip. Die Ortung muss in der Regel im Browser oder Betriebssystem erlaubt werden.

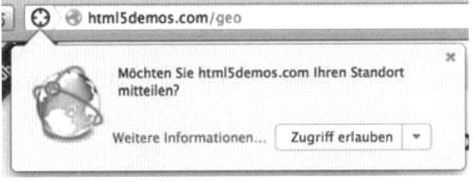

**Abb. 6–4**

*Nachfrage auf dem iPhone und dem Firefox*

In unserer Whisky-App soll der Ort der Degustation dargestellt werden:

*Abb. 6–5*

*Ort in der Whisky-App*

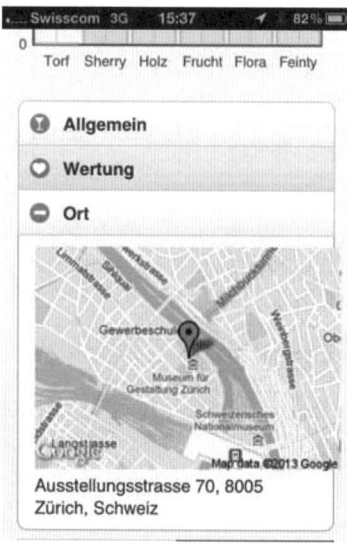

## 6.2.1    Das Geolocation-Objekt

Mit der Funktion `navigator.geolocation.getCurrentPosition()` kann die aktuelle Position ermittelt werden. War die Ermittlung erfolgreich, befinden sich die Koordinaten im Rückgabe-Objekt. Veränderungen der Position können mit den Funktionen `navigator.geolocation.watch-Position()` und `navigator.geolocation.clearWatch()` beobachtet werden.

Wie es vielleicht zu erwarten war, kapseln wir diese Funktion in einem eigenen Objekt und nennen es `Location`. Dazu legen wir auch eine eigene Datei `location.js` an, fügen sie in der `index.html`-Datei hinzu und instanziieren sie im Main. Da hier für das Testen Konsolen-Ausgaben hilfreich sein können, definieren wir eine Variable `debug` und prüfen vor jeder Ausgabe, ob sie true ist. Bei `false` handelt es sich um den produktiven Einsatz und wir machen keine Konsolen-Ausgaben:

```
var WhiskyApp = {
    tastings: new Tastings(),
    controller: new WhiskyAppController(),
    gui: new WhiskyView(),
    tablet: false,
    db: new WhiskyDB(),
    locAPI: new Location(),
    debug: true
}
```

```
// Observer auf Tastings
WhiskyApp.tastings.addObserver(WhiskyApp.gui, "update");
WhiskyApp.tastings.addObserver(WhiskyApp.db, "update");
WhiskyApp.db.readWertungen();

// Observer auf Geolocation
WhiskyApp.locAPI.addObserver(WhiskyApp.gui, "location_update");
```

Nun zu unserem Location-Objekt. Da die Positionsermittlung asynchron erfolgt und bei der erstmaligen Ermittlung länger dauern kann, leiten wir das Objekt vom Observer ab. Wenn die Position ermittelt wurde, rufen wir notify() auf und aktualisieren auf der View die Ausgabe. Deshalb wurde die addOvserver()-Methode im Main positioniert. Wieder haben wir eine elegante Anwendung für unser MVC-Pattern.

Jetzt stellt sich noch die Frage, wann wir die Position ermitteln. Wir dürfen ja die Position einer bestehenden Wertung nicht überschreiben. Ich schlage vor, dass wir jedes Mal, wenn wir eine neue Wertung *anlegen*, die Position ermitteln (start()). Dazu merken wir uns die GUID der neuen Wertung. Wenn die Position ermittelt wurde, prüft die View zuerst, ob diese neue Wertung noch aktiv ist oder bereits eine andere dargestellt wird (der Anwender kann ja schneller sein als die Ortung...). Im ersten Fall aktualisieren wir die Anzeige und das Wertungs-Objekt, im zweiten Fall eben nicht.

Sie merken es, diese einfache Funktion bringt viele neue Konzepte und benötigt an verschiedenen Stellen Eingriffe. Aber beginnen wir mit dem Location-Objekt. In der init()-Methode definieren wir ein Objekt, das alle wichtigen Werte speichert. In der Datenbank speichern wir ebenfalls dieses Objekt. Als UML-Diagramm ergibt das nachfolgendes Objekt:

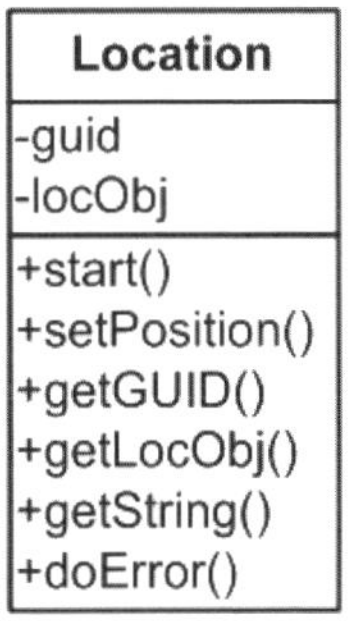

| Location |
| --- |
| -guid |
| -locObj |
| +start() |
| +setPosition() |
| +getGUID() |
| +getLocObj() |
| +getString() |
| +doError() |

*Abb. 6–6*

*Location-Objekt*

Als Programmcode:

*Listing 6–8*

*Location-Objekt*

```
/** ********* LOCATION API *********** */
var Location = Observer.extend({
    init : function() {
        this._super();
        this.guid = "";
        this.locObj = {};
        this.locObj.adresse = "";
        this.locObj.pos = "";
        this.locObj.altitude = "";
        this.locObj.state = "";
        this.locObj.string = "";
    },

    /** Startet eine Ermittlung erneut */
    start : function(guid) {
        var that = this;
        that.guid = guid; // Die aktuelle GUID der Wertung

        var options = {
            maximumAge : 30000 // max. Alter der Position in ms
        };

        this.locObj.state = "Position ermitteln....";
        navigator.geolocation.getCurrentPosition(function(position)
        {
            that.setPosition(position);
        }, function(error) {
            that.doError(error);
        }, options);
    },

    /** Setzt die aktuelle Position (Koordinaten) und
        ermittelt dazu die Adresse */
    setPosition : function(position) {
        this.locObj.pos =   position.coords.latitude + "," +
                            position.coords.longitude;
        this.locObj.altitude = position.coords.altitude;
        this.notify();

        if ( typeof google != "undefined") {
            var latlng = new google.maps.LatLng(
                position.coords.latitude, position.coords.longitude);
            var geocoder = new google.maps.Geocoder();
            var that = this;

            geocoder.geocode({
                'latLng' : latlng
            }, function(results, status) {
                if (status == google.maps.GeocoderStatus.OK) {
                    if (results[0]) {
```

❶ ❷ ❸ ❹

```
                  that.locObj.adresse =
                                  results[0].formatted_address;
                  that.notify();
              }
          }
      });
   }
},

/** Gibt die GUID der Wertung zurück */
getGUID : function() {
   return this.guid;
},

/** Gibt das LocObj zurück. */
getLocObj : function() {
   this.locObj.string = this.getString();
   return this.locObj;
},

/** Gibt die ermittelte Adresse zurück, wenn vorhanden, sonst
 * die Koordinaten. Und wenn diese auch nicht vorhanden sind,
 * dann den Status. */
getString : function() {
   if (this.locObj.adresse == "") { // keine Adresse
      if (this.locObj.pos == "")
         return this.locObj.state;
      else {
         if (this.altitude != null)
            return Math.round(this.locObj.altitude * 10) / 10
                            + "m";
         else
            return this.locObj.pos;
      }
   } else {
      if (this.altitude != null)
         return this.locObj.adresse + " - " +
            Math.round(this.locObj.altitude * 10) / 10 + "m";
      else
         return this.locObj.adresse;
   }
},

/** Fehler der Ermittlung. */
doError : function(error) {
   switch (error.code) {
      case error.PERMISSION_DENIED:
         this.locObj.state = "Sie haben keine Berechtigung
                            für Geolocation gegeben.";
         break;
```

```
case error.POSITION_UNAVAILABLE:
    this.locObj.state = "Kann aktuelle Position
                         nicht finden.";
    break;

case error.TIMEOUT:
    this.locObj.state = "Time-Out";
    break;

default:
    this.locObj.state = "Unbekannter Fehler";
    break;
    }

    // Im Debug-Modus ausgeben
    if (WhiskyApp.debug)
        console.log(this.locObj.state);
    }
});
```

Im Konstruktor prüfen wir, ob Geolocation unterstützt wird. Wenn ja, dann akzeptieren wir auch eine »alte« Position, die nicht älter als 30 Sekunden ist (um den Akku zu schonen). Hier die möglichen Parameter für die Geolocation:

- timeout (long): maximale Dauer für die Positionsermittlung in Millisekunden
- maximumAge (long): maximales Alter der letzten Positionsermittlung in Millisekunden. Da eine Positionsermittlung mit dem GPS-Chip Energie benötigt, ist gegebenenfalls eine ältere Position noch akzeptabel.
- enableHighAccuracy (boolean): Bei true wird die bestmögliche Auflösung der Positionsermittlung verwendet, also in der Regel mit dem GPS-Chip. Schneller ist eine einfache Positionsermittlung mithilfe von Wifi und dessen IP-Adresse oder der Position vom Mobilfunknetz (wird je nach Anbieter unterstützt).

Bei ❷ wird mit der Methode

```
navigator.geolocation.getCurrentPosition(function(position){...
}, function(error) {...}, options);
```

die Position ermittelt. Im Erfolgsfall wird die Methode setPosition() (1. Parameter) aufgerufen, im Fehlerfall oder einem Timeout die doError()-Methode (2. Parameter).

In der setPosition()-Methode ❸ werden die Koordinaten ausgelesen und der Observer informiert, dass die Position ermittelt wurde. Das Objekt liefert, sofern die Hardware dies unterstützt, folgende Informationen:

- position.timestamp: Zeitpunkt der Ermittlung
- position.coords.latitude: geografische Koordinate gemäß WGS84 (World Geodic System), dezimal in Grad
- position.coords.longitude: geografische Koordinate gemäß WGS84 (World Geodic System), dezimal in Grad
- position.coords.accuracy: Genauigkeit der Koordinaten in Meter
- position.coords.altitude: Höhe in Metern. Wenn dies nicht ermittelt werden kann, dann null.
- position.coords.altitudeAccuracy: Genauigkeit der Höhe in Meter
- position.coords.speed: die aktuelle Geschwindigkeit in Meter pro Sekunde. Wenn dies nicht ermittelt werden kann, dann null.
- position.coords.heading: Grad der Fahrtrichtung vom wahren Norden im Uhrzeigersinn. Wenn dies nicht ermittelt werden kann, dann null.

Für den Benutzer unserer App wäre jedoch die aktuelle Adresse interessanter. Anhand von Koordinaten eine Adresse zu ermitteln, wird auch *Reverse Geocoding* genannt. Google (und auch andere) bietet einen solchen Dienst mit der Google-Maps-API an. Damit dies läuft, müssen wir neben unserer JavaScript-Datei location.js auch das Google-API in der index.html-Datei einbinden:

```
<script src="http://maps.google.com/maps/api/js?sensor=true">
</script>
```

Führen wir also nach dem Zwischenspeichern der Koordinaten die Adressermittlung aus ❹. Wurde die Google-Maps-API erfolgreich geladen, so haben wir das Objekt google zur Verfügung. Mit dem Objekt google.maps.LatLng erzeugen wir ein Google-Objekt mit den Koordinaten und legen ein neues Objekt new google.maps.Geocoder() für die Adressermittlung an. Dieses Objekt bietet die Methode geocode(Koordinaten, Resultat) an, der wir die Koordinaten und eine Callback-Funktion übergeben. Darin speichern wir die Adresse und informieren den Observer, dass sich etwas geändert hat.

## 6.2.2   Anpassungen an der View

In der View müssen wir in den Details der Wertung den Ort darstellen. Der Ort kann ebenfalls mit der Google-Maps-API als Karte angefordert werden. Diesen Aufruf werden wir in der View machen. Auf einer neuen Zeile folgt dann die Adresse, die wir mithilfe eines div-Elements als Platzhalter in der HTML-Struktur einfügen:

Listing 6–9
*Ort-Definition im HTML*

```html
<div data-role="collapsible" data-collapsed="true"
     data-collapsed-icon="flag"  data-content-theme="c">
  <h3>Ort</h3>
  <div data-role="ort" id="adr">
    <br />
    <div id="adresse"></div>
  </div>
</div>
```

In der view.js-Datei implementieren wir die Methode location_update():

Listing 6–10
*Erzeugen der Ortsangabe
mit Google Maps*

```js
/** Geolocation-Update */
location_update : function(scope, data) {
❶    if(scope.getGUID() == WhiskyApp.controller.getGUID()) {
❷    var locObj = scope.getLocObj();
❸    WhiskyApp.controller.setOrt(locObj);
❹    this.setLocation(locObj);
     }
},

setLocation : function(ort) {
❺ $('#adresse').text(ort.string);
❻ $('#adrimg').remove();
❼    if( navigator.onLine )
❽        $('#adr').prepend('<img
          src="https://maps.googleapis.com/maps/api/staticmap?
          center='+ort.pos+'&amp;zoom=14&amp;size=280x200&amp;
          markers='+ort.pos+'&amp;sensor=false" height="200"
          width="280" id="adrimg" />');
}
```

Bei der Zeile ❶ prüfen wir, ob die neue Wertung, zu der die Position ermittelt werden musste, noch aktiv ist. Ansonsten überschreiben wir keine Position. In der Zeile ❷ holen wir unser Positions-Objekt und setzen es bei ❸ im Controller. Weshalb? Nun, wir müssen dieses ja noch speichern. Da der Controller dessen Management übernimmt, müssen wir ihm das Objekt auch zugänglich machen. Umgekehrt muss der Controller auch Positionen von gelesenen Wertungen anzeigen. Deshalb lagern wir die eigentliche Darstellung in eine separate Methode aus ❹. Dort setzen wir die Adresse ❺. In Zeile ❻ löschen wir das Image von Google Maps (wenn bereits vorhanden) und prüfen, ob wir online sind ❼. Dies funktioniert nicht in allen Browsern, aber auf dem Mobile Device ist dies möglich. Wenn wir online sind, fordern wir eine *Static-Map* an ❽. Unsere Position soll in der Mitte sein (center='+ort.pos+'), der Zoom-Faktor 14 (zoom=14) und die Bildgröße 280 × 200 Pixel (size=280x200). Somit passt das Bild perfekt auf ein Smartphone. Nun fehlt noch der Marker. Dieser kann mit dem Parameter markers positioniert werden: markers='+ort.pos+'. Der Vorteil dieser *Static-Map* ist, dass wir ein fixes Bild erhalten, das in jedem Browser dargestellt werden kann. Sollte mehr Funktionalität gefordert werden, empfehle ich, einen Link auf die native App des Systems zu erstellen: `http://maps.google.com/maps?q=position`.

---

**Spezielle Links**

Die mobilen Browser werten jeweils das `href`-Attribut aus und entscheiden, ob es sich um einen Link im Browser oder einen Link auf eine App handelt. Nebst dem »Google-Link« gibt es weitere spezielle Links:

Telefon: href="tel:0441231212"

SMS: href="sms:0791231212"

Mail: href="mailto:name@domain.ch?subject=Anfrage&body=Hallo"

---

### 6.2.3 Anpassungen im Controller

Bei der Darstellung einer Wertung müssen wir auch die Darstellung der Position anstoßen. Dies erfolgt ja in der `refreshWertung()`-Methode:

```
/** Aktualisiert Wertungs-Page
 */
function refreshWertung() {
    // Zuweisungen
    $('#date').val(actWertung.date);
    ...
    $('#kommentar').val(actWertung.kommentar);

    var ort = actWertung.ort;
    if( ort == "" ) {
        $('#adresse').text("");
        $('#adrimg').remove();
    }
    else {
        WhiskyApp.gui.setLocation(ort);
    }
}
```

Wenn es keine Informationen gibt, löschen wir den Text und das Bild. Ansonsten rufen wir in der View die Methode `setLocation()` auf.

Eigentlich wäre es das gewesen – wenn wir die Position nicht speichern wollen. Aber genau das ist ja der Sinn der Sache. Also fügen wir im Controller die öffentlichen Methoden für das Setzen des Ortes ein und lesen die GUID ein:

```
return {
  initialize : function() {
    ...
    getGUID : function() {
      return actWertung.guid;
    },
    setOrt : function(locObj) {
      actWertung.ort = locObj;
    }
  }
}
```

Im Model speichern wir in der Variable ort das locObj-Objekt, das eine Ansammlung von Variablen ist. Um es in einer relationalen Datenbank korrekt zu speichern, müssen wir es umwandeln in einen Text. Diese Umwandlung kann mithilfe von JSON erfolgen.

---

**JSON (JavaScript Object Notation)**

JSON ist ein schlankes Datenaustauschformat, das für Menschen einfach zu lesen und zu schreiben und für Maschinen einfach zu parsen und zu generieren ist. Es basiert auf einer Untermenge der JavaScript-Programmiersprache und ist komplett unabhängig von Programmiersprachen. Es baut im Textformat Namen-Werte-Paare auf, die als eine geordnete Liste von Werten eingefügt werden können. Das folgende Objekt sieht JSON-formatiert so aus:

```
WhiskyAppConfig = {
  debug: true,
  tablet: false
};
{"debug":true,"tablet":false}
```

Der JSON-String kann mit der Methode JSON.stringify(WhiskyAppConfig); erzeugt werden und mit der Methode JSON.parse(string); geparst und in ein Objekt umgewandelt werden. Tiefe Strukturen sind mit JSON ebenfalls möglich.

---

Passen wir dazu das Datenbankobjekt an, um die Art der Speicherung gegenüber dem Model transparent zu halten:

*Listing 6–11*

*Speichern und Lesen von Objekten mithilfe von JSON*

```
/** Whisky-DB-Zugriff */
var WhiskyDB = Class.extend({
  ...
  /** Alle Wertungen lesen */
  readWertungen : function() {
    var array = new Array();
    this.db.transaction( function(transaction) {
      transaction.executeSql( 'SELECT * FROM wertungen
                               ORDER BY distillery;',[] ,
      function (transaction, result) {
```

```
               for (var i=0; i < result.rows.length; i++) {
                  var row = result.rows.item(i);
                  var ort = "";
                  // Wertung erzeugen
                  try {
                     ort = JSON.parse(row.ort);
                  } catch(e) {}
                  var wertung = new Wertung(...);
                  array.push(wertung);
               }
               // Alle Wertungen dem Model übergeben
               WhiskyApp.tastings.setWertungen(array);
            }, WhiskyApp.db.errorHandler );
         }, WhiskyApp.db.trErrorHandler );
      },

      /** INSERT */
      insertEntry : function(wertung) {
         // Ort in der DB als JSON Objekt
         var ort = "";
         try {
            ort = JSON.stringify(wertung.ort);
         } catch(e) {}

         this.db.transaction( function(transaction) {
            transaction.executeSql(...);
         }, WhiskyApp.db.trErrorHandler );
      },
      ...
   });
```

Sollte die Umwandlung zu oder von einem JSON-Objekt nicht funktionieren, so wird eine Exception geworfen. Diese fangen wir auf und
lassen dann den Ort leer.

### 6.2.4   Fortlaufende Beobachtung

Wir haben die einmalige Positionierung kennengelernt. Es gibt auch
die Möglichkeit, die Position zu überwachen. Immer wenn der Benutzer die Position geändert hat, ruft der Browser die mitgegebene Callback-Methode auf. Dieser Mechanismus kann mit der Methode

```
var id = navigator.geolocation.watchPosition(function(pos) {
... }
```

gestartet und mit der Methode

```
navigator.geolocation.clearWatch(id);
```

gestoppt werden.

*Einer der Entwickler findet auf der Homepage http://www.movable-type.co.uk/scripts/latlong.html die Berechnung der Distanz zwischen zwei Koordinaten. Kombiniert mit den zwei Methoden von oben, schreibt er sich eine kleine Webseite, die ihm fortlaufend die zurückgelegte Distanz berechnet. Klar, dass heute alle Mitarbeiter beim Nach-Hause-Gehen auf das Smartphone schauen werden ... Hier sehen Sie seinen Code:*

*Listing 6–12*
*Fortlaufende*
*Distanzberechnung*

```
<!DOCTYPE html>
<html>
  <head>
    <meta charset="utf-8">
    <meta name="viewport" content="width=device-width,
                                    initial-scale=1">
    <title>Geolocation</title>
    <link rel="stylesheet" href="jquery.mobile.min.css" />
    <script src="jquery.min.js"></script>
    <script src="jquery.mobile.min.js"></script>
  </head>

  </head>
  <body>
    <div data-role="page">
      <div data-role="header" data-position="fixed" >
        <h1>Distanz</h1>
      </div>
      <div data-role="content">
        <p>
          Start: <span id="startLat"></span>&deg; /
                 <span id="startLon"></span>&deg;
        </p>
        <p>
          Aktuell: <span id="actLat"></span>&deg; /
                   <span id="actLon"></span>&deg;
        </p>
        <p>
          Distanz: <span id="dist"></span>km
        </p>
        <p>
          <button id="stop">Stop</button>
        </p>
      </div>
    </div>
    <script>
      window.onload = function() {
        var startPos;

        if (navigator.geolocation) {
          // Wenn Geolocation unterstützt wird
          // einmalig die Position als Start-Position
          // ermitteln
```

```
      navigator.geolocation.getCurrentPosition(
      function(pos) {
         startPos = pos.coords;
         $('#startLat').html(startPos.latitude);
         $('#startLon').html(startPos.longitude);
      }, function(error) {
         alert("Error code: " + error.code);
      });

      // Nun die Position überwachen und aktualisieren
      var id = navigator.geolocation.watchPosition(
      function(pos) {
         var actPos = pos.coords;
         $('#actLat').html(actPos.latitude);
         $('#actLon').html(actPos.longitude);
         $('#dist').html(
         calculateDistance(startPos.latitude,
          startPos.longitude, actPos.latitude,
          actPos.longitude) );
      });

      $('#stop').click(
      function() {
         navigator.geolocation.clearWatch(id);
      });
   }
};

// Distanz berechnen
// copyright Moveable Type Scripts
// http://www.movable-type.co.uk/scripts/latlong.html
// Under Creative Commons License
function calculateDistance(lat1, lon1, lat2, lon2) {
   var R = 6371; // km
   var dLat = (lat2 - lat1).toRad();
   var dLon = (lon2 - lon1).toRad();
   var a = Math.sin(dLat / 2) * Math.sin(dLat / 2) +
           Math.cos(lat1.toRad()) *
           Math.cos(lat2.toRad()) * Math.sin(dLon / 2) *
           Math.sin(dLon / 2);
   var c = 2 * Math.atan2(Math.sqrt(a),
           Math.sqrt(1 - a));
   var d = R * c;
   return d;
}

Number.prototype.toRad = function() {
   return this * Math.PI / 180;
}
      </script>
   </body>
</html>
```

Die Ausgabe sieht so aus:

**Abb. 6–7**

*Distanzberechnung*

*in Aktion*

### 6.2.5    Unterstützung

Die Geolocation-API wird von folgenden Browsern unterstützt:

- Internet Explorer ab Version 9
- Firefox ab 3.5
- Safari ab 5.0
- Mobile Safari ab 3.0
- Chrome ab 5.0
- Android ab 2.0
- Opera 10.6
- Opera Mobile ab 10.1
- Windows Phone 7.0
- Blackberry 6.0

## 6.3    Diagramme zeichnen

*Die sechs Wertungen sollen in einem Diagramm grafisch dargestellt werden. Herr Weber erklärt, dass es in HTML5 einen Standard für Vektorgrafiken (SVG[2], Scalable Vector Graphics) und einen für Pixelzeichnungen (Canvas[3]) gibt. Dazu existieren auf dem Markt zahlreiche Bücher. SVG-Grafiken haben den Vorteil, dass sie skalierbar sind. Sie*

---

2.   *http://de.wikipedia.org/wiki/Scalable_Vector_Graphics*
3.   *http://de.wikipedia.org/wiki/Canvas_%28HTML-Element%29*

*werden mit XML beschrieben und oft aus Autoren-Tools erzeugt. Für Animationen oder Grafiken, die mit JavaScript erzeugt werden, eignet sich Canvas. Es gibt unzählige Bibliotheken, die einen Spezialfall implementieren, z.B. Flot für Diagrammgrafiken. Wir verwenden deshalb Canvas beziehungsweise die Bibliothek Flot.*

### 6.3.1  Canvas

Mit dem canvas-Element wird im HTML der Zeichnungsbereich festgelegt. Es unterstützt die üblichen Attribute wie id, width und height. Im folgenden Beispiel zeichnen wir einen Kreis:

```
<!DOCTYPE html>
<html>
    <head>
        <title>Canvas</title>
    </head>

    </head>
    <body>
        <canvas id="canvas" width="200" height="100"></canvas>

        <script>
            window.onload = function() {
❶              var c = document.getElementById("canvas");
❷              var ctx = c.getContext("2d");
❸              ctx.beginPath();
❹              ctx.arc(95, 50, 40, 0, 2 * Math.PI);
❺              ctx.stroke();
            }
        </script>
    </body>
</html>
```

*Listing 6–13*

*Canvas-Kreis*

Im Script-Bereich ermitteln wir als Erstes ❶ das Canvas-Element, auf dem wir zeichnen wollen. In der Zeile ❷ holen wir unseren Context. Dieses Objekt enthält Zeichnungselemente wie Linien, Texte, Kreise etc. Dann starten wir unser Polynom ❸ und zeichnen einen Kreis an den gegebenen Koordinaten ❹. Der Null-Punkt befindet sich oben links und ist nach rechts und unten positiv:

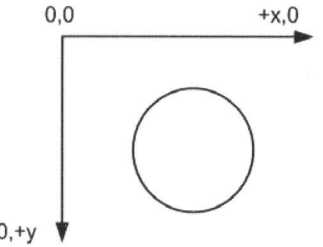

*Abb. 6–8*

*Canvas-Koordinaten-System*

Mit der Methode `stroke()` stellen wir alles seit `beginPath()` dar. Die Bildschirmausgabe sieht wie folgt aus:

**Abb. 6–9**

*Kreis mit Canvas*

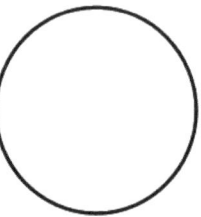

Mit einem Rechtsklick auf die Canvas-Grafik kann sie als Grafik gespeichert werden.

*Den Entwicklern ist der Unterschied zu SVG nicht ganz klar. Herr Weber zeigt daher ein Beispiel, das ein blau gefülltes Rechteck mit einem roten Rand erzeugt:*

```
<svg xmlns="http://www.w3.org/2000/svg"
  xmlns:xlink="http://www.w3.org/1999/xlink">
  <rect x="10" y="10" height="100" width="100"
    style="stroke:#ff0000; fill: #0000ff"/>
</svg>
```

Hier die beiden Methoden im Vergleich:

**Tab. 6–1**

*Canvas und SVG im Vergleich*

| Canvas | SVG |
| --- | --- |
| Canvas ist Pixel-basiert und daher für das Zeichnen von Grafiken geeignet. | SVG beschreibt Vektorgrafiken, ist also unabhängig von der Auflösung und damit einfacher zu skalieren. |
| Wird aus dem JavaScript heraus mit Methoden gezeichnet. | Wird mit XML definiert. |
| Canvas-Grafiken sind eigenständige Grafiken und können auch in einem Grafikformat kopiert und gespeichert werden. | Das SVG-XML ist im DOM ersichtlich. |
| Die Schnelligkeit von Canvas ist geeignet für Games und Animationen. | Animationen sind in SVG auch möglich, gelten aber als langsam. |

*Dies war eine ganz kleine Einführung, die den Umgang mit Canvas demonstrieren sollte. Im Folgenden wird Herr Weber auf die Bibliothek Flot eingehen, die auf Canvas aufsetzt.*

## 6.3.2    Browser-Unterstützung

Canvas wird ohne Plug-in ab folgenden Browser-Versionen unterstützt:

- Internet Explorer ab Version 9
- Firefox ab 3.6
- Safari ab 3.2
- Mobile Safari ab 3.2
- Chrome ab 14.0
- Android ab 2.2
- Opera 11
- Opera Mobile ab 10.0
- Blackberry 6.0

## 6.3.3    Flot

Flot[4], die JavaScript Plotting Library, ist eine leistungsstarke[5] Bibliothek für das Zeichnen von Diagrammen. Die folgende Abbildung
stammt aus der Dokumentation der Hersteller:

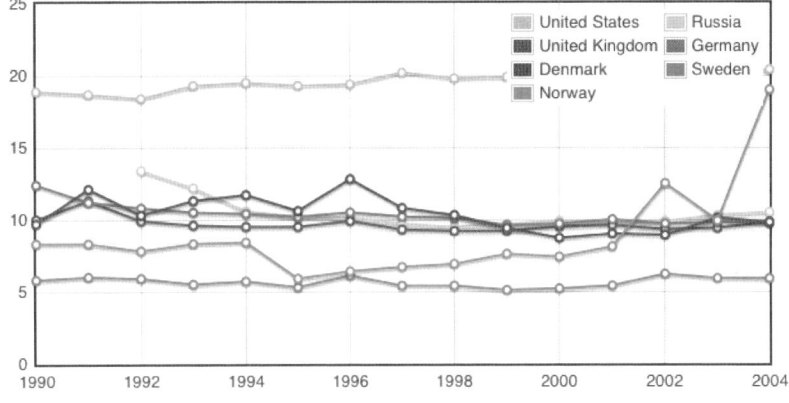

*Abb. 6–10*

*Flot-Diagramme*

Wir möchten die Bewertung der sechs Eindrücke bei der Verkostung
als Balkendiagramm darstellen:

---

4.   *http://www.flotcharts.org/*
5.   Ich persönlich vermisse einzig die Spider-Diagramme...

*Abb. 6-11*

*Flot in der Whisky-App*

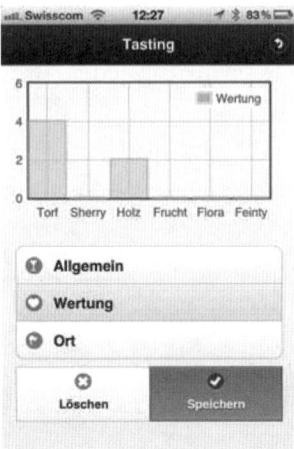

Dazu binden wir als Erstes das jQuery-Flot-Plug-in in der index.html-Datei ein:

```
<script src="lib/jquery.flot.js"></script>
```

Als Nächstes definieren wir oberhalb des Eingabebereichs einen Bereich für das Diagramm in der Breite eines Smartphones:

```
<div data-role="content">
   <div id="whiskydetail">
     <!-- Diagramm -->
     <div id="chart" style="width: 280px; height: 150px"></div>
     <!-- Eingabe-Elemente -->
     <div data-role="collapsible-set">
```

Soweit haben wir die View vorbereitet. Wenn der Benutzer die Wertung ändert, werden wir das Diagramm fortlaufend aktualisieren. Dazu müssen wir weitere Event-Listener auf die Slider registrieren. Es gibt den virtuellen Event change, der aufgerufen wird, wenn der Benutzer auf irgendeine Art den Wert ändert:

*Listing 6-14*

*Slider-Events*

```
· Controller */
· WhiskyAppController = function() {
   ...
   /** Slider-Events registrieren */
   function addSliderEvents()
   {
     // Slider-Events registrieren
     $('#torf').bind('change', plotUpdate);
     $('#sherry').bind('change', plotUpdate);
     $('#holz').bind('change', plotUpdate);
     $('#frucht').bind('change', plotUpdate);
     $('#flora').bind('change', plotUpdate);
     $('#feinty').bind('change', plotUpdate);
   }
```

```
    return {
        initialize : function() {
            ...
            // Slider-Events
            addSliderEvents();
        },
        ...
    };
}
```

Wie Sie sehen, habe ich eine eigene Methode für die Event-Registrierung erstellt. Sie ahnen es wahrscheinlich: Wir werden das irgendwo
nochmals brauchen – wir kommen gleich dazu. Im Event verwenden
wir die Methode plotUpdate(). Darin zeichnen wir das Diagramm neu:

```
/** Diagramm aktualisieren */
function plotUpdate() {
❶ var options = {
❷     series : {
            stack : 0,
            lines : {
                show : false,
                steps : false
            },
            bars : {
                show : true,
                barWidth : 0.9,
                align : 'center'
            }
        },
❸     xaxis : {
            ticks : [[1, 'Torf'], [2, 'Sherry'], [3, 'Holz'],
                    [4, 'Frucht'], [5, 'Flora'], [6, 'Feinty']]
        },
        yaxis : {
            min : 0,
            max : 6
        }
    };

❹ if($('#name').val() != "") {
        var data = [{
            label : "Wertung",
            data : [[1, $('#torf').val()], [2, $('#sherry').val()],
                    [3, $('#holz').val()], [4, $('#frucht').val()],
                    [5, $('#flora').val()], [6, $('#feinty').val()]]
        }];
    } else {
        var data = [{
            label : "Wertung",
            data : [[1, 0], [2, 0], [3, 0], [4, 0], [5, 0], [6, 0]]
        }];
```

*Listing 6–15*

*Diagramm der Wertung
mit Flot darstellen*

```
    }
❺ $.plot($("#chart"), data, options);
}
```

Bei der Zeile ❺ stellen wir das Diagramm dar. Wir sehen dort drei Parameter: die Element-ID des reservierten Bereichs, die Daten selbst und die Optionen. Die Daten erzeugen wir unter ❹: Wir geben dort die Beschriftung an sowie die effektiven Werte mit dem Array data. Sollte der Benutzer keine Wertung vorgenommen haben, stellen wir die Balken mit einer Länge von 0 dar. Bei den Optionen ❶ definieren wir das Aussehen: den Diagramm-Typ sowie die x- und y-Achse. Bei ❷ wählen wir das Balkendiagramm bar aus. Ohne diese Deklaration wäre es ein Liniendiagramm. Unter ❸ beschreiben wir die Achsen: Wir geben den Wertebereich an und legen fest, wie die einzelnen Balken heißen.

Damit das Diagramm auch dargestellt wird, wenn wir eine Wertung ansehen wollen, müssen wir plotUpdate() in der edit()-Methode aufrufen. Da wir dort aber alle Werte setzen, werden auch die change-Events aufgerufen, was unnötige Rechenleistung verbraucht. Deshalb löschen wir zuerst alle Events der Slider und registrieren sie nach der Darstellung wieder neu:

```
/** Wertung darstellen zum Editieren
 * Quelle: whisky-home
 * Ziel: whisky-details */
function edit(guid) {
    $.mobile.silentScroll();

    // Aktuelle Wertung merken
    if( guid != undefined )
        actWertung = WhiskyApp.tastings.getWertungByID(guid);

    // Page wechseln
    if( WhiskyApp.tablet == false )
        $.mobile.changePage("#whisky-details",
                { transition: "slidedown" } );

    // Alle Events löschen
    $('#torf').unbind('change');
    $('#sherry').unbind('change');
    $('#holz').unbind('change');
    $('#frucht').unbind('change');
    $('#flora').unbind('change');
    $('#feinty').unbind('change');

    // Werte setzen
    refreshWertung();
    valid.validate();

    addSliderEvents();
    plotUpdate();
}
```

*Die Entwickler sind von Canvas fasziniert. Das wird sicher nicht das letzte Projekt mit Canvas sein...*

## 6.4   Offline gehen

*Die Whisky-App soll auch im Ausland oder in Lokalen ohne (guten) Internet-Zugang verwendbar sein. Im Ausland würde die App aber unnötige und teure Roaming-Gebühren verursachen. Dies möchte die Spirit AG verhindern. Ein anderes Problem ist, dass viel Ladezeit und Traffic für die verschiedenen Bibliotheken verbraucht werden. Das ist eigentlich schade, ändern die sich doch nicht bei jedem erneuten Start. Die Lösung in HTML5 heißt offline respektive Caching. Das geht auch mit Firefox und Co. auf dem Notebook bzw. PC! Aber wie?*

### 6.4.1   Caching

Die Funktionalität zur Unterstützung von offlinefähigen Webanwendungen in der HTML5-Spezifikation ist die *Offline Application Caching API*. Ein Application Cache ist ein Set von gecachten Ressourcen, die durch URLs identifiziert werden. Diese werden in einer Manifest-Datei aufgelistet. Um das Caching einer Seite zu ermöglichen, muss im HTML-Element das Attribut manifest mit dem Pfad einer Manifest-Datei angegeben werden:

```
<!DOCTYPE HTML>
<html manifest="/cache.manifest">
    <body>
    ...
    </body>
</html>
```

> **Mimetype**
>
> Der Mimetype auf dem Server muss für die Manifest-Dateien entsprechend gesetzt werden: text/cache-manifest.
>     Wird dies unterlassen, so wird das Caching nicht funktionieren – ein häufiges Problem!

Wie funktioniert das Caching? Ruft der Anwender eine Seite auf, für die ein Cache definiert wurde, versucht der Browser diesen zu aktualisieren. Er lädt sich zunächst eine Kopie des Manifests und lädt alle Ressourcen in den Cache. Wird die Seite erneut aufgerufen, überprüft er, ob sich das Manifest verändert hat. Falls ja, werden alle Ressourcen erneut heruntergeladen. Der Cache wird nicht aktualisiert, wenn sich nur Dateien, die darin eingetragen sind, verändert haben.

> **Cache-Update**
>
> Um ein Update zu erzwingen, muss also der Inhalt der Manifest-Datei verändert werden. Dies kann zum Beispiel mit einer Versionsnummer im Kommentar gelöst werden, die entsprechend hochgezählt wird.

Die Manifest-Datei ist folgendermaßen aufgebaut:

*Listing 6–16*
*Beispiel einer*
*Manifest-Datei*

```
CACHE MANIFEST
index.html
stylesheet.css
images/logo.png
scripts/misc.js

NETWORK:
search.php
login.php

FALLBACK:
images/dynamic.php static_image.png
```

Sie muss immer mit CACHE MANIFEST beginnen und besteht aus folgenden Bereichen:

- Unter CACHE folgen alle Dateien, die gecacht werden können. Wenn die Dateien direkt nach CACHE MANIFEST folgen, kann das Key-Wort weggelassen werden.
- Unter NETWORK werden Ressourcen aufgelistet, die nie gecacht werden dürfen und immer eine Verbindung zum Server benötigen. Falls der Benutzer nicht online ist, soll der Browser keine gecachte Version dieser Dateien benutzen.
- Nach dem Schlüsselwort FALLBACK werden Ressourcen angegeben, die geladen werden sollen, wenn eine Ressource nicht geladen werden konnte. Jede Zeile unter Fallback besteht also aus zwei URIs. Die zweite URI ist dabei eine URI, die der Browser benutzen soll, wenn die Datei unter der ersten URI nicht gefunden werden kann. Im Beispiel soll ein statisches Bild geladen werden, falls die Daten unter images/dynamic.php nicht geladen werden kann.
- Alle Zeilen, die mit # beginnen, werden als Kommentar betrachtet.

HTML5 definiert auch eine API, um Veränderungen am Cache manuell herbeizuführen. Diese umfasst verschiedene Methoden zum Abfragen des Online/Offline-Status, zum manuellen Aktualisieren oder Leeren des Cache und die Möglichkeit, Event-Listener zu registrieren, um auf verschiedene Cache-Events zu reagieren. Das programmatische Hinzufügen und Entfernen von Ressourcen, die gecacht werden sollen, ist aktuell noch nicht möglich. Das Objekt `window.applicationCache` ermöglicht den Zugriff auf den Cache des aktiven Fensters. Mit der Methode `window.applicationCache.update()` kann er im Hintergrund aktualisiert werden.

> **Hinweis**
>
> Wenn der Benutzer den Cache des Browsers löscht, so wird auch der Inhalt dieser Web-App gelöscht.

### 6.4.2   Dynamische Manifest-Datei

Für größere Projekte ist es mühsam, die Manifest-Datei von Hand zu erstellen und zu pflegen. Viel cleverer wäre es doch, wenn die Datei dynamisch auf dem Server erzeugt würde. Folgender PHP-Code von Nial Giacomelli[6] macht genau dies. Das Intelligente an diesem Code ist, dass PHP-Dateien im Bereich NETWORK aufgelistet werden:

```php
<?php
header('Content-Type: text/cache-manifest');
echo "CACHE MANIFEST\n";

$hashes = "";
$lastFileWasDynamic = FALSE;

$dir = new RecursiveDirectoryIterator(".");
foreach(new RecursiveIteratorIterator($dir) as $file) {
    if ($file->IsFile() && $file != "./manifest.php" &&
        substr($file->getFilename(), 0, 1) != ".") {
        if(preg_match('/.php$/', $file)) {
            if(!$lastFileWasDynamic) {
                echo "\n\nNETWORK:\n";
            }
            $lastFileWasDynamic = TRUE;
        } else {
            if($lastFileWasDynamic) {
                echo "\n\nCACHE:\n";
                $lastFileWasDynamic = FALSE;
            }
        }
    }
}
```

*Listing 6–17*

*PHP-Code für die Online-Erzeugung der Manifest-Datei*

---

6.   Der Code ist auf seiner Homepage erläutert: *http://nial.me/2010/01/using-the-html5-cache-manifest-with-dynamic-files/*

```
    echo $file . "\n";
    $hashes .= md5_file($file);
  }
}

echo "# Hash: " . md5($hashes) . "\n";
?>
```

Dieses Script erzeugt folgende Ausgabe:

```
CACHE MANIFEST

NETWORK:
./getDistilleries.php

CACHE:
./css/my.css
./css/validation.css
./img/cherry.png
...
./img/startup.png
./js/controller.js
./js/main.js
./js/model.js
./js/view.js
./js/db.js
...
./lib/modernizr.js
./lib/jquery.flot.js
./about.html
./index.html
# Hash: 7829c4745729aa5124931583137e1b1a
```

Die Hash-Zeile verändert sich, wenn sich eine Datei geändert hat. Dies ist eine einfache Alternative zur Versionszeile.

Nun muss nur noch das HTML-Element angepasst werden:

```
<!DOCTYPE html>
<html manifest="http://whisky.xapps.ch/manifest.php">
...
</html>
```

**Tipp**

Wie kann diese Funktion am einfachsten getestet werden? Laden Sie die Seite mit Ihrem Smartphone und erstellen Sie ein Bookmark. Nun schalten Sie den Flugmodus ein und öffnen Sie die Web-App erneut. Wenn Sie sie problemlos benutzen können, hat es funktioniert.

*Herr Weber ahnt es: Heute wird kein Entwickler erreichbar sein, da
alle vergessen, den Flugmodus wieder auszuschalten... Aber das tut ja
auch mal gut.*

## 6.5   Zusammenfassung

*Die Web-App steht fast und alle haben viel Freude daran. Der Cache-
Mechanismus von HTML5 ist keine Alternative für eine native App,
aber kann je nach Anwendungsfall ausreichen – wir kommen ja noch
zur nativen App. Bei der Datenbank haben wir leider ein Standard-
Wirrwarr – aber es gibt funktionierende Lösungen. Canvas kann Herr
Weber jedem empfehlen, auch Games lassen sich damit entwickeln!
(Ist dies vielleicht der nächste Auftrag für Herrn Weber?) Die Geoloca-
tion ist ein Muss – aber zum Glück einfach.*

*Was fehlt nun noch? Die Eingabe der Destillerien sollten wir noch
vereinfachen und die Server-Kommunikation fehlt auch. Das holen wir
im übernächsten Kapitel nach. Zuerst wollen wir uns aber um weitere
spezifische Themen von jQuery Mobile kümmern.*

Es gibt weitere spannende APIs, z.B. den Zugriff auf die Kamera. Eine
gute Übersicht zeigt die Seite *http://mobilehtml5.org/*. Viel Spaß beim
Erkunden.

# 7 Weitere jQM-Themen

*Mit der Zeit kommen immer mehr Fragen zu jQuery Mobile. Es ist also an der Zeit, dass Herr Weber exemplarisch ein paar Themen, die ihn auch in anderen Projekten schon beschäftigt haben, erläutert. Besonders auf das Thema Performance sind alle gespannt.*

## 7.1 Das $.mobile-Objekt

Das $.mobile-Objekt ist ein hilfreiches Objekt für allgemeine Aufgaben. Zum Beispiel kann man mit der Variable $.mobile.activePage auf die aktuelle Page zugreifen. Will man nur die ID, so kann dies mit $.mobile.activePage.attr("id") erfolgen. Ein Einsatzszenario ist zum Beispiel die Erweiterung des Validierungs-Objektes dahin gehend, dass nur die Elemente auf der aktiven Page überprüft werden:

```
var Validator = Class.extend({
    init: function() {
    },
    validate: function() {
        var err = 0;
        var page = $.mobile.activePage;
        if( page == undefined )
            page = "";
        else
            page = '#' + $.mobile.activePage.attr("id");
        $(page+' input[required]').each(function(n,element) {
            ....
        }
    }
}
```

Durch die Ausgabe des Objektes auf der Konsole (console.log($.mobile);) findet man alle möglichen Variablen. Eine weitere hilfreiche Variable ist zum Beispiel version.

Auch eine oft gebrauche Methode des Objekts ist $.mobile.gra-deA(), die true zurückliefert, wenn der Browser vollumfänglich unterstützt wird.

## 7.2  Page Loading Message

Es ist möglich, dem Benutzer eine Message-Box darzustellen, während die App eine Verarbeitung vornimmt, z.B. während des Ladens einer Seite:

***Abb. 7–1***

*Page Loading Message*

Im nächsten Kapitel werden wir sie einsetzen, während die App die Wertung an Facebook sendet. jQM stellt solch eine Dialogbox automatisch dar, wenn eine Webseite nachgeladen werden muss. Die Message-Box kann mit der Methode loading() dargestellt werden. Der erste Parameter muss dafür show sein, der zweite Parameter ist eine Liste von Attributen:

- theme: definiert das Thema. Als Standard wird Thema a verwendet.
- text: Informationstext, der dargestellt werden soll
- textonly: Soll nur der Text dargestellt werden oder auch der Spinner?
- textVisible: Soll nur der Spinner dargestellt werden oder auch der Text?

Der Code zur obigen Abbildung verdeutlicht die Parameter:

```
$.mobile.loading( 'show', {text: "sendet an Facebook...",
textVisible: true} );
```

Wenn die Message-Box wieder ausgeblendet werden soll, muss der erste Parameter hide sein:

```
$.mobile.loading( 'hide' );
```

## 7.3  Placeholder-Kontrast

Der Placeholder ist ein komfortables Mittel, um dem Benutzer mitzuteilen, was in ein Feld eingetragen werden könnte. Je nach Kontrast bzw. Farbe des Placeholder-Textes ist es nicht immer einfach, auf die Schnelle zu erkennen, ob es sich um einen Eingabetext oder um den

Placeholder-Text handelt. Deshalb kann es hilfreich sein, dessen Farbe anzupassen. Jeder Browser macht es leider etwas anders. In jQuery Mobile 1.3 Beta wurde die Graustufe #aaa definiert. Ich persönlich finde das Grau etwas zu stark – es führte bei gewissen Benutzern zu Irritationen. Will man diese Farbe ändern, so sind die entsprechenden CSS-Klassen zu überschreiben:

```
/* Bessere Placeholder-Kontraste */
/* Webkit */
::-webkit-input-placeholder {
    color: #bbb;
}

/* Firefox V 3-18 */
:-moz-placeholder {
    color: #bbb;
}

/* Firefox ab V 19 */
::-moz-placeholder {
    color: #bbb;
}

/* IE ab V 10 */
:-ms-input-placeholder {
    color: #bbb;
}
```

*Listing 7–1*

*Placeholder-Farbe setzen*

## 7.4 Performance

Die Whisky-App läuft auf dem Desktop und auf den meisten Tablets flüssig. Auf älteren Smartphones kommt sie jedoch ins Stocken. Ein paar Gedanken zur Performance sind also angebracht.

### 7.4.1 Transition

Beim Seitenwechsel brauchen die Animationen (Transitions) eindeutig am meisten Performance! Je nach gewählter Animation kann in der Whisky-App auf einem älteren iPhone ein erster Seitenwechsel bis zu 4 Sekunden dauern! Das setzt sich wie folgt zusammen:

- 50 ms für den Touch des Benutzers
- 300-400 ms wartet das Betriebssystem, um herauszufinden, ob der Benutzer einen einfachen Touch oder einen »Double-Touch« ausführt.
- 50 ms Laden und Anzeigen der Seite (bei Listviews kann der Wert schnell auch auf 3 Sekunden anwachsen...)

▦ 125 ms Transition-Setup-Zeit
▦ 600 ms Transition

Wir kommen somit auf mindestens 1125 ms. Die Werte der Transformation können auf älteren Prozessoren schnell viel höher werden. Wird die Animation aber auf none gesetzt, kann die ganze Transitions-Zeit weggelassen werden.

Um die 300-400 ms noch zu optimieren, muss der vclick-Event statt des Touch-Events verwendet werden. Dies muss jedoch genau getestet werden, da unter jQM 1.3 der vclick-Event auch schon zu unerwünschten Effekten führte (z.B. wurden die Dialoge sofort wieder geschlossen).

### 7.4.2  ThemeRoller

Im Abschnitt 5.2 haben wir den ThemeRoller bereits kurz betrachtet. Aus Sicht der Performance hat der ThemeRoller den Vorteil, dass das CSS um einiges kleiner gehalten werden kann – wenn nicht alle fünf bestehenden Themen benötigt werden.

### 7.4.3  jQuery-Selektoren einschränken

Wir haben oben die Variable $.mobile.activePage kennengelernt, die die aktive Page repräsentiert. Wenn wir beim jQuery-Selektor als zweiten Parameter diese aktuelle page mitgeben, schränken wir die Selektion auf die aktive Seite ein und reduzieren den Suchumfang, was sich positiv in der Performance äußert. Wir setzen dies am richtigen Ort im Controller ebenfalls um. Stellvertretend die Zuweisung des Datums in der refreshMethode():

```
$('#date', $.mobile.activePage).val(actWertung.date);
```

### 7.4.4  Events

Das System kann viel Zeit mit der Verarbeitung von Events verbringen. Mit der Methode event.preventDefault(); wird der ursprüngliche Event nicht aufgerufen. Wird die Event-Handler-Methode mit return false; beendet, so werden keine weiteren Events mehr ausgeführt – es wird also preventDefault() und stopPropagation() ausgeführt. Besonders beim Ändern eines Wertes in der Wertung, bei der die Grafik aktualisiert wird, kann bei älteren Smartphone-Modellen ein Stocken festgestellt werden. Fügen wir also diesen Trick hinzu:

## In der View

In der `update()`-Methode binden wir den Klick-Event auf einen Listeneintrag. Bei diesem Event wenden wir folgende Optimierung an:

```
// Event-Listener setzen auf Clicken
newEntryRow.bind( 'vclick', function(event) {
    WhiskyApp.controller.edit($(this).jqmData('entryId'));
    return false;
});
```

## Im Controller

Im Controller haben wir ebenfalls die Möglichkeit bei den Events des
Sliders:

```
/** Slider-Events registrieren */
function addSliderEvents()
{
    // Slider-Events registrieren
    $('#torf', $.mobile.activePage).bind('change',
        function(event){plotUpdate(); return false;});
    $('#sherry', $.mobile.activePage).bind('change',
        function(event){ plotUpdate(); return false;});
    $('#holz', $.mobile.activePage).bind('change',
        function(event){plotUpdate(); return false;});
    $('#frucht', $.mobile.activePage).bind('change',
        function(event){plotUpdate(); return false;});
    $('#flora', $.mobile.activePage).bind('change',
        function(event){plotUpdate(); return false;});
    $('#feinty', $.mobile.activePage).bind('change',
        function(event){plotUpdate(); return false;});
}
```

Weiter können wir dieses Pattern auf ein paar Events in der `initia-
lize()`-Methode anwenden:

```
initialize : function() {
    // Add-Button in der Liste
    $("#newWertung").bind( 'vclick',
        function(event){addTasting(); return false;} );

    ...
    $("#delRealy").click(
        function(event){deleteWertung(); return false;} );

    // Save-Button
    $("#saveWertung").bind( 'vclick',
        function(event){ saveWertung(); return false;} );
    ...
},
```

### 7.4.5    Page Cache

jQM kann so konfiguriert werden, dass zuvor besuchte Pages im Cache behalten werden. Es gibt drei Möglichkeiten dazu:

- Der Cache kann global eingeschaltet werden: `$.mobile.page.prototype.options.domCache = true;`
- Im HTML-Code kann bei dem `div`-Element das Attribut `data-domcache="true"` gesetzt werden. Wenden wir dies doch an.
- Aus JavaScript heraus mit der Page-Methode: `pageContainerElement.page({ domCache: true });`

### 7.4.6    HTML-Seiten vorladen

Um eine Webseite bereits vorgängig zu laden, kann das Attribut `data-prefetch` dem a-Element hinzugefügt werden:

```
<a href="about.html" data-prefetch>About</a>
```

Programmtechnisch kann dies mit der Methode `$.mobile.loadPage();` erfolgen. Dies wenden wir im Controller an, um die Wertung bereits im DOM vorzubereiten:

```
/** Controller aufrufen, wenn pageinit von jQM geworfen wird. */
$('#whisky-home').live("pageinit", function(event) {
    // Event-Listener Buttons
    WhiskyApp.controller.initialize();
    $.mobile.loadPage('#whisky-details');
});
```

### 7.4.7    live() und bind()

Der größte Unterschied zwischen den zwei Event-Binding-Methoden `bind()` und `live()` ist, dass bei `bind()` das Binding nur bei bereits existierenden Elementen funktioniert, `live()` bindet auch bei später hinzukommenden Elementen – dafür ist die Performance etwas schlechter.

### 7.4.8    Performance bei vielen Daten

Bei jQuery selbst gibt es sehr viele Optimierungsmöglichkeiten, wie z.B. das Merken des Resultats einer Selektion. Dieses Thema würde jedoch in diesem Buch viel zu weit gehen. Im Buch *jQuery lernen und einsetzen* von Jonathan Chaffer und Karl Swedberg gibt es viele Tipps zu diesem Thema.

Ein anderes Thema, das die Performance beeinflusst, ist die Art und Weise, wie viel HTML-Code mit Daten angereichert wird, wie z.B. unsere Liste mit den Tastings. Dazu gibt es grundsätzlich drei Möglichkeiten:

- mit der `clone()`-Methode, wie wir es in der Whisky-App gemacht haben. Dies ist übersichtlich und einfach anzuwenden: eine HTML-Struktur definieren und mit der bereits zur Verfügung stehenden Methode kopieren.
- mit der Template-Methode, bei der Platzhalter im HTML-Code ersetzt werden. Diese Methode wird oft mit jQuery – aber auch mit anderen Bibliotheken – angewendet. Leider kann das Template so komplex werden, dass es schon fast wieder eine eigene Sprache darstellt.
- indem direkt HTML-Code mit der `html()`-Methode aus dem Java-Script geschrieben wird. Das Vermischen von HTML (View-Element) und JavaScript empfinde ich nicht als wartbar.

Wie sieht es aber bezüglich der Performance aus? Dazu habe ich ein Fiddle[1] geschrieben, das die drei Methoden vergleicht: *http://jsfiddle. net/pfriberg/hSzh4/*. Der HTML-Code ist ganz einfach gehalten, er definiert einen Resultate-Bereich und danach die drei Bereiche der Ausgabe:

```
<div id="time1"></div>
<div id="time2"></div>
<div id="time3"></div>

<div id="tmphtml"><p></p></div>

<h3>Clone Test</h3>
<div id="output1"></div>

<h3>Template Test</h3>
<div id="output2"></div>

<h3>HTML Test</h3>
<div id="output3"></div>
```

Im JavaScript-Code fügen wir nun 500 Mal einen Text in den entsprechenden Bereich ein, einmal mit `clone()`, einmal mit `tmpl()` und einmal mit `html()`:

```
var myText = 'Web-Apps mit jQuery Mobile';
var testCount = 500;
$.template('myTemplate', '<div><p>${text}</p></div>');
var myTemplate2 = $('#tmphtml');
```

*Listing 7–2*

*Performance-Messung der Clone-, Template- und HTML-Methodik*

1. Mit einem JavaScript-Fiddle kann auf eine einfache Art Code ausprobiert werden: *http://doc.jsfiddle.net/tutorial.html*

```
// Output
var output1 = $('#output1');
var output2 = $('#output2');
var output3 = $('#output3');

// Clone-Test
var start = new Date().getTime();
for(var i = 0; i < testCount; i++){
    myTemplate2.clone()
        .find('p').text(myText).end().appendTo(output1);
}
var end = new Date().getTime() - start;
$('#time1').text("Clone Test: "+end+"ms");


// Template-Test
var start = new Date().getTime();
for(var j = 0; j < testCount; j++){
    $.tmpl('myTemplate', {
        text : myText
    }).appendTo(output2);
}
var end = new Date().getTime() - start;
$('#time2').text("Template Test: "+end+"ms");


// HTML-Test
var start = new Date().getTime();
var strOutput = '';
for(var k = 0; k < testCount; k++){
    strOutput += '<div><p>' + myText + '</p></div>';
}
output3.append(strOutput);
var end = new Date().getTime() - start;
$('#time3').text("HTML Test: "+end+"ms");var count = 500;
```

In JSFiddle sind die Tests mit jQuery 1.8.3 erfolgt:

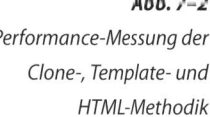

*Abb. 7–2*

*Performance-Messung der*
*Clone-, Template- und*
*HTML-Methodik*

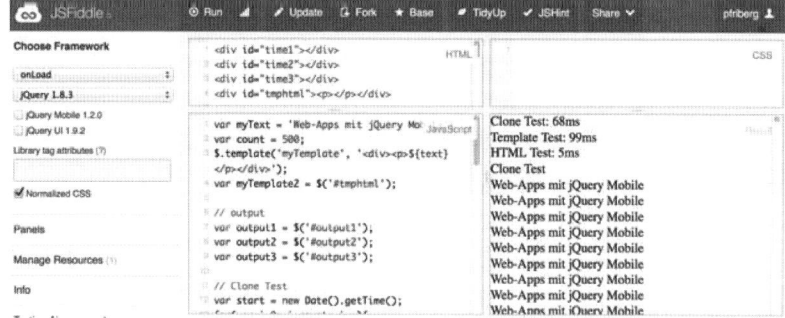

*Die Spirit-Entwickler führen das Fiddle sofort auf den herumliegenden
Geräten aus und erhalten eine spontane Messreihe:*

| System/Browser[a] | Clone-Test | Template-Test | HTML-Test |
|---|---|---|---|
| Desktop Firefox Max Version 18 | 90 ms | 110 ms | 6 ms |
| Desktop Safari/Chrome Mac | 50 ms | 130 ms | 5 ms |
| iPhone 4 Safari iOS 5 | 530 ms | 1000 ms | 90 ms |
| iPhone 5 Safari iOS 6 | 130 ms | 200 ms | 20 ms |
| iPhone 5 Chrom iOS 6 | 140 ms | 250 ms | 20 ms |
| iPad3 Safari iOS 6 | 200 ms | 375 ms | 30 ms |
| iPad3 Chrome iOS 6 | 250 ms | 400 ms | 45 ms |
| Android Samsung Galaxy S plus | 820 ms | 1400 ms | 100 ms |
| Android Samsung Galaxy Nexus | 620 ms | 700 ms | 54 ms |
| Android Sony XPeria sola | 500 ms | 840 ms | 55 ms |
| Android Samsung Galaxy Tab 8.9 | 500 ms | 820 ms | 60 ms |

*Tab. 7–1*

*Performance-Messungen*

a.   Es wurde immer der Standard-Browser des Betriebssystems verwendet. Interessant
     war, dass der Chrome-Browser auf Android (nicht zu verwechseln mit dem And-
     roid-Browser) oft bessere Resultate (mehr als 10% schneller) erzielte.

*Daraus ist deutlich ersichtlich, dass sowohl die Hardware als auch der
Browser eine Rolle spielen. Ein Entwickler meint sogar, dass es
anscheinend doch sehr wichtig sei, auch auf älteren Geräten zu testen!*

Wir sehen, dass die schnellste Variante immer die HTML-Variante ist,
gefolgt von `clone()` und der Template-Methode.

Somit dürfte klar sein, dass große Datenmengen nicht nur eine
Herausforderung für die Bedienung sind, sondern auch für die Performance. Es stellt sich aber schon grundlegend die Frage, wie der Benutzer mit 1500 Zeilen Text auf einem Smartphone umgehen kann! Hier
wäre z.B. eine Suchmöglichkeit mit einer Tabelle, wie in Abschnitt 5.7
besprochen, eine mögliche Alternative. Seit jQM 1.3 ist es auch möglich, eine Liste ohne Zeilen darzustellen, und erst wenn der Benutzer
im Suchfeld etwas eingibt, erfolgt die Ausgabe. Dies würde zumindest
die Darstellungszeit beschleunigen, wenn auch nicht die Zeit, die nötig
ist, um den DOM aufzubereiten.

## 7.5   jQuery-Mobile-Widgets

*Im Abschnitt 5.4 haben wir den Begriff Widget kennengelernt und ihn
seitdem einfach angewendet. Herr Weber findet, es sei an der Zeit, sich*

*genauer mit Widgets auseinanderzusetzen. Zuerst analysieren wir das*
*Textinput-Widget und danach entwickeln wir selbst eines.*

### 7.5.1    jQM-Widget am Beispiel des Input-Elementes

Dank einer ausgeklügelten Architektur lassen sich grafische Benutzer-
Elemente und Plug-ins mit eigenem Verhalten und Aussehen erweitern,
wie z.B. der Slider.

Betrachten wir folgenden Code aus einem Projekt:

```
textelement,val('initial').textinput().textinput('disable');
```

Der Entwickler setzt beim Eingabeelement `textelement` den Text *ini-*
*tial*. Danach wendet er das Textinput-Widget (`textinput()`) auf dessen
Element an und stellt es deaktiviert dar (`textinput('disable');`). Es
muss sich also um ein dynamisches Eingabeelement handeln, das jQM
noch nicht gerendert hat.

Um zu verstehen, was wir da machen, öffnen wir den Quellcode
von jQuery Mobile (`jquery.mobile-version.js`) und suchen das Widget. Diese beginnen immer gleich: `$.widget( "mobile.textinput",`
`$.mobile.widget, {`[2].

Der Aufbau ist immer gleich: Es braucht eine Bezeichnung und
muss von `$.mobile.widget` abgeleitet werden. Sie beginnen immer mit
`mobile` (Namespace), dann folgt im Quellcode die `_create()`-Methode,
die automatisch von der Widget-Umgebung aufgerufen wird. Wenn
ein Element zur Laufzeit hinzugefügt wird, muss es selbst erzeugt werden (außer wir verwenden die Methode `page()` auf eine ganze Seite) –
so wie in unserem kleinen Beispiel. Ein Event wie im obigen Beispiel,
z.B. `disable`, wird über die Widget-Methode als Parameter mitgegeben. Das Framework ruft dann die entsprechende Methode im Widget
auf. Kommen wir zurück zur konkreten Implementierung:

```
$.widqet( "mobile.textinput", $.mobile.widqet, {
    options: {
        theme: null,
        mini: false,
        ...
        clearBtn: false,
        clearSearchButtonText: null, //deprecating for 1.3...
        clearBtnText: "clear text",
        disabled: false
    },
```

---

2.    In der jQM-Version 1.3 Beta 1 war es die Zeile 8535.

Als Erstes folgt das Optionen-Objekt. Die meisten Variablen dürften uns von den data-Attributen her bekannt vorkommen. Dann folgt die _create()-Methode, in der das Thema (Aussehen) gesetzt wird und die Class-Attribute[3] zusammengesetzt werden. Hier der Beginn der Methode:

```
_create: function() {

    var self = this,
        input = this.element,
        o = this.options,
        theme = o.theme ||
            $.mobile.getInheritedTheme( this.element, "c" ),
        themeclass  = " ui-body-" + theme,
        miniclass = o.mini ? " ui-mini" : "",

        isSearch = input.is( "[type='search'],
                    :jqmData(type='search')" ),
        focusedEl,
        clearbtn,
        clearBtnText = o.clearSearchButtonText ||
    ...
    $( "label[for='" + input.attr( "id" ) + "']" )
        .addClass( "ui-input-text" );
    focusedEl=input.addClass("ui-input-text ui-body-"+theme );
    ...
```

Später folgen die zwei Methoden disable() und enable(), die von jQM über einen allgemeinen Trigger aufgerufen werden:

```
    disable: function() {
        ...
        $el.addClass( "ui-disabled" );
        return this._setOption( "disabled", true );
    },

    enable: function() {
        ...
        $el.removeClass( "ui-disabled" );
        return this._setOption( "disabled", false );
    }
});
```

Wir erkennen nun, woher all diese Class-Attribute kommen und woher das Verhalten einzelner Elemente kommt.

Wann die Methode aufgerufen wird? Im Folgenden deaktiviere ich die Distillery-Eingabe im Controller:

---

3.   Wie die Class-Attribute architektonisch aufgebaut sind, haben wir uns bereits im Abschnitt 4.5.3 angesehen.

```
function refreshWertung() {
    ...
    $('#distillery', $.mobile.activePage)
      .val(actWertung.distillery).textinput('disable');
    ...
}
```

Dann starten wir den Debugger. Am besten platzieren Sie einen Breakpoint in der Funktion `disable()`:

**Abb. 7–3**

*Stack vom
Textinput-Widget*

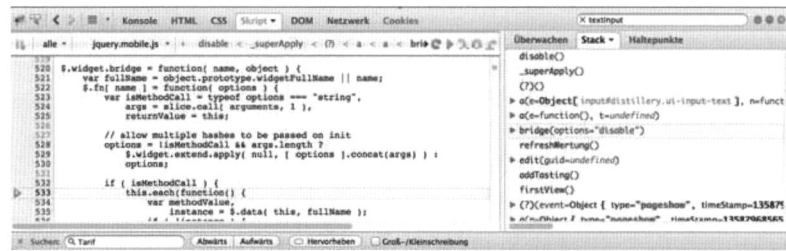

Wir sehen in der Abbildung im Firebug den Aufruf-Stack (rechts) bis zur Methode `disable()`. Das Interessante dabei ist, dass das Bridge-Pattern[4] angewendet wird, das bei der Ermittlung der richtigen Schnittstelle hilft. In der Methode `_superApply()` kann das Mapping der Events zu den Methoden nachvollzogen werden, indem wir die Variable `this` genauer studieren. So sind neben der Bezeichnung auch die Widget-Namen und die `_trigger()`-Methode zu finden:

**Abb. 7–4**

*Widget-Mapping*

*Obwohl dies nur eine kleine Einführung war, ist der Detektiv-Virus bei den Spirit-Entwicklern ausgebrochen – sie debuggen sich durch die Frameworks und versuchen, diese besser zu verstehen. Auch das Autocomplete-Plug-in aus dem nächsten Kapitel eignet sich gut, um die Architektur zu verstehen. Wie doch die Zeit dabei vergeht...*

---

4.  Die Patterns werden von Oliver Ochs in *JavaScript für Enterprise-Entwickler* sehr schön dargestellt.

## 7.5.2   Ein eigenes jQM-Widget

*Eigentlich müsste ein eigenes Widget nun schnell entwickelt sein, denken sich die Entwickler. Sie schreiben im Folgenden selbst eines, das einen Button in einem Input-Element darstellt. Wenn ein Refresh-Event geworfen wird, soll der Text vom Input-Element in den Button kopiert werden:*

**Abb. 7–5**

*Unser eigenes Widget*

Über dessen Sinn müssen wir ja nicht diskutieren – aber die paar Zeilen Code zu studieren lohnt sich. Wichtig ist, dass wir sicherstellen, dass die $-Variable auch unser jQuery ist und nicht eine andere Bibliothek. Dies kann mit einem Closure geschehen:

```
(function($) {
  // Code
})( jQuery );
```

**Listing 7–3**

*jQuery-$-Safe*

Nun geht es weiter wie im Abschnitt oben: Es folgen der Name und die Optionen. Bei unserem Beispiel ist das der Initial-Wert des Button-Textes.

```
(function($){
$.widget("mobile.mywidget", $.mobile.widget, {
      options : {
          butinit : ""
      },
      /** Create – wird automatisch von jQM aufgerufen */
❶    _create : function() {
          var inputElement = this.element;
          var opts = $.extend(this.options,
                   inputElement.data("options"));
          $(document).trigger("mywidgetcreate");
❷          inputElement.after("<button style='height: " +
             this.options.height + "px;'>" + inputElement.val() +
             "</button>");
      },
      /** Eigene Methoden */
❹    _update : function() {
          var inputElement = this.element;
          var opts = $.extend(this.options,
                   inputElement.data("options"));
          $(document).trigger("mywidgetupdate");
          inputElement.siblings("button").text(inputElement.val());
      },
```

**Listing 7–4**

*Eigenes Widget*

```
❸        refresh : function() {
             return this._update();
         }
    });
    /* Event für das role-Widget-Mapping */
❺ $(document).bind("pagecreate", function(e) {
        $(document).trigger("mywidgetbeforecreate");
        return $(":jqmData(role='mywidget')", e.target).mywidget();
    });
})(jQuery);
```

In der _create()-Methode ❶, die jedes Widget enthalten muss, mappen
wir mit extend() die data-Attribute auf unser options-Objekt. Danach
fügen wir den Button nach dem Input-Element mit dem Initial-Text ein
❷. Die refresh()-Methode ❸ ruft die _update()-Methode auf, in die
der Text kopiert wird ❹. Jetzt fehlt noch die Initialisierung, d.h. der
Aufruf der _create()-Methode. Diese wird von jQM aufgerufen, wenn
wir im pagecreate-Event mywidget() aufrufen ❺.

Das Widget können wir nun anwenden:

*Listing 7–5*

*Anwendung des eigenen*

*Widgets*

```
<!DOCTYPE html>
<html>
    <head>
    <meta charset="utf-8">
    <title>myWidget</title>
        <link rel="stylesheet" hrefjquery.mobile.min.css" />

        <script src="jquery.min.js"></script>
        <script src="jquery.mobile.min.js"></script>

        <script src="mywidget.js"></script>
    </head>
    <body>
        <div data-role="page">
            <div data-role="content">
                <input type="text" value="Hello World"
                    data-butinit="refresh() aufrufen"
                    data-role="mywidget" />
            </div><!-- /content -->
        </div><!-- /page -->
    </body>
</html>
```

Rufen wir dann im Debugger oder in JavaScript die refresh()-
Methode auf,

```
$(":jqmData(role='mywidget')").mywidget("refresh");
```

so kopiert uns das Widget den Text:

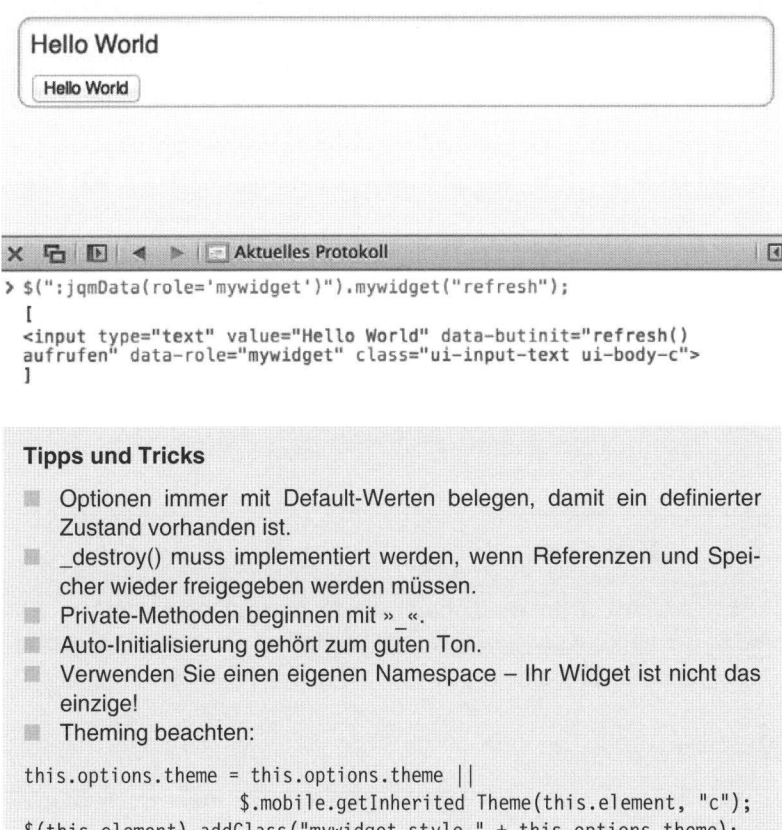

*Abb. 7–6*

*mywidget.js in Aktion*

**Tipps und Tricks**

▣ Optionen immer mit Default-Werten belegen, damit ein definierter Zustand vorhanden ist.

▣ _destroy() muss implementiert werden, wenn Referenzen und Speicher wieder freigegeben werden müssen.

▣ Private-Methoden beginnen mit »_«.

▣ Auto-Initialisierung gehört zum guten Ton.

▣ Verwenden Sie einen eigenen Namespace – Ihr Widget ist nicht das einzige!

▣ Theming beachten:

```
this.options.theme = this.options.theme ||
                  $.mobile.getInherited Theme(this.element, "c");
$(this.element).addClass("mywidget-style-" + this.options.theme);
```

*Das Gerüst steht, und Herr Weber wünscht allen viel Spaß bei der Widget-Entwicklung. Der Phantasie sind nun keine Grenzen gesetzt.*

## 7.6   Konfiguration

### 7.6.1   Standard-Texte

Die jQuery-Standard-Texte sind erwartungsgemäß in Englisch verfasst. Sie können wie folgt überschrieben werden:

```
$(document).bind('mobileinit', function() {
  // Allgemeine Texte
  $.mobile.loadingMessage = "lade";
  $.mobile.pageLoadErrorMessage = "Fehler beim laden der Seite";

  // Widget-Texte
  $.mobile.page.prototype.options.backBtnText = "Zurück";
```

*Listing 7–6*

*Übersetzungen jQM*

```
$.mobile.dialog.prototype.options.closeBtnText = "Schliessen"
$.mobile.collapsible.prototype.options.expandCueText =
   "Expand";
$.mobile.collapsible.prototype.options.collapseCueText =
   "Coolapse";
$.mobile.listview.prototype.options.filterPlaceholder =
   "Filtern...";
$.mobile.selectmenu.prototype.options.closeText =
   "Schliessen";
$.mobile.textinput.prototype.options.clearSearchButtonText =
   "löschen";
});
```

---

**Zeitpunkt der Initialisierung von jQuery Mobile**

Wichtig ist zu wissen, dass der verwendete Event `mobileinit` nach dem Laden von jQuery und *vor* jQuery Mobile deklariert werden muss!

---

### 7.6.2   jQM-Attribut

Im Folgenden ein paar Attribute, die interessant sein könnten. Alle sind in der Dokumentation von jQM zu finden. Sie müssen im `mobileinit`-Event gesetzt werden.

#### Ajax-Links

In jQM werden Links mit Ajax geladen. Ist dies nicht erwünscht, so muss `ajaxEnabled` auf `false` gesetzt werden.

#### Cross-Domains

jQM überwacht die Aufrufe von externen Seiten. Möchte man erlauben, die Seiten über die Domain hinweg zu laden, muss `allowCrossDomainPages` auf `true` gesetzt werden.

#### Namespace

Mit der Variable `ns` kann der Namespace gesetzt werden. Danach werden die `data`-Attribute um diesen angereichert:

```
$.mobile.ns = "abc";
data-abc-foo="..."
```

## 7.7    Page-Content-Wechsel

Wenn sich der Seiteninhalt geändert hat oder von einem Server nachgeladen wird, muss ein »Rerendering« durchgeführt werden. Dies kann
mit dem Create-Event erfolgen:

```
$("#content").html(newHTMLcontent);
$("#page1").trigger("create");
```

## 7.8    Download-Builder

Für jQuery Mobile gibt es auf der Homepage die Möglichkeit, eine
Version zusammenzustellen, die nur das Benötigte enthält. Dies hat
den Vorteil, dass sich die Größe der Dateien reduziert und die Performance verbessert. Der Dienst war bei Redaktionsschluss dieses Buchs
noch Alpha.

## 7.9    Eingabe-Events

jQM kennt folgende Events aus der Benutzereingabe:

- Touch-Events: `tap`, `taphold`  für das »Tippen« mit dem Finger.
  `Swipe`, `swipeleft` und `swipereight`, um z.B. ein Menü anzuzeigen.
- Virtuelle Maus-Events für die üblichen Mausaktivitäten wie Klik-
  ken, Bewegen, Überfahren etc. Diese Events enthalten sowohl
  Maus- als auch Touch-Events.
- Scroll-Events: Scroll-Start und Scroll-Stopp

Die Events sind in der API-Dokumentation ausführlich beschrieben.

# 8    Cloud-Kommunikation

»So, jetzt müssen Cloud-Dienste her!«, meinen verschiedene Entwickler. Zwar ist das ein separates Thema, das erst später im Projekt ansteht. Aber da die Zusammenarbeit mit Herrn Weber so gut funktioniert, wollen Sie bereits jetzt Informationen aus ihm herauskitzeln. »Also, Herr Weber, erzählen Sie uns etwas über Ajax, Web Sockets, Push-Nachrichten, Twitter und Facebook.« Herr Weber lächelt wie immer in solchen Momenten und meint: »Ajax könnten wir doch mit der Autovervollständigung der Distillery betrachten. Eine Wertung auf Facebook zu veröffentlichen ist ja auch nicht abwegig.  Einen Backup-Dienst für die Wertungen hätte man ja schnell, dann könnten wir auch gleich Web Sockets betrachten. Mit Web Sockets kann eine bidirektionale Kommunikation gebaut werden, und dann sind wir zwangsläufig bei Pusher.« Aber viel Zeit steht nicht mehr zur Verfügung, also legen wir los …«

## 8.1    Distillery autocomplete

Können Sie ohne Hilfe *Bruichladdich* fehlerfrei eingeben? Nein? Deshalb wäre es doch hilfreich, wenn wir nicht immer (die für uns zum Teil schwerverständlichen) Distillery-Namen eingeben müssten, sondern diese automatisch vorgeschlagen würden – also eine Autovervollständigung. Eine mögliche Idee wäre, dass das System alle Destillerien anzeigt, die mit den vom Benutzer eingegebenen Buchstaben beginnen:

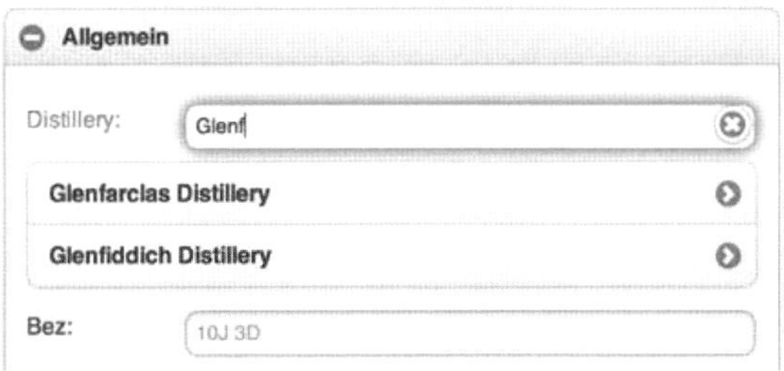

*Abb. 8–1*
*Die Autovervollständigung*

*Damit die Destillerien aktuell sind, möchte der Kunde die Daten von seiner Datenbank auf den Server laden und auf dem mobilen Gerät zwischenspeichern. Herr Weber empfiehlt, die Datenbank beim Start der App mit Ajax[1] zu laden und im Local Storage zu speichern. Da sich die Namen der Destillerien nicht so oft ändern, soll die Liste nur alle 7 Tage neu geladen werden.*

### 8.1.1   Autocomplete

Die oben gezeigte Autovervollständigung haben Raymond Camden und Andy Matthews für uns bereits implementiert. Das Autocomplete bei jQM (siehe Abschnitt 5.6) gibt es erst seit Version 1.3 und ist nicht so komfortabel wie ihre – wäre aber auch ohne ihre Bibliothek umsetzbar.

Wir laden die Bibliothek herunter[2] und kopieren sie in das lib-Verzeichnis. Anhand eines Arrays erstellt die Bibliothek dynamisch eine passende Listview. Die Datenquelle kann remote oder lokal sein. Da wir uns selbst um den Download kümmern wollen, verwenden wir die lokale Konfiguration.

Als Erstes erweitern wir die index.html-Datei um die Liste:

```
<div data-role="fieldcontain">
   <label for="distillery">Distillery:</label>
   <input type="text" required autofocus autocomplete="off"
   name="distillery" id="distillery"
   placeholder="Distillery (autocomplete)" data-mini="true" />
   <label for="suggestions"></label>
   <ul id="suggestions" data-role="listview"
      data-inset="true"></ul>
</div>
```

Das leere Label wird benötigt, damit jQM die Listview rechts darstellt und nicht über die gesamte Breite. Nicht vergessen dürfen wir, die Bibliothek zu Beginn der Datei einzubinden:

```
<script src="lib/jqm.autoComplete-1.5.0-min.js"></script>
```

Da die Listview beim Start der Web-App leer ist, sieht noch alles so aus wie vorher. Nun müssen wir dem Eingabefeld distillery die Autocom-

---

1.   Für unsere Zwecke verstehen wir unter Ajax eine Technik, um mit JavaScript eine Server-Anfrage zu stellen, ohne eine neue Seite zu laden. Dies erlaubt ein »geschmeidiges« Arbeiten für den Anwender. Wie die Daten semantisch übermittelt werden, definiert Ajax nicht. jQuery Mobile verwendet Ajax (in der Default-Konfiguration) für das Laden von neuen Seiten. Ajax-Unterstützung bietet uns die jQuery-Bibliothek.
2.   *http://www.raymondcamden.com/index.cfm/2012/3/27/Example-of-Autocomplete-in-jQuery-Mobile*

plete-Bibliothek bekannt geben. Dies machen wir in der `initialize()`-Methode des Controllers, in der wir alle Events registrieren:

```
var WhiskyAppController = function() {
    var actWertung;   // Aktuell bearbeitetes Tasting
    var valid = new Validator();
    ...
    return {
        initialize : function() {
            ...
            // Distillery-Suche
            $("#distillery").autocomplete({
❶              target: $('#suggestions'),
❷              source: WhiskyApp.cloud.distilleries,
❸              callback: function(e) {
                  var $a = $(e.currentTarget);
                  $('#distillery').val($a.text());
                  $("#distillery").autocomplete('clear');
                },
❹              minLength: 2,
❺              matchFromStart: false
            });
            ....
        }
    };
}
```

Die Parameter der `autocomplete()`-Methode haben folgende Bedeutung:

- ❶ Der Variable `target` müssen wir das Element, in dem die Liste dargestellt werden soll, bekannt geben.
- ❷ `source` ist ein Array mit den Destillerien. Dazu mehr unten.
- ❸ Mit `callback` definieren wir eine Callback-Methode, die die Eingabe ausliest und Autocomplete auffordert, die Listview anzupassen.
- ❹ `minLength` legt die Anzahl der Zeichen fest, die der Benutzer eingegeben haben muss, bevor die Listview aufgebaut wird. Wir verwenden hier 2.
- ❺ `matchFromStart` definiert, ob die Zeichen am Anfang vorkommen müssen (`true`) oder irgendwo im Text (`false`).

Somit ist Autocomplete vorbereitet, jetzt müssen wir nur noch unser Array `availableTags` füllen.

## 8.1.2   Ajax

Mithilfe von Ajax rufen wir ein PHP-Script der Whisky-Cloud (http://whisky.xapps.ch/getDistilleries.php) unseres Kunden auf, die uns die Destillerien zurückliefert. Das Resultat ist eine Liste im JSON-Format:

```
[{"code":"127","distillery":"Bruichladdich (Port Charlotte) "},
{"code":"61","distillery":"Brora Distillery "},
{"code":"113","distillery":"Braeval Distillery (Braes of
Glenlivet)"}...
```

Neben dem Namen der Distillery wird auch noch ein Code mitgeliefert. Dieser kümmert uns aber für dieses Szenario nicht.

Da es sich um ein neues Modul handelt – der Kommunikation nach außen –, erstellen wir eine neue Datei cloud.js und binden sie in der Index-Datei ein. Nun erstellen wir ein neues Objekt mit dem Namen WhiskyCloud. Darin führen wir den Ajax-Call aus und füllen das Array:

*Listing 8–1*
*Whisky-Cloud: Ajax-Aufruf*
*für Destillerien*

```
/** Cloud: Kommunikationen mit den Whisky-Diensten
 */
var WhiskyCloud = Observer.extend({
   // Konstruktor
   init : function() {
      this.distilleries = new Array();
   },

   /** Ermittelt anhand von Buchstaben die Distillery. Ajax-Call
    */
   readDistilleries : function() {
      var that = this;
❶     var server = "http://" + WhiskyApp.domain +
                  "/getDistilleries.php";
❷     $.ajax({
         type: "POST",
         url: server,
         dataType: "json",
         error : function(msg, textStatus) {
            WhiskyApp.gui.alert("Fehler beim Lesen der
                                Destillerien");
         },
         success : function(data) {
            if(data === null)
               WhiskyApp.gui.alert("Keine Daten vorhanden.");
            else
            {
               for( var i=0; i<data.length; i++ )
                  that.distilleries.push(data[i].distillery);
            }
         }
      });
   }
});
```

Bei ❶ stellen wir den Request für den Ajax-Aufruf zusammen. Den Server hinterlegen wir in der globalen Variable domain des WhiskyApp-Objektes. Dieses haben wir zusammen mit der WhiskyCloud-Referenz in der Datei main.js definiert:

```
var WhiskyApp = {
    tastings: new Tastings(),
    controller: new WhiskyAppController(),
    gui: new WhiskyView(),
    cloud: new WhiskyCloud(),
    tablet: false,
    domain: "whisky.xapps.ch"
}
```

Bei ❷ führen wir den asynchronen Ajax-Aufruf aus. Asynchron bedeutet, dass der Benutzer in der Zeit, bis die Daten empfangen werden weiter arbeiten kann. Zusammen mit der Möglichkeit, Daten zu laden und zu versenden, ohne die Seite nochmals neu aufzubauen, führt dieses Vorgehen zu flüssigen Web-Applikationen.

**Ajax-Erlebnis**

Um die Asynchronität von Ajax besser zu verstehen, können wir folgenden Versuch unternehmen: Verwenden Sie statt der Datei getDistilleries.php die Datei erlebnis.php. Sie gibt genau dasselbe zurück, nur um 30 Sekunden verzögert. Somit wird die Eingabehilfe erst nach dieser Zeit zur Verfügung stehen und die App kann in dieser Zeit weiter bedient werden.

Wir verwenden folgende Parameter:

- type: Der Aufruf kann mit POST oder GET erfolgen. Bei GET werden die Parameter an die URL angehängt, z.B. irgendwas.php?was=nichts&wo=nirgends. Bei POST werden diese Daten im Content des Aufrufes übermittelt. Dazu können die Daten dem Parameter data mitgegeben werden.
- data: Daten bei POST
- url: Internet-Adresse
- dataType: Format der Daten. Wir verwenden das JSON-Format, wobei dann jQuery bereits das Parsen übernimmt. Text, HTML, JavaScript, JSONP und XML sind weitere mögliche Formate.

**Daten-Typ**

Möchte man die JSON-Antwort selbst parsen oder für Testzwecke betrachten, muss als Typ text gewählt werden.

■ error: die Callback-Funktion, die im Fehlerfall aufgerufen wird. In unserem Code geben wir eine Fehlermeldung aus. Wie diese aussehen wird, wissen wir noch nicht genau. Deshalb implementieren wir in der View eine `alert()`-Methode, in der wir die Ausgabe vornehmen. Auf die Schnelle benutzen wir die `alert()`-Methode des Browsers. Spätestens bei der Hybrid-App müssen wir dies anpassen. Dann lieber nur einmal, statt oft an verschiedenen Stellen. Im Folgenden die View-Erweiterung:

*Listing 8–2*

*View-Erweiterung um*

*alert()*

```
/** Alert-Ausgabe */
alert : function(text) {
    alert(text);
}
```

■ success: Dies ist die Callback-Funktion für den Erfolgsfall. Tritt dieser ein, prüfen wir als Erstes, ob wirklich Daten vorhanden sind. Wenn ja, gehen wir das Array mit den Destillerien durch und fügen diese der Variable `availableTags` hinzu. Der Vorteil von JSON ist, dass wir die Variable direkt ansprechen können: `availableTags.push( data[i].distillery );`

### Schreibweise bei JSON

Zu beachten ist, dass die Groß-/Kleinschreibung beim JSON-Format relevant ist. Würde der Server `distillery` großschreiben, müssten wir dieses Feld ebenfalls großschreiben.

■ beforeSend: Callback-Methode, die aufgerufen wird, bevor der Request gesendet wird. Sie kann z.B. für die Manipulation am HTTP-Header benutzt werden.
■ async: Diese Variable verwenden wir nicht. Wenn wir sie auf `false` setzen würden, dann erfolgte der Aufruf synchron, d.h., das Programm würde stehenbleiben, bis die Daten verarbeitet sind. Ein flüssiges Arbeiten wäre nicht mehr möglich.
■ cache: Berücksichtigung des Cache

### Cross-Domain-Bremse

Ajax-Aufrufe können nur von derselben Domain erfolgen, von der auch die Webseite geladen wurde! Dies ist auch unter dem Begriff CORS (Cross Origin Resource Sharing) bekannt.

Mit JSONP kann die Cross-Domain-Bremse umgangen werden. Da JavaScript-Dateien über die Domain-Grenze hinweg geladen werden dürfen, verwendet JSONP diesen Umstand und umgibt sich mit JavaScript.

> Safari auf dem Desktop lässt beliebige Ajax-Aufrufe zu, wenn die HTML-
> Datei vom Dateisystem geladen wurde. Bei Firefox und Chrome ist dies
> nicht der Fall.[a]
>
> Eine weitere Möglichkeit CORS zu umgehen ist, dem Browser im
> HTTP-Header alle erlaubten Domains bekanntzugeben:
>
> ```
> Access-Control-Allow-Origin:  http://www.domain1.com  https://www.
> domain2.com
> ```
>
> Mithilfe eines * kann der Zugriff auf die ganze Welt gegeben werden, was
> jedem Security-Officer den Schlaf rauben wird...

  a.  Vorweg, die Cross-Domain-Bremse existiert in Container-Apps nicht, siehe
      Kapitel 9.

## 8.1.3    Serverseite

Das PHP-Script auf dem Server liest aus einer Datenbank die Destillerien, wobei die Tabelle aus zwei Spalten besteht: code als Primär-Key
und distillery mit dem Namen. Die Methode json_encode() kann das
JSON-Format generieren und zurückliefern.

```php
<?php
// DB
$server = '...';   // Servername
$db_user = '...';  // Datenbankbenutzer
$db_pass = '...';  // Passwort
$database = '...'; // Datenbank

// DB-Verbindung aufbauen
$link = mysql_connect($server, $db_user, $db_pass) or
died("Database Connect Error");
if (!$link) {
    die('Verbindung schlug fehl: ' . mysql_error());
}
mysql_select_db($database, $link);

// Destillerien lesen
$query = sprintf("SELECT * FROM smws_codes");

$result = mysql_query($query);
if (!$result) {
    $message = 'Ungültige Abfrage: ' . mysql_error();
    die($message);
} else {
    $return_arr = Array();

    // Resultat auswerten
    while ($row = mysql_fetch_array($result, MYSQL_ASSOC)) {
        array_push($return_arr, $row);
    }
```

*Listing 8–3*

*PHP-Code der*

*Destillerie-Liste*

```
        // In JSON-Format umwandeln und zurückgeben
        echo json_encode($return_arr);
    }
    ?>
```

### 8.1.4    Twitter-Beispiel

*Wie ein »Hello World«-Beispiel bei einer neuen Programmiersprache
üblich ist, so ist bei Ajax ein Twitter-Beispiel üblich. Entsprechend fragen auch unsere Entwickler danach. Ein ganz simples Beispiel besteht
ja eigentlich nur aus einer Liste im Content-Bereich und einem Ajax-
Call, der im Erfolgsfall die letzten Meldungen der Liste hinzufügt. Sie
entwickeln deshalb schnell einen Prototypen.*

Die Page besteht aus einem Header und einer Liste, die sich im Content
befindet. Twitter bietet ein API[3] an, mit dem die letzten Twitter-Ein-
träge eines Twitters abgefragt werden können. Das API bietet das
JSON-Format an. Wurde also die Page erzeugt (Event pagecreate), setzen wir die URL (im Folgenden für die Tweets von FlySwiss) zusammen und führen einen Ajax-Call aus. Im Erfolgsfall gehen wir die
Resultate durch und erstellen einen Listen-Eintrag.

*Listing 8–4*

*Twitter-Prototyp*

```
<!doctype html>
<head>
    <meta name="viewport" content="width=device-width,
      minimum-scale=1, maximum-scale=1" />
    <title>Twitter</title>
    <link rel="stylesheet" href="jquery.mobile.min.css" />
    <script src="jquery.min.js"></script>
    <script src="jquery.mobile.min.js"></script>

    <script>
        $('#twitter').live("pagecreate", function(event, ui) {
            // Die letzten Twitter-Einträge von SWISS ermitteln
            $page = $("#twitter");
            $.ajax({
                url : 'http://search.twitter.com/search.json?
                    q=from:FlySwiss',
                dataType : 'json',
                // Erfolgsfall:
                success : function(data) {
                    console.log(data);
                    // Eine neue Liste erzeugen
                    $page.find(".content").html("<ul></ul>");
                    $list = $page.find(".content ul");
```

---

3.   Wir verwenden das REST API, das unter *https://dev.twitter.com/docs/api/1.1* zu
     finden ist.

```
            for(var i = 0; i < data.results.length; i++) {
                // HTML-Code ausnahmsweise direkt im Code
                var strHtml = '<li>';
                strHtml += '<img src="' +
                data.results[i].profile_image_url + '">';
                strHtml += data.results[i].text;
                strHtml += '</li>\n';
                $list.append($(strHtml));
            }
            $list.listview();
        },
        error : function() {
        }
    });
  });
 </script>
</head>

<body>
   <!-- Page Twitter (Liste) -->
   <div data-role="page" data-theme="c" id="twitter">
      <!-- Header -->
      <div data-role="header" id="header">
         <h1>Twitter</h1>
      </div>
      <!-- /Header -->
      <!-- Content -->
      <div class="content" data-role="content">
      </div>
      <!-- /Content -->
   </div>
   <!-- /page liste -->
</body>
</html>
```

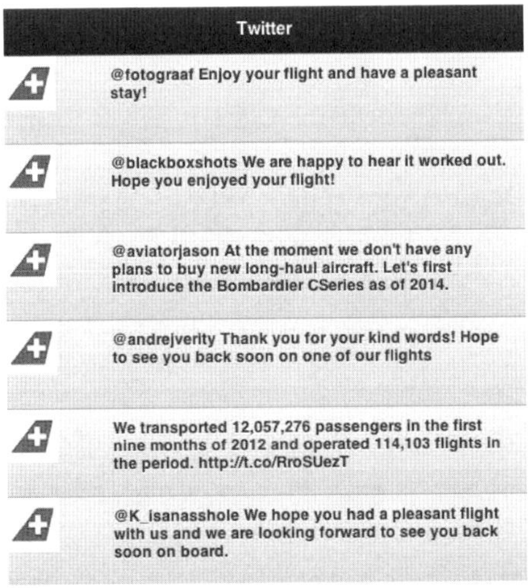

*Abb. 8–2*

*Twitter-Prototyp*

### 8.1.5    Daten zwischenspeichern

In unserer Whisky-App sollen die Destillerien im Local Storage gespeichert werden, sodass wir nicht jedes Mal die Daten übermitteln müssen respektive auch eine Offline-Funktionalität haben.

**Der Web Storage**

Der Web Storage ist genau gesagt ein Key-Value-Speicher. Das bedeutet, dass wir einen Wert (Value) zu einem Schlüssel (Key) ablegen können. Abhängig vom Limit des Browsers kann solch ein Eintrag mehrere Megabyte Daten umfassen (oft bis zu 5MB, das ist aber dem Browser-Hersteller freigestellt). Solche Schlüsselpaare können für eine *Session* oder *Local* gespeichert werden.

Der Unterschied zwischen Local und Session ist einfach: In der Local-Variante werden die Daten dauerhaft im Browser gespeichert, d.h., sie verbleiben dort auch, wenn der Browser geschlossen wird. Gelöscht werden können sie nur durch die Webseite selbst oder durch den Benutzer. Kurzlebiger ist die Session-Variante, da sie lediglich an die aktuelle Browser-Session gebunden ist. Die Daten werden gelöscht, sobald der Browser geschlossen wird (ggf. auch nur der Tab, je nachdem, ob der Browser dies als eigenständige Session ansieht oder nicht). Die Daten werden unabhängig von der Storage-Art gespeichert, d.h., es können dieselben Schlüssel verwendet werden.

> **Vertraulichkeit**
>
> Die Sichtbarkeit der gespeicherten Daten wird durch Protokoll, Hostname (oder IP-Adresse) und Portnummer der URL des Dokuments bestimmt. Das heißt, eine Web-App aus einer anderen Sub-Domain sieht nicht dieselben Daten.

Programmiertechnisch gibt es pro Art je ein JavaScript-Objekt: Für Local ist es das `localStorage`- und für Session das `sessionStorage`-Objekt. Beide Objekte verwenden das Storage-Interface, deshalb ist die Verwendung gleich. Im Folgenden ein kleines Beispiel:

*Listing 8–5*
*Storage-Anwendung*

```
// LOCAL
var cnt = localStorage.length;        // Anzahl der Elemente
localStorage.key(n);                  // Element an der Stelle n
localStorage.getItem(key);            // Wert zu einem Key ermitteln
localStorage.setItem(key,data);       // Wert zum Key setzen
localStorage.removeItem(key);         // Key-Value-Paar löschen
localStorage.clear();                 // Alle Daten löschen
```

```
// SESSION
var cnt = sessionStorage.length; // Anzahl der Elemente
sessionStorage.key(n);           // Element an der Stelle n
sessionStorage.getItem(key);     // Wert zu einem Key ermitteln
sessionStorage.setItem(key,data);// Wert zu Key setzen
sessionStorage.removeItem(key);  // Key-Value-Paar löschen
sessionStorage.clear();          // Alle Daten löschen
```

Leider können wir nur Strings speichern. Im Gegensatz zu den Cookies ist es aber möglich, große Datenmengen abzulegen. Somit könnten wir ganze Objekte codiert speichern, z.B. mithilfe von JSON, siehe auch Abschnitt 6.2.3.

Ob der Browser das Storage-Konzept unterstützt, kann wie folgt abgefragt werden:

```
function supports_html5_storage() {
   try {
     return 'localStorage' in window &&
            window['localStorage'] !== null;
   } catch (e) {
     return false;
   }
}
```

*Listing 8–6*

*Local-Storage-*
*Unterstützung abfragen*

**Destillerien speichern und lesen**

Um die Destillerien zu speichern, fügen wir das Destillerien-Array im JSON-Format dem Local Storage hinzu. Zusätzlich, ebenfalls im Local Storage, speichern wir den Aktualisierungs-Zeitpunkt, damit wir später wissen, wann die Destillerien nachgelesen werden müssen:

```
readDistilleries : function() {
   ...
   $.ajax({
     ...
     success : function(data) {
       if(data === null)
          WhiskyApp.gui.alert("Keine Daten vorhanden.");
       else
       {
          for( var i=0; i<data.length; i++ )
             WhiskyApp.cloud.distilleries.push(
                                     data[i].distillery);

          // Destillerien speichern
          localStorage.setItem('WhiskyApp.Distilleries',
                 JSON.stringify(that.distilleries));
          // Zeitpunkt des Updates
          var ldate = new Date();
          localStorage.setItem('WhiskyApp.LastUpdate',
                        ldate.getTime());
```

*Listing 8–7*

*Destillerien in den Local*
*Storage schreiben*

```
            }
          }
        });
      }
```

Jetzt fehlt das Lesen der Destillerien aus dem Local Storage. Dazu schreiben wir in der Cloud-Datei eine neue Methode checkDistilleries(). Darin lesen wir zunächst den letzten Zeitpunkt des Updates ❶. Da dieser in Millisekunden seit dem 01.01.1970 abgespeichert ist, prüfen wir, ob die Differenz mehr als 604.800.000 Millisekunden beträgt (7 Tage). Wenn dies der Fall ist, rufen wir die Methode readDistilleries() auf. Wenn nicht, lesen wir das Array ❷ aus dem Local Storage. Sollte es nicht vorhanden sein, lesen wir die Destillerien aus dem Netz:

*Listing 8–8*

*Destillerien aus dem Local Storage lesen*

```
checkDistilleries : function() {
    // Zeitpunkt des Updates
❶  var lastUpdate = localStorage.getItem('WhiskyApp.LastUpdate');
    var ldate = new Date();
    if( ldate.getTime() - lastUpdate > 604800000 ) {
        this.readDistilleries();
    } else
    {
❷      // Destillerien vorhanden?
        var dist = localStorage.getItem('WhiskyApp.Distilleries');
        if( dist == null ) {
            this.readDistilleries();
        }
        else {
            try {
                this.distilleries = JSON.parse(dist);
            } catch(e) {
                this.readDistilleries();
            }
        }
    }
},
```

Der Aufruf dieser Methode folgt in der main.js-Datei:

```
// Destillerien laden
WhiskyApp.cloud.checkDistilleries();
```

Wie Sie vielleicht schon erwarten, können im Entwicklungsmodus unter »Lokaler Speicher« die Werte betrachtet und auch editiert werden.

*Abb. 8–3*

*Local Storage im Entwickler-Modus*

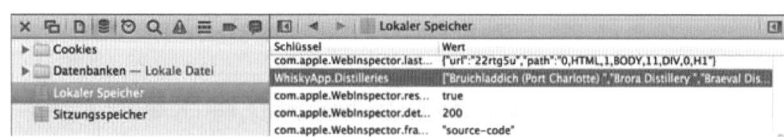

*Bei der Analyse des Local Storage finden die Entwickler viele span-*
*nende Einträge, darunter zum Beispiel die Breakpoints, die Safari auch*
*in diesem Speicher hinterlegt. Key gefunden? Suchen Sie mal nach*
`com.apple.WebInspector.breakpoints...`
*Ein wichtiges Thema für die Bedienbarkeit dieser App ist nun auch*
*gelöst. Das ganze Team freut sich.*

## 8.2   Facebook-Integration

*Der Marketingverantwortliche könnte sich gut vorstellen, dass Benut-*
*zer einen Whisky bewerten und dies anschließend auf einem sozialen*
*Netzwerk kommunizieren wollen. Dann könnten Freunde und*
*Bekannte vielleicht auf einen neuen Whisky aufmerksam werden und*
*diesen kaufen. Also stellt Herr Weber das Facebook-API vor.*

Mithilfe eines Prototypen werden wir unsere Web-App zu einer Face-
book-App machen, mit der wir Teile unserer Bewertung publizieren.
Zur Vereinfachung verwenden wir dazu die Distillery, die Bezeichnung, die Sternen-Wertung und den Kommentar. Diese Informationen
veröffentlichen wir als Feed auf Facebook:

*Abb. 8–4*

*Facebook-Feed der*
*Whisky-App*

*Ob der Inhalt sinnvoll ist, darüber lässt sich streiten, aber es geht vor-*
*erst um die technische Seite.*

Im Grunde sind dazu folgende Schritte notwendig:

1.  Sich als Developer bei Facebook registrieren
2.  Die App registrieren
3.  API integrieren in der App
4.  Testen
5.  Die App freischalten, Marketing betreiben

### 8.2.1   App registrieren

Für die Entwicklung einer App braucht man einen Facebook-Account. Sobald man auf die Entwicklungs-Ressourcen zugreifen will, wird man gefragt, ob man seinen Account um eine Development-Rolle erweitern möchte.

Facebook stellt verschiedene APIs zur Verfügung:

- Webseiten: Diese APIs stellen die Integration des Like-Buttons, Login-Funktionalitäten etc. bereit.
- Mobile Apps: APIs für native Apps (iOS und Android) als auch Web-Apps
- App auf Facebook: Diese Apps erscheinen in Facebook selbst. Es ist eine tiefe Integration möglich. Der Ausgangspunkt ist aber Facebook.
- Serverseitige Apps, die Nachrichten direkt von Server zu Server übermitteln. Beispiel: Twitter-Integration in Facebook.

Für unsere Whisky-App können wir sehr gut die Mobile-Web-Apps verwenden. Dieses API stellt uns viele Möglichkeiten in JavaScript zur Verfügung. Ein guter Einstiegspunkt ist die Seite *http://developers.facebook.com/docs/*.

Der erste Punkt ist die Registrierung der Web-App: *https://developers.facebook.com/apps*. Auf dieser Seite kann dann eine neue App definiert werden:

*Abb. 8–5*

*Die Anwendungsdefinition der Whisky-App*

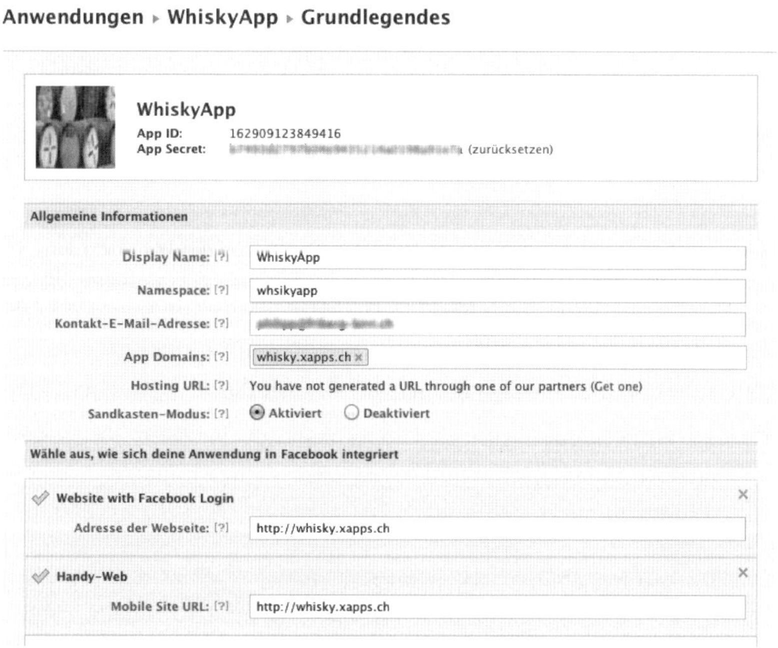

**Anwendungen ▸ WhiskyApp ▸ Grundlegendes**

Die Angaben oben in der Abbildung sind essenziell. Die vielen weiteren Informationen und Bilder sind später für das Marketing von Bedeutung. Ein weiterer wichtiger Aspekt sind die zwei URL-Adressen: Facebook lässt nur API-Aufrufe von Apps von diesen Adressen aus zu. Wenn ein Aufruf aus einer anderen Domain erfolgt, z.B. aus dem Dateisystem, dann erfolgt eine Fehlermeldung in der JavaScript-Konsole: »*Die Anwendungseinstellungen lassen die angegebene URL nicht zu: Ein oder mehrere URLs sind in den Einstellungen der App nicht zugelassen. Sie müssen mit der Website URL oder der Canvas URL übereinstimmen, oder die Domain ist Subdomain einer der App Domains.*«

**Sandkasten-Modus**

Mit dem Sandkasten-Modus lässt sich steuern, ob eine App sichtbar oder in Entwicklung ist. Ist der Sandkasten-Modus aktiviert, wird die App nicht im Facebook-App-Verzeichnis gefunden und die Feeds sind nicht öffentlich. Andere Benutzer als der Entwickler können die Sandkasten-App nicht benutzen.

Im Menüpunkt *Genehmigungen* kann die *Activity Privacy* voreingestellt werden, d.h., man kann festlegen, ob Aktivitäten nur für Freunde, nur für einen selbst oder öffentlich sind.

### 8.2.2  API in der App integrieren

Wir möchten eine Wertung mit unseren Kollegen teilen. Deshalb fügen wir in der Navigationsleiste der Wertung einen zusätzlichen Button mit dem Text *Facebook* ein. Da nun auf einem Smartphone diese Navigation mit vier Buttons zu breit wird, entfernen wir den *Abbrechen*-Button, da diese Funktion eigentlich durch den *Home-* resp. *Add*-Button im Titel bereits möglich ist:

*Abb. 8–6*
*Facebook-Button[4]*
*in der App*

---

4.  Für das Facebook-Icon muss die Zusatz-Icon-Bibliothek aus Abschnitt 5.3 eingebunden sein.

Die API-Integration erfolgt durch das Hinzufügen einer JavaScript-Datei:

*Listing 8–9*

*Facebook im HTML*

```html
<!DOCTYPE html>
<!-- <html manifest="http://whisky.xapps.ch/manifest.php"> -->
<html>
    <head>
        <meta charset="utf-8">
        ...
        <script src="lib/modernizr.js"></script>
        <script src="http://connect.facebook.net/en_US/all.js">
        </script>
        ...
    </head>
    <body>
        ....
        <!-- Aktionen -->
        <div data-role="navbar">
            <ul>
                <li><a id="delWertung" href="" data-icon="delete">
                    Löschen</a></li>
                <li><a id="saveWertung" href="" data-icon="check"
                    class="ui-btn-active">Speichern</a></li>
                <li id="facebookBar"><a id="facebook" href=""
                    data-icon="facebook">Facebook</a></li>
            </ul>
        </div> <!-- /Aktionen -->
        ...
    </body>
</html>
```

Das Facebook-API ist mit dem Objekt `FB` gekapselt[5]. Konnte dieses nicht geladen werden, blenden wir den Button gleich aus. Am besten erledigen wir dies in der `view.js`-Datei im Event, bevor das Layout gerendert ist:

```javascript
/**
 * Bevor die Seite erzeugt wird, ... */
$(document).bind("pagebeforecreate", function(){
    ...
    // ... Facebook-Button entfernen, wenn API nicht geladen wurde
    if ( typeof FB == "undefined") {
        $('#facebookBar').remove();
    }
});
```

Nicht vergessen dürfen wir das Event-Binding des neuen Buttons im Controller. Dies erstellen wir in der `initialize()`-Methode ❶ und rufen die Methode `toFacebook()` auf. Darin wiederum lesen wir die

5.   Ein schlankes und einleuchtendes Beispiel der JavaScript-API stellt Facebook unter folgender Adresse zur Verfügung: *http://www.facebookmobileweb.com/hello/.*

benötigten Felder aus ❷ und rufen entsprechend in der cloud.js die
Facebook-Integration ❸ auf:

```
/** Controller */
var WhiskyAppController = function() {
    ...
    /** Facebook-Veröffentlichung */
    function toFacebook()
    {
❷      var w = actWertung;
        w.distillery = $('#distillery').val();
        w.bezeichnung = $('#bezeichnung').val();
        w.wertung = $("input:radio:checked[name='wertung']").val();
        w.kommentar = $('#kommentar').val();
❸      WhiskyApp.cloud.feedOnFacebook(w);
    }

    return {
        initialize : function() {
            ...
            // Facebook
❶          $("#facebook").click(toFacebook);
            ...
        },
        ....
    };
}
```

Jetzt sind wir soweit, den spannenden Teil zu implementieren. Bevor
wir das API benutzen können, müssen wir eine Initialisierung vornehmen, in der wir auch unsere App ID von Facebook angeben müssen:

```
FB.init({appId: 'xxx', status: true, cookie: true, xfbml: false});1
```

---

**xfbml**
Unter Android kann es Probleme geben, wenn xfbml auf true (Default-
Wert) gesetzt wird. Der Vorteil von xfbml ist, dass die init()-Methode
automatisch den DOM nach xfbml-Tags durchsucht und dessen Inhalt
korrekt rendert. Ein Like-Button lässt sich so einfach in die Web-App integrieren:

```
<fb:like send="true" width="450" show_faces="true" />
```

Nicht vergessen, den Namespace hinzuzufügen:

```
<html xmlns="http://www.w3.org/1999/xhtml" xmlns:fb="http://ogp.me/
ns/fb#" >
```

xfbml-Werte können mit der Methode FB.XFBML.parse() einfach ermittelt
werden. Mögliche Werte sind: fb:activity, fb:comments, fb:friendpile,
fb:like, fb:like-box, fb:live-stream, fb:login-button, fb:name, fb:pro-
file-pic, fb:recommendations.

Bevor wir aber ein Feed auf Facebook absetzen können, müssen wir uns anmelden. Man müsste meinen, dass dies kein allzu großes Problem darstellt, besonders da Facebook für uns die Anmeldung übernimmt: In einem neuen Fenster wird die Facebook-Login-Seite dargestellt. Wir müssen uns um nichts kümmern. Ist der Benutzer bereits angemeldet, z.B. von der Facebook-Seite selbst, entfällt dies. Genau das stellt jedoch das grundlegende Problem dar: Wenn wir die App unter iOS im *Full Screen Mode* starten, also aus dem Home-Bildschirm heraus, werden neue Fenster im selben Fenster geladen. Dies bedeutet, dass wir die Whisky-App verlassen und somit nur noch einen weißen Bildschirm sehen. Sehr unschön, oder?

Als Abhilfe kann ich folgendes Vorgehen empfehlen: Wenn wir die App in diesem Modus starten, und nur dann, laden wir nach dem Login unsere Whisky-App erneut. Wir führen auch ein Login nur dann durch, wenn der Benutzer noch nicht angemeldet ist. Um das Problem beim Publizieren eines Feeds zu umgehen, verwenden wir statt des Dialog-APIs das Graph-API. Mehr dazu aber später.

Deshalb ermitteln wir im folgenden Listing nach dem init ❶ den Status des Logins FB.getLoginStatus() ❷ und abonnieren Status-Änderungen bezüglich Logins FB.Event.subscribe() ❸. Ist ein Login notwendig, so merken wir das ❹ und führen es erst durch, wenn es auch notwendig ist. Diese Funktionalität implementieren wir im Konstruktor der Cloud:

*Listing 8–10*
*Facebook-Login-Status*

```
// Konstruktor
init : function() {
    this.distilleries = new Array();
    this.FBLogin = 0;

    // Facebook-Integration
    if ( typeof FB != "undefined") {
        var that = this;
        // FB Initi
❶      FB.init({appId: 'xxx', status: true, cookie: true,
                xfbml: false});
        // Bereits angemeldet?
❷      FB.getLoginStatus(function(response) {
            if (response.status === 'connected') {
            } else if (response.status === 'not_authorized') {
❹              that.FBLogin = 1;
            } else {
❹              that.FBLogin = 1;
            }
        });
❸      FB.Event.subscribe('auth.authResponseChange',
            function(response) {
                FB.getLoginStatus(function(response) {
```

```
                    if (response.status === 'connected') {
                    } else if (response.status === 'not_authorized') {
❹                       that.FBLogin = 1;
                    } else {
❹                       that.FBLogin = 1;
                    }
                });
            }
        );
    }
},
```

Der Controller ruft für einen Feed die Methode feedOnFacebook(w); auf und übergibt eine Wertung. Dort prüfen wir als Erstes, ob ein Login notwendig ist (FBLogin = 1) und führen es durch ❶:

```
feedOnFacebook : function(wertung) {
    if ( typeof FB != "undefined") {
        var that = this;
❶       if( this.FBLogin == 1 ) {
            // Nicht angemeldet, also anmelden
            this.loginFacebook();
            return false;
        }

        // Waiting Dialog
        $.mobile.loading( 'show', {text: "sendet an Facebook...",
                        textVisible: true} );

❷       // Parameter für Feed
        var params = {};
        params['message'] = 'Ich habe einen Whisky degustiert:';
        params['name'] = wertung.distillery+' '+wertung.bezeichnung;
        params['description'] = 'Kommentar: '+wertung.kommentar;
        params['link'] = 'http://whisky.xapps.ch/';
        params['picture'] = 'http://'+WhiskyApp.domain+
                            '/img/whisky.png';
        params['caption'] = wertung.wertung+' Sterne!';

❸       if( ("standalone" in window.navigator) &&
            !window.navigator.standalone ) {
            // iOS Safari Full Screen Mode (keine Popups)
            params['display'] = 'touch';
            params['redirect_uri'] = 'http://whisky.xapps.ch';
        }

        FB.getLoginStatus(function(response) {
            if (response.status === 'connected') {
                $.mobile.loading( 'hide' );
❹               FB.api('/me/feed', 'post', params, function(response)
                {
                    if (!response || response.error) {
```

*Listing 8–11*

*Feed publizieren*

```
                    WhiskyApp.gui.alert('Fehler');
                } else {
                    alert('Post ID: ' + response.id);
                }
            });
        } else if (response.status === 'not_authorized') {
            $.mobile.loading( 'hide' );
            WhiskyApp.gui.alert('Erneutes Facebook-Login
                    notwendig. Nochmals ausführen bitte.');
            that.FBLogin = 1;
        } else {
            $.mobile.loading( 'hide' );
            WhiskyApp.gui.alert('Erneutes Facebook-Login
                    notwendig. Nochmals ausführen bitte.');
            that.FBLogin = 1;
        }
    });
    }
}
```

Bevor wir einen Feed absetzen, stellen wir unsere Parameter zusammen
❷. Am einfachsten können wir uns dies anhand eines Feeds vorstellen:

**Abb. 8–7**

*Variablen eines Feeds und
dessen Darstellung*

Interessant dürften Sie sicher den Code unter ❸ finden. Wie oben
erwähnt, haben wir das Problem des zusätzlichen Fensters unter iOS.
Mit dem Code

```
if( ("standalone" in window.navigator) &&
        !window.navigator.standalone )
```

finden wir heraus, ob die App im iOS Safari *Full Screen Mode* gestartet
wurde. Wenn ja, setzen wir die Parameter display auf touch und
redirect_uri auf die URL der App. Dies verhindert einen weißen Bildschirm. Keine Angst, die App wird trotzdem nicht neu gestartet. Dies
ist lediglich ein Workaround.

So, nun kann der ersehnte Feed-Aufruf erfolgen ❹. Wir verwenden
das Graph-API. Beim Graph-API kann der Benutzer keine Interaktion

mehr machen. Möchte man dem Benutzer die Möglichkeit geben, eine Nachricht (message) hinzuzufügen, muss das UI-API verwendet werden. Derselbe Aufruf würde wie folgt aussehen:

```
FB.ui({
    method: 'feed',
    name: 'Bewertung '+wertung.distillery+' '+wertung.bezeichnung,
    caption: wertung.wertung+' Sterne!',
    description: 'Kommentar: '+wertung.kommentar,
    link: '',
    picture: 'http://'+WhiskyApp.domain+'/img/whisky.png',
}, function(response) {});
```

Folgende UI-Methoden stehen zur Verfügung:

- Feed: Eine Story posten
- OAuth: Applikations-Autorisierung
- Add Page: Der Benutzer kann einer Facebook-Page eine App hinzufügen
- Friends: Der Benutzer kann eine Freundes-Anfrage durchführen
- Pay: ermöglicht einen Einkauf
- Request: sendet einen Request an einen oder mehrere Freunde
- Send: sendet eine Nachricht an einen oder mehrere Freunde

Jetzt fehlt uns noch das Login. Dies implementieren wir in der Methode loginFacebook():

```
loginFacebook : function() {
    var that = this;
❶  if( ("standalone" in window.navigator) &&
        !window.navigator.standalone ) {
        // iOS Safari Full Screen Mode (keine Popups)
        param = {scope:'publish_actions',
                redirect_uri: 'http://whisky.xapps.ch',
                display : 'touch'}
    }
    else {
        param = {scope:'publish_actions'}
    }

❷  FB.login(function(response) {
        if (response.authResponse) {
            that.FBLogin = 0;
        }
        else {
            WhiskyApp.gui.alert('Fehler beim Login');
        }
    }, param );
},
```

*Listing 8–12*

*Facebook-Login*

Auch hier prüfen wir zuerst, ob die App im *Full Screen Mode* gestartet wurde. Wenn ja, fügen wir zusätzlich die bekannten Parameter von oben hinzu. Die Login-Methode führt dann aber den Redirect auch wirklich aus! Der spannendere Parameter ist der scope. Er definiert, was die App auf Facebook darf – und dies muss dann der Benutzer auch bestätigen. In unserem Beispiel sagen wir mit publish_actions, dass wir ohne Benutzernachfrage Feeds absetzen dürfen. Wenn der Benutzer die App noch nicht freigegeben hat, muss er dies nach der Anmeldung machen. Danach kann er im *App-Zentrum* unter *Meine Anwendungen* die Konfiguration jederzeit nachsehen:

**Abb. 8–8**

*App-Zentrum auf Facebook*

**Abb. 8–9**

*App-Einstellungen auf Facebook*

Weitere Erlaubnisse sind auf der Homepage sehr detailliert nachles-bar[6].

### 8.2.3   Die App freischalten und Marketing betreiben

Ist die App fertig entwickelt, kann sie freigeschaltet werden. Dabei müssen noch viele Texte und Bilder hochgeladen werden, sodass die App entsprechend mit einer eigenen Facebook-Seite ausgestattet wird und im App-Katalog erscheint.

---

6.   *http://developers.facebook.com/docs/reference/login/#permissions*

*Solch eine Facebook-Anbindung hat noch ihre Tücken. Aber wenn man sich ein wenig damit beschäftigt hat, kommt man schnell damit zurecht. Nun sind alle Spirit-Entwickler auf Facebook...*

## 8.3  Backup

*Beim Testen auf den verschiedenen Geräten hätten die Mitarbeiter gerne ihre Testdaten. Folglich kommt das Thema Synchronisation auf. Da dieses aber nur zusammen mit Middleware zu diskutieren ist und Herr Weber dafür kein Mandat hat – das entwickelt ein anderes Team –, beschränken sie sich auf ein Backup-/Restore-Szenario. Das bedeutet, dass alle Wertungen auf den Server geladen werden und von dort wieder herunter.*

*Das ist schnell gemacht: Benötigt wird ein neuer Dialog für die Eingabe von Benutzername und Passwort sowie ein Ajax-Call auf ein PHP-Script, das die Wertungen speichert bzw. ausliest. Herr Weber bringt noch ein zusätzliches Thema ins Spiel: Web Sockets. Web Sockets sind Socket-Verbindungen mit JavaScript.*

### 8.3.1  Backup und Restore

Den zusätzlichen Dialog für die Login-Informationen bauen wir am Schluss der index.html-Datei ein. Er enthält zwei Eingabefelder, Benutzername und Passwort (vom Typ password), sowie zwei Buttons für das Backup und das Restore:

```
<!-- page sync -->
<div data-role="dialog" data-theme="d" id="whisky-sync">
   <!-- Header -->
   <div data-role="header" id="header">
      <h1>Backup der Whisky-Wertungen</h1>
   </div> <!-- /header -->

   <!-- Content -->
   <div data-role="content">
      <p>Auf der Whisky-Cloud kann ein Backup erstellt werden.</p>
      <div data-role="fieldcontain">
         <label for="username">Benutzer-ID:</label>
         <input type="text" autocomplete="off"
               name="username" id="username" />
      </div>
      <div data-role="fieldcontain">
         <label for="pwd">Passwort:</label>
         <input type="password" name="pwd" id="pwd" value="" />
      </div>
      <button type="button" id="backup" data-icon="refresh"
```

*Listing 8–13*

*Backup-/Restore-Dialog*

```
                    data-theme="a">Backup erstellen</button>
        <button type="button" id="restore" data-icon="alert"
                data-theme="d">Restore - alle Daten
                überschreiben</button>
    </div>  <!-- /Content -->
</div>  <!-- /page sync -->
```

Wie kommen wir aber zu diesem Aufruf? Ich schlage vor, dass wir neben dem About-Icon ein weiteres Icon hinzufügen:

**Abb. 8–10**

*Icon für Backup/Restore*

```
<div data-role="header" data-position="fixed" >
  <h1>Whisky Rating</h1>
  <div data-role="controlgroup" data-type="horizontal"
      class="ui-btn-right">
    <div data-icon="plus" data-role="button" data-shadow="false"
        data-iconpos="notext" id="newWertung"></div>
  </div>
  <!-- About und Backup -->
  <div data-role="controlgroup" data-type="horizontal"
      class="ui-btn-left">
    <div data-rel="dialog" data-shadow="false" data-icon="info"
        data-role="button" data-iconpos="notext"
        id="about"></div>
    <div data-icon="gear" data-role="button" data-shadow="false"
        data-iconpos="notext" id="sync"></div>
  </div>
</div>
```

Im Controller führen wir nun die Event-Listener hinzu, die in der cloud.js die backup()- und restore()-Methoden aufrufen:

**Listing 8–14**

*Event-Listener für Backup/Restore*

```
/** Backup-/Restore-Dialog
 * Quelle: whisky-home
 * Ziel: whisky-sync */
function backupdialog( )
{
  $('#username').val(localStorage.getItem(
                  'WhiskyCloud_BenutzerName'));
  $.mobile.changePage("#whisky-sync",
                  {transition : "slidedown"});
}

/** Backup
 * Quelle: whisky-sync
 * Ziel: whisky-home */
function backup( )
{
```

```
        if( $('#pwd').val() !== "" &&
            $('#username').val() !== "" ) {
            localStorage.setItem('WhiskyCloud_BenutzerName',
                                 $('#username').val());
            WhiskyApp.cloud.backup($('#username').val(),
                                   $('#pwd').val());
            $.mobile.changePage("#whisky-home",
                                 {transition : "slideup"});
        }
    }

    /** Restore
     * Quelle: whisky-sync
     * Ziel: whisky-home */
    function restore( )
    {
        if( $('#pwd').val() !== "" &&
            $('#username').val() !== "" ) {
            localStorage.setItem('WhiskyCloud_BenutzerName',
                                 $('#username').val());
            WhiskyApp.cloud.restore($('#username').val(),
                                    $('#pwd').val());
            $.mobile.changePage("#whisky-home",
                                 {transition : "slideup"});
        }
    }

    /** Init */
    return {
        initialize : function() {
            ...
            // Backup/Restore
            $("#sync").bind( 'vclick', backupdialog);
            $("#backup").bind( 'vclick', backup);
            $("#restore").bind( 'vclick', restore);
        }
    }
```

Wie wir sehen, speichern wir den Benutzernamen zwecks besserer Usability im Local Storage. Nun können wir den Server-Aufruf implementieren – vorerst mithilfe von Ajax. Diesen Aufruf implementieren wir in der backup()- und restore()-Methode in der cloud.js-Datei.

```
/** Backup */
backup : function (username, pwd) {
    // Tasting-Objekt wird in JSON umgewandelt.
❶ var data = JSON.stringify(WhiskyApp.tastings.getWertungen());

❷ // Anmelde-Informationen und Daten
   WhiskyCloud = {
       userID: username,
       pwd: pwd,
       data: data
   };

   var cloudJson = JSON.stringify(WhiskyCloud);
   cloudJson = "WhiskyBackup=" + cloudJson;
   if(WhiskyApp.debug)
       console.log(cloudJson);

   // URL zusammenstellen
❸ var server = "http://" + WhiskyApp.domain +
                 "/whiskybackup.php";
   // Ajax-Aufruf
   $.ajax({
       type: "POST",
       url: server,
       data: cloudJson,
       cache: false,
       datatype: "json",
       error : function(msg, textStatus) {
           WhiskyApp.gui.alert("Fehler beim Backup: "+textStatus);
       },
       success : function(data) {
           WhiskyApp.gui.alert(data);
       }
   });
},

/** Restore */
restore : function (username, pwd) {
    // Tasting-Objekt wird in JSON umgewandelt.
    WhiskyCloud = {
        userID: username,
        pwd: pwd,
        data: ""
    };

    var cloudJson = JSON.stringify(WhiskyCloud);
    cloudJson = "WhiskyBackup=" + cloudJson;
    if(WhiskyApp.debug)
        console.log(cloudJson);

    // URL zusammenstellen
    var server = "http://" + WhiskyApp.domain +
                  "/whiskyrestore.php";
    // Ajax-Aufruf
```

```
❹  $.ajax({
      type: "POST",
      url: server,
      async: false,
      data: cloudJson,
      cache: false,
      dataType: "json",
      error : function(msg, textStatus) {
          WhiskyApp.gui.alert("Fehler beim Restore von " +server+
                              ": "+textStatus);
      },
      success : function(data) {
❺        if(WhiskyApp.debug)
             console.log(data);
          if(data === null)
             WhiskyApp.gui.alert("Ungültige BenutzerID oder
                                 Passwort!");
          else
             WhiskyApp.tastings.setWertungenWithDB(
                                JSON.parse(data[2]));
      }
   });
}
```

Beim Backup lesen wir das Wertungs-Array aus und wandeln es in das
JSON-Format um ❶. Danach erstellen wir ein neues Objekt mit den
Login-Daten und den Wertungen ❷, das wir dann an den Server über-
tragen ❸. Dieser prüft das Login und im Erfolgsfall speichert er die
Daten. Der Rückgabewert ist eine Status-Meldung.

Beim Restore lesen wir die Daten vom Server ❹. Hier ist zu beachten, dass wir synchron arbeiten (async: false). Das bedeutet, dass der
Benutzer während des Restore nicht weiterarbeiten kann – was ja bei
einem Restore durchaus gewollt ist. Im Erfolgsfall ❺ parsen wir das
Resultat und setzen das Wertungs-Array im Modell neu. Im Modell
(model.js) müssen wir dann alle bestehenden Wertungen löschen und
die neuen hinzufügen. Damit die Datenbank auch aktualisiert wird,
machen wir dies am besten mit dem Observer-Pattern:

```
/** Wertungen setzen und DB aktualisieren */
setWertungenWithDB : function(array) {
    // Alle Wertungen löschen
    for ( var i = 0; i < this.wertungsAr.length; i++) {
        var deleted = this.wertungsAr.splice(i, 1);
        this.notify({obj: deleted[0], crud: "D"});
    }

    // Wertungen hinzufügen
    for ( var i = 0; i < array.length; i++) {
        this.add(array[i]);
    }
},
```

*Listing 8–16*

*Methode*
*setWertungenWithDB() im*
*Modell für Restore*

### 8.3.2    Web Sockets

Will man jedoch auf eine andere Domain zugreifen oder eine stehende Verbindung für Push-Nachrichten aufbauen, gibt es auch noch andere Möglichkeiten: Web Sockets. Um die Funktionsweise zu demonstrieren, schreiben wir das Beispiel um.

Das JavaScript-Objekt für Web Sockets heißt WebSocket. Verbindungen können auf Basis von HTTP oder HTTPS aufgebaut werden, wobei der Protokollname ws und wss für verschlüsselte Verbindungen lautet:

```
var socket = new WebSocket("ws://example.com/service");
```

Mit der Methode close() können wir die Verbindung terminieren. Als Events stehen uns entsprechend onopen() und onclose() zur Verfügung. Mit send() verschicken wir beliebige Daten, empfangen können wir die Nachrichten im Event onmessage().

Der Code unten schickt das Backup an einen öffentlichen Echo-Replay-Server[7], sodass wir die Kommunikation analysieren können:

```
/** Backup mithilfe von WebSockets */
backup : function (username, pwd) {
    // JSON-Objekt-Tastings
    var data = JSON.stringify(WhiskyApp.tastings.getWertungen());

    // WebSocket
    var socket = new WebSocket('ws://echo.websocket.org');
    // Wenn die Verbindung aufgebaut ist, dann senden
    socket.onopen = function () {
        console.log("Sende Daten...");
        socket.send(data);
    };
    // Antwort empfangen
    socket.onmessage = function (msg) {
        console.log(msg.data);
    };
},
```

Führen wir dieses Beispiel aus, so werden die Wertungen vom Echo-Server wieder zurückgeschickt. Diese empfangen wir in onmessage und geben sie in der Konsole aus. In der Entwicklungs-Konsole kann der Request genauer analysiert werden:

---

7.  Dieser Server sendet die empfangenen Daten sofort wieder an den Client zurück. Somit lassen sich die Web Sockets einfach testen: *ws://echo.websocket.org*

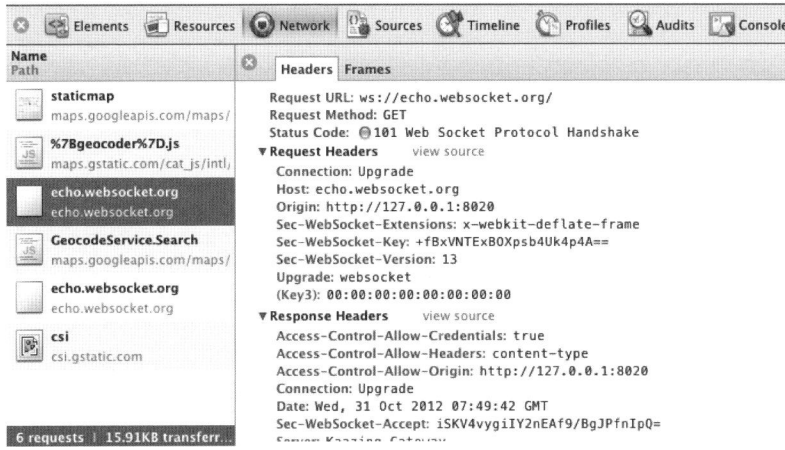

*Abb. 8–11*

*Web Socket in der*

*Entwicklungs-Konsole*

### 8.3.3    Unterstützung für Web Sockets

Web Sockets werden ab folgenden Versionen unterstützt:

- Internet Explorer ab Version 10 (Windows 8)
- Firefox ab 6
- Safari ab 6.0
- Mobile Safari ab 6.0
- Chrome ab 14.0
- Android ab 4.0
- Opera 10.7
- Opera Mobile ab 12.1
- Blackberry 7

*Die Entwickler finden die Web Sockets ganz sexy. Doch Herr Weber schmunzelt und fragt: »Wollen wir noch Push-Messages betrachten?« Selbstverständlich nicken alle.*

## 8.4    Pusher

Mithilfe von Web Sockets lassen sich Mechanismen entwickeln, mit denen Nachrichten verteilt werden können. Diese Echtzeit-Kommunikation, bei der Daten vom Server an verschiedene Clients verteilt werden, wird Push-Kommunikation genannt. Solche Protokolle werden auch bei Microsoft Outlook oder Lotus Notes für die E-Mail-Auslieferung verwendet. Dafür wird eine Middleware benötigt, auf der sich die Clients zusammen mit den Nachrichten-Quelle verbinden:

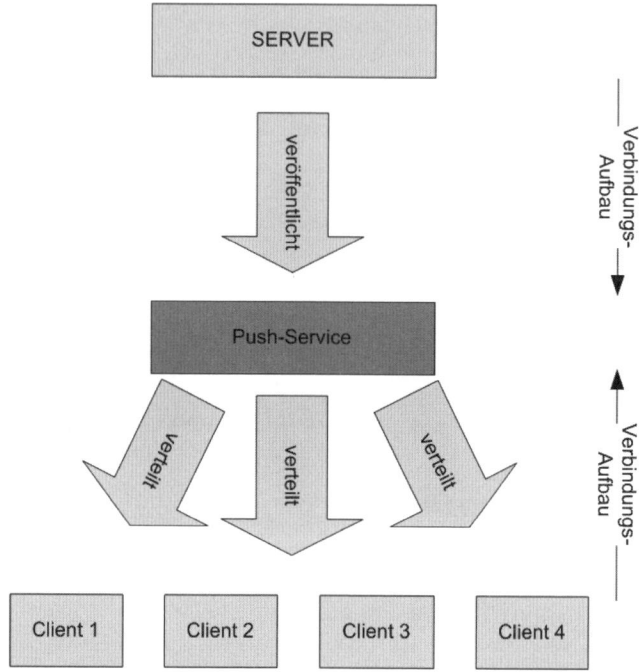

**Push ist nicht gleich Push**

Bei einem Push-Protokoll werden Daten (Nachrichten) von einem Server
an Clients verteilt, wobei aber aus Netzwerksicht der Client die Netzwerkverbindung zum Server aufbaut, da der Server in der Regel nicht weiß,
wo sich der Client befindet und welche Adresse er hat. Solche Push-
Nachrichten können nur dann an die Client-Applikation gesendet werden,
wenn diese läuft.

Da eine App auf einem mobilen Gerät nicht immer läuft, bieten Apple
und Google einen Push-Service an, bei dem eine App nicht laufen muss.
Bei Apple heißt er *Apple Push Notification Service (APNS)*[a], bei Google
*Cloud Messaging (GCM)*[b]. Statt direkt mit der App zu kommunizieren,
werden Nachrichten an das Betriebssystem gesendet. Dazu müssen sich
die Apps beim Message-Dienst des Systems registrieren. Dieses Konzept ist nur mit nativen Apps oder Hybrid-Apps umsetzbar.

a.  http://developer.apple.com/library/mac/#documentation/NetworkingInternet/
    Conceptual/RemoteNotificationsPG/ApplePushService/ApplePushService.html
b.  http://developer.android.com/google/gcm/index.html

Solch eine Plattform bieten verschiedene Hersteller an, zum Teil mit
sehr unterschiedlichem Funktionsumfang. Eine Lösung aus der Cloud
ist Pusher (pusher.com). Für eigene Versuche lässt sich ganz einfach ein
kostenloser Account erstellen, der zurzeit auf max. 20 Clients und
100.000 Nachrichten pro Tag begrenzt ist. Größere Mengen sowie

eine Verschlüsselung sind kostenpflichtig. Ein Account ist in ein paar Klicks eingerichtet. Danach können sofort Apps erstellt werden.

Eine App hat eine ID, einen Schlüssel für den Clientzugriff und einen Schlüssel für den Sender. Ist die App definiert, kann ein kleines Testprogramm geschrieben werden, das unter API-Access bei der App als Beispiel angezeigt wird:

*Listing 8–18*

*Pusher-Client*

```
<!DOCTYPE html>
<head>
  <title>Pusher Test</title>
  <script src="http://js.pusher.com/1.12/pusher.min.js"
          type="text/javascript"></script>
  <script type="text/javascript">
    // Enable pusher logging - don't include this in production
❶  Pusher.log = function(message) {
      if (window.console && window.console.log)
        window.console.log(message);
    };

    // Flash fallback logging - don't include this in production
    WEB_SOCKET_DEBUG = true;

❷  var pusher = new Pusher('5f3334744e0f5d7b3aa5');
❸  var channel = pusher.subscribe('WhiskyApp');
❹  channel.bind('info_event', function(data) {
      alert(data);
    });
  </script>
</head>
```

❶ gibt Meldungen aus, um Fehler zu finden. Interessant wird ❷. Dort initialisieren wir das Pusher-Objekt mit unserem *Client*-Key. Somit weiß Pusher, um welche App es sich handelt. Wenn der Server einen Event erzeugt, gibt dieser einen Channel-Namen und einen Event-Namen mit. Der Client abonniert entsprechend einen Channel ❸ und kann darauf einen Event-Handler für bestimmte Events definieren ❹. Das funktioniert also ähnlich wie unser Observer-Pattern.

Wir öffnen nun auf dem PC und auf dem Smartphone die Webseite und erzeugen auf der Pusher-Webseite einen Event:

*Abb. 8–13*
*Pusher-Event erzeugen*

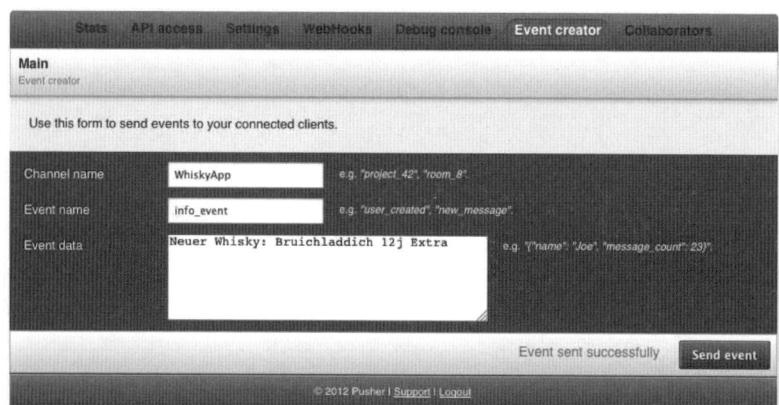

Sofort wird uns auf den Geräten die Nachricht dargestellt:

*Abb. 8–14*
*Pusher-Benachrichtigung*
*auf iPhone*

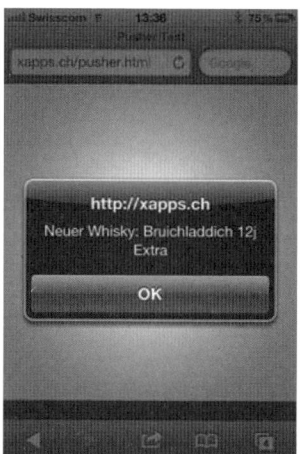

Auf dem PC, z.B. im Firefox mit Firebug, können wir die Funktions-weise sehr gut veranschaulichen, indem wir dort die Netzwerkverbin-dungen betrachten:

*Abb. 8–15*
*Pusher-*
*Netzwerkverbindungen*

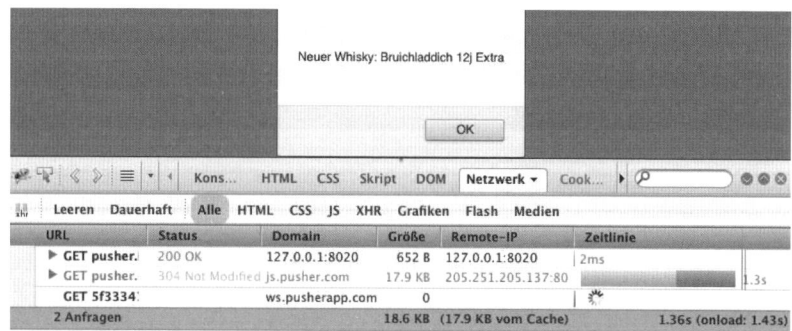

Wir sehen, dass das Pusher-API eine Web-Socket-Verbindung zum Pusher-Dienst aufbaut und aufrechterhält. Auf dieser Verbindung sendet uns der Server Nachrichten. Das Pusher-API interpretiert diese und ruft die zum Event gebundene Callback-Funktion auf.

*Die Entwickler erproben den Dienst etwas verspielt. Viele Middlewares bieten solche Funktionalitäten an. Die Funktionsweise ist immer ähnlich. Gewisse APIs simulieren diesen Mechanismus mithilfe von Ajax-Calls, wenn Web Sockets nicht verfügbar sind.*

*Es kommen Ideen auf, ein Realtime-Tasting per Push-Nachrichten zu verfolgen. Ideen sind immer gut...*

## 8.5   Zusammenfassung

*Die Entwickler sind beeindruckt und müssen nun zuerst die Eindrücke verdauen, bevor sie verschiedene Themen mit dem Management besprechen können, etwa: Wie kann Facebook für das Unternehmen wirksam genutzt werden?*

*Da steht aber noch ein Thema auf der Liste von Herrn Weber: Wie können wir eine native App aus unserer Web-App machen?*

# 9 Die Hybrid-App

*Die Web-App ist entwickelt. Doch wie greifen wir auf das Adressbuch
zu? Wie bringen wir die App in den App-Store? Fragen über Fragen.
Herr Weber kennt sie zur Genüge. Eine beliebte Lösung ist PhoneGap
(auch bekannt unter dem Namen Apache Cordova). Damit lassen sich
Web-Apps in native Apps einbinden und können auf all die nativen
Funktionen zugreifen. Super, oder? Die ersten Schritte hat man schnell
bewältigt, danach ist es eigentlich ein Thema für ein weiteres Buch (das
es bereits von Herrn Ross gibt, siehe Literaturverzeichnis).*

*Trotzdem, wir wollen im Folgenden aus unserer Web-App eine
native App für Android und iOS machen, sodass die Spirit AG eine
Einführung in PhoneGap bekommt und die Philosophie hinter Phone-
Gap versteht.*

## 9.1 PhoneGap

PhoneGap[1] ist ein Open-Source-Entwicklungstool, mit dem man aus
einer HTML5-App eine native App für 7 (!) verschiedene Plattformen
erzeugen kann. Die Funktionsweise ist sehr simpel, aber bedeutsam:
Die Web-App läuft in einem Web-Container auf dem entsprechenden
Device, wobei der Standard-Webbrowser vom Device verwendet wird.
Die Brücke zwischen den nativen Funktionen und der Web-App übernimmt eine PhoneGap-Bibliothek, die sich mit Plug-ins für plattform-
spezifische Funktionalitäten erweitern lässt. Somit sind z.B. auch
Zugriffe auf Fotoalben möglich. Zu beachten ist aber, dass für jede zu
unterstützende Plattform ein entsprechender Build mit der entsprechenden Entwicklungsumgebung durchgeführt werden muss. Somit
kommt man an Xcode für iOS-Geräte, an Eclipse für Android etc.
nicht vorbei. Eine Ausnahme ist der PhoneGap-Cloud-Service, mit
dem Builds in der Cloud vorgenommen werden können.

---

1.  *http://www.phonegap.com*

PhoneGap ist mittlerweile ein Top-Level-Projekt der Apache Software Foundation und steht unter der Apache License 2.0.

Ich werde im Folgenden anhand von iOS und Android zeigen, wie unsere Web-App eingebettet werden kann. Danach folgt noch die Shake-Integration.

## 9.2   Whisky-App für iOS

Die Voraussetzungen sind ein Mac mit Xcode 4.5 oder neuer. Xcode lässt sich aus dem App-Store kostenlos herunterladen und beinhaltet einen sehr guten Simulator für das iPhone und iPad, siehe auch Abschnitt 2.4.

Das Projekt erzeugt PhoneGap über die *Xcode Command Line Tools*. Diese Tools müssen nachinstalliert werden: im Menü *Xcode, Preferences*:

**Abb. 9–1**
*Weitere Tools für Xcode
installieren*

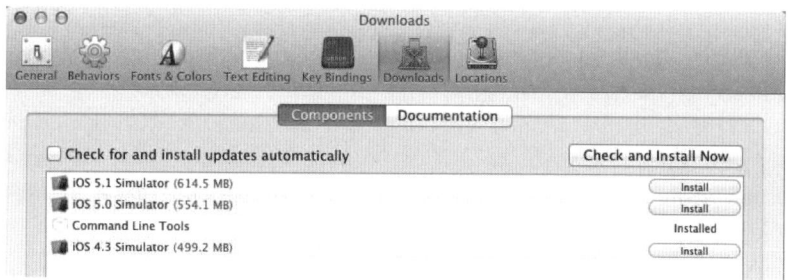

Hier können auch ältere Simulatoren nachinstalliert werden. Nun fehlt noch der Download von PhoneGap von der PhoneGap-Homepage. Die heruntergeladene Zip-Datei ist danach in ein geeignetes Verzeichnis zu entpacken.

Ein neues Projekt muss in der Konsole erstellt werden. Dazu muss man die Terminal.app starten und das bin-Verzeichnis im Verzeichnis ios von PhoneGap in das Terminal ziehen. Mit dem create-Programm lässt sich ein neues Projekt erstellen. Als erster Parameter muss das Projektverzeichnis angegeben werden. Dann folgt der Paketname in der Reverse-Domain-Notation, und im dritten Parameter muss der Projektname angegeben werden. Für das Whisky-Beispiel ergibt dies folgende Syntax:

```
./create ~/WebApps/native/ios/iWhisky ch.xapps.iwhisky iWhisky
```

> **Hinweis**
>
> Das Projektverzeichnis darf noch nicht existieren, sonst meint PhoneGap, dass das Projekt bereits existiere.

Im neuen Verzeichnis gibt es nun die Datei iWhisky.Xcodeproj; das ist
die Projektdefinition, die mit Xcode geöffnet werden kann:

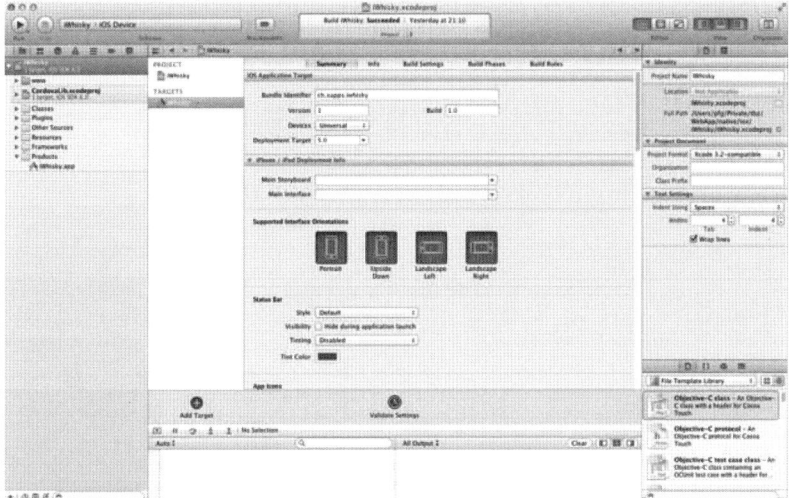

**Abb. 9–2**

*Projektdefinition von*

*iWhisky in Xcode*

Im Verzeichnis www befindet sich die Web-App. In iWhisky befinden sich
die projektspezifischen Dateien und der Objective-C-Code für die
native App. CordovaLib ist ein Sub-Projekt, eingebunden als Bibliothek, und in cordova befinden sich Konsolen-Tools.

   Links im Fenster von Xcode findet man den oben genannten Pro-
jektaufbau. Oben im Fenster befinden sich die Compiler-Funktionen
und unten die Konsolenausgabe, besonders wertvoll für Debug-Zwe-
cke. Rechts befinden sich, je nach Inhalt, weitere Fenster.

   In der Abbildung ist die Projektdefinition zu sehen, in der folgende
Angaben gemacht werden müssen:

▪ Ab welcher iOS-Version ist die App lauffähig? Dies ist besonders
  dann wichtig, wenn gewisse native Funktionen benötigt werden,
  die erst ab einer bestimmten Version verfügbar sind.
▪ Welche Version hat die App?
▪ Läuft eine App nur auf dem iPhone, nur auf dem iPad oder auf beiden Devices?

Nun folgen die Device-spezifischen Angaben. Dies sind:

▪ Welche Device-Orientierungen werden unterstützt? In der Whisky-
  App sind das alle Positionen.
▪ die App-Icons
▪ die Start-Bilder

Ich empfehle, die bestehenden PhoneGap-Bilder und Icons mit den eigenen zu überschreiben. Dazu sind die Auflösungen gemäß Tabelle notwendig:

*Tab. 9–1*

*Icon- und Bilderauflösungen für iOS*

| Gerät | Bild/Icon | Auflösung |
|---|---|---|
| iPhone | Icons | 57 x 57<br>114 x 114 (Retina Display) |
| iPhone | Bilder | 320 x 480<br>640 x 960 (Retina Display)<br>640 x 1136 (iPhone 5) |
| iPad | Icons | 72 x 72<br>144 x 144 (Retina Display) |
| iPad | Bilder: Portrait | 768 x 1004<br>1536 x 2008 (Retina Display) |
| iPad | Bilder: Landscape | 1024 x 768<br>2048 x 1496 (Retina Display) |

Die Icons befinden sich im Verzeichnis `iWhisky/Resources/icons`, die Bilder im Verzeichnis `iWhisky/Resources/splash`.

Nun kann die App im Simulator gestartet werden und es erscheinen bereits die aktuellen Bilder. Die App ist noch eine Hello-World-App von PhoneGap. Ersetzen wir also diese App. Dazu sichern wir im `www`-Verzeichnis die Dateien `cordova-2.x.x.js` und `index.js`. Jetzt löschen wir den restlichen Inhalt und kopieren unsere Web-App in dessen Verzeichnis. Schließlich kopieren wir die `cordova-2.x.x.js`-Datei wieder in das `www`-Verzeichnis zurück und die `index.js`-Datei in das `js`-Verzeichnis. In Xcode sehen wir bereits unsere neuen Dateien. Jetzt müssen wir unsere `index.html`-Datei im Header leicht anpassen:

*Listing 9–1*

*Anpassungen in index.html für PhoneGap*

```
<head>
  ...
  <link rel="stylesheet" href="..." />

  <script type="text/javascript" src="cordova-2.2.0.js"></script>
  <script type="text/javascript" src="js/index.js"></script>

  <script src="http://maps.google.com/maps/api/js?sensor=true">
  </script> <!-- Google-Maps -->
  <script src="lib/jquery.min.js"></script>
  <script>
  $(document).bind('mobileinit', function() {
  // Global strings
  $.mobile.loadingMessage = "lade";
  $.mobile.pageLoadErrorMessage = "Fehler beim laden der Seite";
  ...
```

```
    // PhoneGap
    $.mobile.allowCrossDomainPages = true;
    $.support.cors = true;
    });
</script>
<script src="lib/mobile/jquery.mobile.min.js"></script>
...
<script src="lib/mvc.js"></script>

<script src="js/db.js"></script>          <!-- DB -->
<script src="js/location.js"></script>    <!-- Geolocation -->
<script src="js/model.js"></script>       <!-- Logik -->
<script src="js/controller.js"></script>  <!-- Events -->
<script src="js/view.js"></script>        <!-- View -->
<script src="js/cloud.js"></script>       <!-- Cloud-Dienste -->

<script type="text/javascript">
    app.initialize();
</script>

<script src="js/main.js"></script>
</head>
```

Das Facebook-API funktioniert in PhoneGap nicht mehr. Da brauchen wir nun die native Unterstützung. Die Datenbankunterstützung ist gegeben (WebSQL), deshalb können wir direkt db.js einbinden.

Wir binden also den Cordova-JS-Objective-C-Wrapper ein, um auf die nativen Funktionen Zugriff zu erhalten. Die index.js-Datei übernimmt für uns das Event-Handling der nativen Events. Der Trick ist, dass auf PhoneGap/Cordova erst zugegriffen werden darf, wenn der Container, also der native Teil, geladen wurde. Dazu gibt es den Event deviceready. Ab dann können wir auf die Geolocation usw. zugreifen.

Sie ahnen es wahrscheinlich, wir müssen für den zweiten Teil der Datei main.js diesen Event abwarten. Also passen wir die main.js wie folgt an:

```
var WhiskyApp = {
    tastings: new Tastings(),
    controller: new WhiskyAppController(),
    gui: new WhiskyView(),
    tablet: false,
    db: new WhiskyDB(),
    locAPI: new Location(),
    cloud: new WhiskyCloud(),
    debug: true,
    domain: "whisky.xapps.ch"
}

if ((typeof cordova == 'undefined') && (typeof Cordova ==
'undefined')) {
```

*Listing 9–2*

*Prüfung, ob die App unter*
*PhoneGap läuft*

```
                        // Observer auf Tastings
                        WhiskyApp.tastings.addObserver(WhiskyApp.gui, "update");
                        WhiskyApp.tastings.addObserver(WhiskyApp.db, "update");
                        WhiskyApp.db.readWertungen();

                        // Observer auf Geolocation
                        WhiskyApp.locAPI.addObserver(WhiskyApp.gui, "location_update");

                        // Destillerien laden
                        WhiskyApp.cloud.checkDistilleries();
                    }
```

Dabei prüfen wir, ob die Web-App im Container läuft oder nicht:

```
        if ((typeof cordova == 'undefined') &&
            (typeof Cordova == 'undefined'))
```

Jetzt werden die Initialisierungen nur im Browser vorgenommen. Der Event selbst wird in index.js registriert:

*Listing 9–3*

*OnDeviceReady-Event*

```
var app = {
    // Application Constructor
    initialize: function() {
        this.bindEvents();
    },
    // Bind Event Listeners
    bindEvents: function() {
        document.addEventListener('deviceready',
                                  this.onDeviceReady, false);
    },
    // deviceready Event Handler
    onDeviceReady: function() {
        // Observer auf Tastings
        WhiskyApp.tastings.addObserver(WhiskyApp.gui, "update");
        WhiskyApp.tastings.addObserver(WhiskyApp.db, "update");
        WhiskyApp.db.readWertungen();

        // Observer auf Geolocation
        WhiskyApp.locAPI.addObserver(WhiskyApp.gui,
                                     "location_update");

        // Destillerien laden
        WhiskyApp.cloud.checkDistilleries();

        WhiskyApp.controller.initialize();

        if(WhiskyApp.tablet == true )
            WhiskyApp.controller.firstView();
    },
};
```

Starten wir jetzt die App auf einem iPad, folgt eine kryptische Nachfrage, ob jemand auf die Location zugreifen darf:

*Abb. 9–3*

*Erlaubnis um Zugriff auf*
*die Location*

Wir greifen hier noch auf die Geolocation des Browsers in der App zu; deshalb die Angabe des Pfades, an dem die App installiert wurde[2]. Dies wollen wir ja nicht, denn wir möchten gerne auf die native Implementierung zugreifen. Beim iPad erstellen wir eine neue Wertung, wenn die Page dargestellt wird. Da aber dann der native Teil noch nicht geladen wurde, greifen wir auf das falsche Objekt zu. Deshalb müssen wir auch dort die Abfrage hinzufügen, ob wir in Phone-Gap/Cordova laufen:

```
/**
 * Event für neues Tasting darstellen. */
$('#whisky-home').live("pageshow", function(event, ui) {
    if ((typeof cordova == 'undefined') && (typeof Cordova ==
        'undefined')) {
        if(WhiskyApp.tablet == true )
            WhiskyApp.controller.firstView();
    }
});
```

Vielleicht haben Sie bemerkt, dass wir firstView() bereits oben im Event-Listener aufrufen. Somit funktioniert dies nun.

Dasselbe gilt auch für die Initialisierung der Controller-Events:

```
/** Controller aufrufen, wenn pageinit von jQM geworfen wird. */
$('#whisky-home').live("pageinit", function(event) {
    // Event-Listener Buttons
    if ((typeof cordova == 'undefined') && (typeof Cordova ==
        'undefined'))
        WhiskyApp.controller.initialize();
});
```

Wenn wir einen alert() ausgeben, dann erscheint als Titel der Dateiname. Das ist für den Benutzer verwirrend. Deshalb müssen wir dies im mvc.js, der View-Implementierung, auch noch ändern und rufen dort den nativen Dialog auf:

---

2.   Anhand dieses Beispiels ist die Unix-Struktur des iOS-Betriebssystems gut erkennbar.

```
/** View-Implementierung
 * by Philipp Friberg */
var View = Class.extend({
   init: function(iName) {
   },
   /** Konsolen-Log */
   log: function(value) {
      console.log(value);
   },
   ok : function(){},
   /** Alert-Ausgabe */
   alert : function(text) {
      if ((typeof cordova == 'undefined') && (typeof Cordova ==
         'undefined'))
         alert(text);
      else
         navigator.notification.alert(text, this.ok, "WhiskyApp");
   }
});
```

Das waren bereits alle Code-Erweiterungen – nicht viel, oder? Im Folgenden sind sie nochmals aufgelistet:

▨ JavaScript-Dateien in der HTML-Datei anpassen
▨ Objekte erst erzeugen, wenn der native Container geladen ist
▨ `alert()`-Methode der nativen App benutzen

Jetzt haben wir aber noch keinen Netzwerkzugriff. Zugriffe auf externe Hosts müssen in einer White-List eingetragen werden. Dies erfolgt in der Datei `cordova.plist` im Verzeichnis `Ressources`. Dort müssen wir nun die benötigten Hosts für Google-Map und die Whisky-Cloud eintragen:

*Abb. 9–4*

*Externe Hosts in*
*cordova.plist*

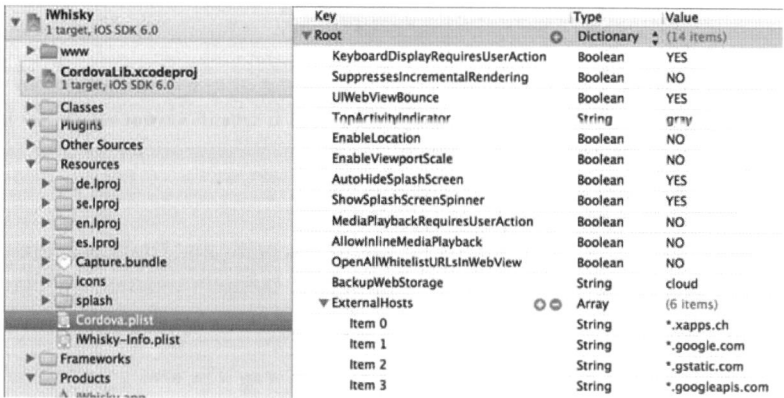

Wir haben es geschafft – wir haben eine native Container-App:

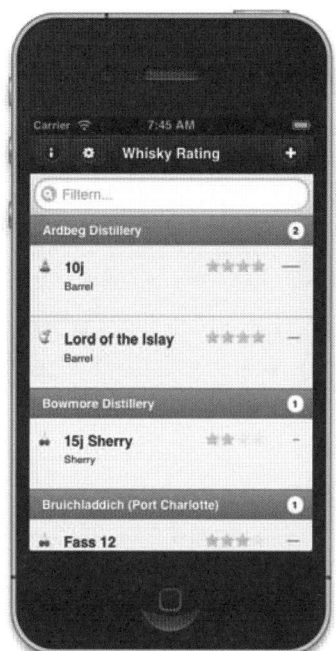

**Abb. 9–5**
*iWhisky im Simulator*

**Konsolen-Ausgabe**

Haben Sie es bemerkt? Die Konsolen-Ausgaben werden in Xcode unten
rechts unter *Target Output* gemacht:

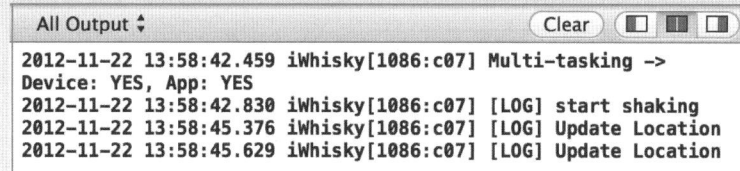

**Abb. 9–6**
*Konsolen-Ausgabe*
*in Xcode*

**Apps auf dem realen Gerät testen**

Möchten Sie eine App auf einem realen Gerät testen? Dazu müssen Sie sich bei Apple registrieren und dem Developer-Programm beitreten (ab 99$ erhältlich). Weiter muss das iPhone im Organizer als Entwicklungsgerät freigeschaltet werden. Eine gute Anleitung finden Sie hier: http://mobile.tutsplus.com/tutorials/iphone/iphone-sdk-install-apps-on-iphone-devices-for-development/

**Wo speichert der Simulator die Daten?**

Der iPhone-Simulator speichert die Daten unter `~/Library/Application Support/iPhone Simulator/[OS Version]/Applications/[AppGUID]/`
Das Spannende daran ist, dass sich die Datenbank im Verzeichnis `Library/WebKit/` im Klartext befindet. Der Entwickler sollte sich bewusst sein, dass bei einem gehackten iOS-Gerät der Hacker ebenfalls Zugriff auf diese Daten hat!

## 9.3  Whisky-App für Android

### Entwicklungsumgebung einrichten

Die Android-Entwicklung erfolgt in Java mit dem Android-SDK, das in Eclipse läuft. Für die Installation sind folgende Schritte notwendig:

1. Installation einer aktuellen Java-Version[3] (wenn nicht bereits vorhanden)
2. Download und Installation des Android-SDK[4]. Hier muss beachtet werden, dass das ADT-Bundle heruntergeladen wird. Damit sind alle benötigten Pakete inkl. Eclipse vorhanden, auch der in Abschnitt 2.4 erwähnte Simulator ist mit dabei. Alternativ können Sie das SDK und das ADT-Plug-in separat herunterladen und in einem bestehenden Eclipse installieren.
3. PhoneGap herunterladen und in ein Verzeichnis entpacken

Nun muss der Pfad auf das Android-SDK gesetzt werden. Auf dem Mac ist dazu im Terminal der Befehl

```
touch ~/.bash_profile; open ~/.bash_profile
```

einzugeben. Es öffnet sich der Editor, und die folgende Zeile kann hinzugefügt werden:

```
export PATH=${PATH}:/Development/android-sdk-macosx/platform-tools:/Development/android-sdk-macosx/tools.
```

---

3. *www.java.com/de/download/*
4. *http://developer.android.com/sdk/index.html*

Nach dem Speichern muss nun `source ~/.bash_profile` im Terminal ausgeführt werden, um es neu zu laden.

Unter Windows erweitert man dazu die Path-Variable unter *System-eigenschaften* (rechte Maustaste auf Computer, *Eigenschaften*, *Erweiterte Einstellungen*):

**Abb. 9–7**
*Systemeigenschaften unter Windows*

Nun kann man auf *Umgebungsvariablen* klicken. Dort muss die Variable *Path* gesucht werden:

**Abb. 9–8**
*Umgebungsvariablen unter Windows*

Wenn wir *Bearbeiten...* wählen, können wir den bestehenden Text um den folgenden erweitern (wobei wir auch wieder die Pfade anpassen müssen):

```
;C:\Development\android-sdk-windows\platform-
tools;C:\Development\android-sdk-windows\tools
```

### Projekt erzeugen

Die Vorgehensweise ist dieselbe wie bei iOS. Als Erstes erzeugen wir ein neues Projekt, indem wir in der Konsole in das `bin`-Verzeichnis im Verzeichnis `android` von PhoneGap wechseln. Dann führen wir folgenden Befehl aus (und passen die Pfade an):

```
./create <projct-folder> ch.xapps.mywhisky myWhisky
```

Nun können wir Eclipse mit dem Android-SDK öffnen. Dort wählen wir *New, Project* und dann *Android Project from Existing Code*:

*Abb. 9–9*
*Neues Android-Projekt*
*anlegen*

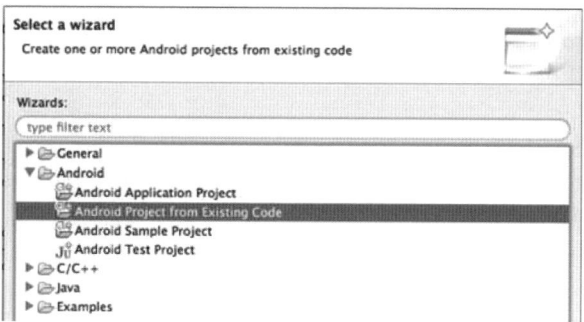

Wir wählen das neu erstellte Projekt von oben aus.

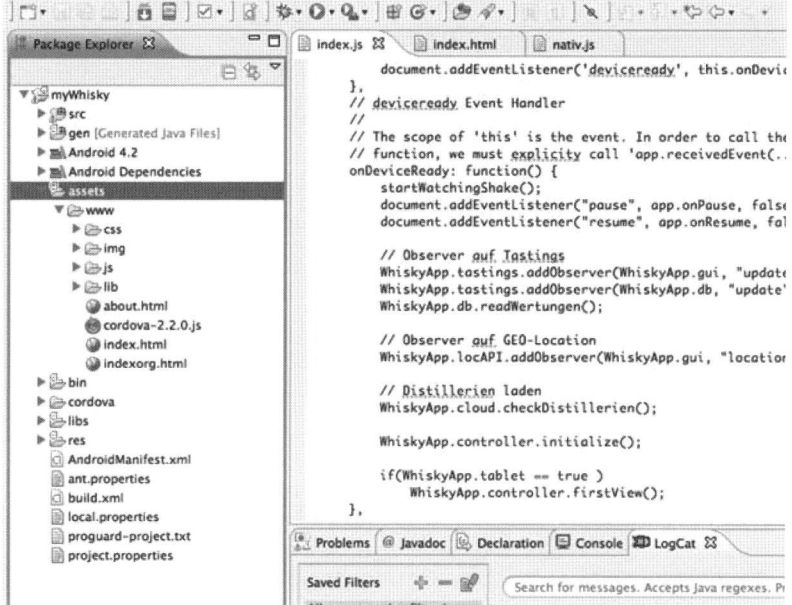

*Abb. 9–10*

*Android-Entwicklungs-*

*umgebung*

Im Fenster rechts ist die Arbeitsfläche. Darunter befindet sich ein Fenster mit verschiedenen Tabs, in denen die Fehler, die Logs und diverse andere Informationen zu finden sind. Links im *Package Explorer* ist die Projektstruktur abgebildet. Die Web-App befindet sich unter assets/www. In dieses Verzeichnis kopieren wir nun unsere Web-App aus dem iOS-Projekt von oben – oder wir kopieren den letzten Stand der Web-App und passen gemäß dem Abschnitt oben den Code an.

> **Achtung cordova.js**
>
> Die Datei cordova-2.x.x.js ist für jede Zielplattform verschieden. Das erkennt man auch an der unterschiedlichen Größe der Dateien. Sie dürfen sie also nicht von Plattform zu Plattform kopieren!

Im Verzeichnis res befinden sich die verschiedenen Icons, die ersetzt werden müssen.

Nun richten wir den Simulator ein. Dazu öffnen wir den *Android Virtual Device Manager*, der hinter dem eingekreisten Icon versteckt ist (in der Abbildung 9–11 oben):

*Abb. 9–11*
*Android*
*Virtual Device Manager*

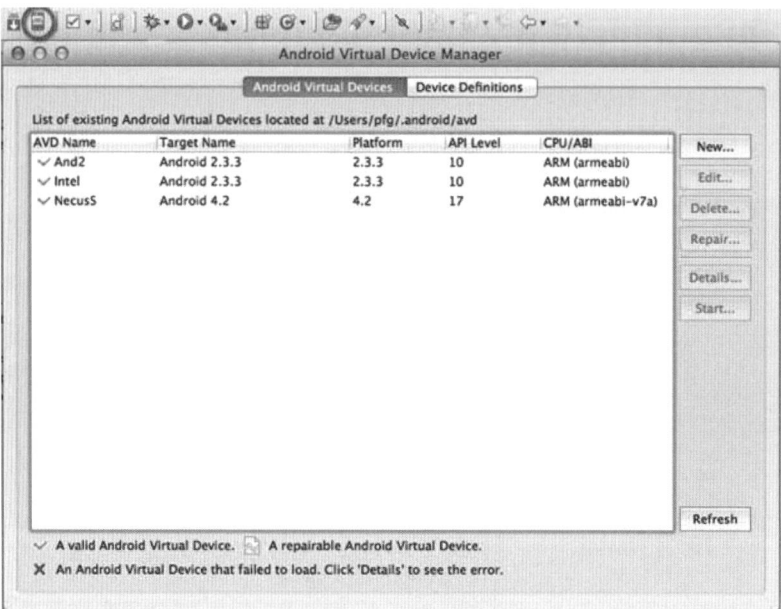

Mit *New...* können nun beliebig Devices erzeugt werden – mit unterschiedlichen Versionen und Display-Größen. Haben wir das geschafft,
können wir die App auf solch einem Device laufen lassen, indem wir
mit der rechten Maustaste auf das Projekt klicken, dann *Run As* wählen und schließlich *Android Application*. Jetzt startet der Simulator.
Bis Android auf dem Simulator gestartet ist, dauert es eine Weile, also
nicht mehr schließen! Danach wird die App gestartet:

*Abb. 9–12*
*Whisky-App im*
*Android-Simulator*

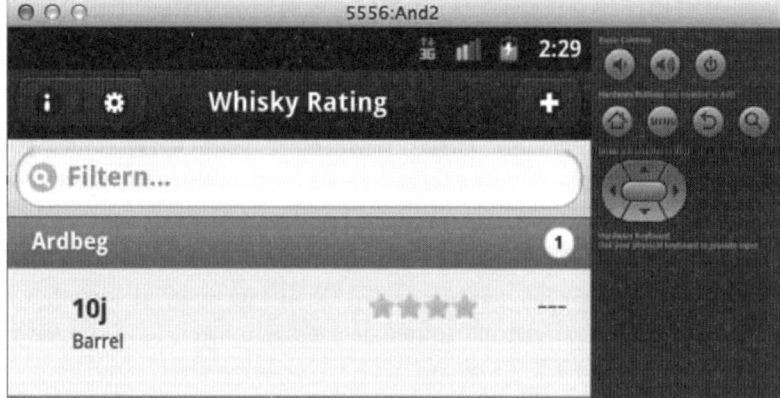

**Tipp zur Performance des Simulators**

Der Simulator ist nicht sehr performant. Um ihn etwas zu beschleunigen,
kann man mit dem Android SDK Manager den *Intel x86 Emulator Accelerator (HAXM)* installieren:

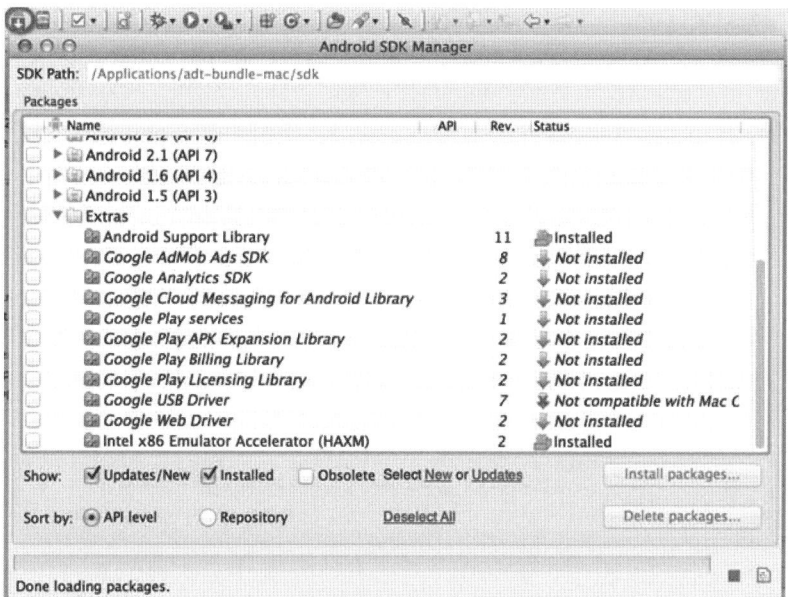

*Abb. 9–13*

*Intel x86 Emulator
Accelerator (HAXM)*

Für das Testen auf dem realen Gerät muss beim Android-Device in den
Einstellungen das *USB-Debugging* eingeschaltet werden. Je nach
Betriebssystem und Android-Hardware müssen USB-Treiber installiert
werden. Wurde das Gerät erkannt, kann die App auf dem Gerät laufen.

## 9.4  Schüttelgeste

*Die Spirit-Entwickler möchten gerne auf etwas Hardware-Spezifisches
zugreifen. Herr Weber schlägt ihnen scherzhaft vor, mit dem Beschleunigungssensor (Accelerometer genannt) eine Schüttelgeste zu erkennen
und den Anwender dann zu fragen, ob er zu viel getrunken hat. Und so
wurde aus einem Scherz Realität...*

Der Bewegungssensor ist in PhoneGap im `accelerometer`-Objekt
gekapselt. Es gibt Methoden für das Ermitteln der aktuellen Beschleunigungen sowie für dessen Überwachung. Es ist also dem Geolocation-
Objekt sehr ähnlich. Zu beachten ist aber, dass iOS nicht zu jeder Zeit

die Beschleunigungen liefern kann. Das muss immer über die Beobachtung laufen.

Das Resultat des Sensors sind die Geschwindigkeiten in den drei Achsen x, y und z in m/s$^2$ sowie ein Zeitstempel, der angibt, wann die letzte Ermittlung stattfand. Die Gravitation ist in den Werten jeweils enthalten. Wenn sich das Gerät also flach auf einer horizontalen Ebene befindet, dann ist x=0 und y=0 und z=9,81 m/s$^2$.

Wir implementieren diese Funktion in der neuen Datei nativ.js für unsere nativen Funktionalitäten. Wir brauchen zwei Funktionen, eine für den Start der Beobachtung (startWatchingShake()) und eine für den Stopp (stopWatchingShake()):

*Listing 9–4*

*Beschleunigungssensor*

```
/** *********************************************************** *
 * Beschleunigungssensor
 */
var WhiskyAppNativ = {
    startWatchingShake : function() {
❸      var success = function(coords) {
            var max = 10;
❹          if( Math.abs(coords.x) > max ||
                Math.abs(coords.y) > max ||
                Math.abs(coords.z) > max ) {
❺              navigator.accelerometer.clearWatch(
                                    sessionStorage.watchId);
                navigator.notification.vibrate(1000);
                navigator.notification.alert("Zuviel getrunken?");
            }
        };
        var error = function() {};
❶      var options = {};
        options.frequency = 1000; // Update jede Sekunde

❷      sessionStorage.watchId =
        navigator.accelerometer.watchAcceleration(success,
                                    error, options);
    },

    stopWatchingShake : function() {
        navigator.accelerometer.clearWatch(sessionStorage.watchId);
    }
}
```

In der Start-Methode setzen wir die Häufigkeit des Monitorings ❶. In diesem Fall wird die Beschleunigung jede Sekunde gemessen. Zu beachten ist, dass beim iPhone das Maximum des Intervalls bei 1000ms liegt und das Minimum bei 40ms.

Bei ❷ starten wir die Beobachtung. Die Methode watchAcceleration() erwartet für den Fall einer Beschleunigung und für den Fehlerfall eine Callback-Funktion. Im dritten Parameter übergeben wir die

Optionen. Zurück erhalten wir eine ID, mit der wir die Beobachtung
wieder stoppen können.

Wurde eine Beschleunigung gemessen, so wird die Funktion suc-
cess() aufgerufen. Darin fragen wir die Beschleunigung der drei Achsen ab. Ist sie größer als $10m/s^2$ ❹ (diesen Wert habe ich empirisch
ermittelt), stoppen wir die Beobachtung ❺, da dieser Joke nur einmal
lustig ist. Danach lassen wir das Gerät vibrieren – sofern es dies unterstützt – und geben eine Meldung aus mit der ironischen Frage, ob man
zu viel getrunken habe.

In der stopWatchingShake()-Methode stoppen wir die Beobachtung. Weshalb brauchen wir aber diese Methode? Nun, wir werden
den Dienst in der index.js-Datei im onDeviceReady-Event starten. Wenn
der Benutzer die App in den Hintergrund wandern lässt, z.B. durch
den Start einer anderen App, wollen wir die Beobachtung ausschalten.
Wenn sie erneut aktiv wird, müssen wir den Dienst wieder einschalten.
Dafür gibt es die zwei Events pause und resume:

```
onDeviceReady: function() {
    WhiskyAppNativ.startWatchingShake();
    document.addEventListener("pause", app.onPause, false);
    document.addEventListener("resume", app.onResume, false);

    // Observer auf Tastings
    ...
},

onPause: function() {
    WhiskyAppNativ.stopWatchingShake();
},

onResume: function() {
    WhiskyAppNativ.startWatchingShake();
}
```

*Die Entwickler finden diese Spielerei lustig und diskutieren über viele wei-
tere Möglichkeiten, z.B. die Einbindung des Adressbuchs, die Facebook-
Integration und den Zugriff auf die Kamera. Es gibt also noch viel zu tun.*

## 9.5   Ein wenig Hintergrund

*Einer der Entwickler hat sich vertippt: Bei der Anpassung des View-
Objektes schrieb er*

```
navigator.notification.alert(text, "WhiskyApp");
```

*statt*

```
navigator.notification.alert(text, this.ok, "WhiskyApp");
```

*Da fehlt also ein Parameter. Was passiert? Probieren wir es aus.*

Wenn wir, wie oben erwähnt, den Parameter weglassen und die App, im Folgenden in Xcode, laufen lassen, finden wir im Output-Fenster die Meldung:

```
iWhisky[5105:c07] [LOG] null
iWhisky[5105:c07] ERROR: Plugin '' not found, or is not a CDVPlugin.
Check your plugin mapping in Cordova.plist.
iWhisky[5105:c07] -[CDVCommandQueue executePending] [Line 102]
FAILED pluginJSON =
[null,"","WhiskyApp",[null,"Notification","alert",["Ungültige
BenutzerID oder Passwort!","Alert","OK"]]]
```

Wir können daraus interpretieren, dass PhoneGap ein Plug-in nicht findet. Da alle Standard-API-Plug-ins bereits in der genannten Datei Cordova.plist eingetragen sind, ist dies nicht das Problem. Die Idee an diesem Eintrag wäre, dass der Objektname der Erweiterung auf die Objective-C- oder Java-Klasse verweist, die die Methode implementiert.

In der letzten Zeile erkennen wir, dass die Methoden zu einem JSON-String gewandelt werden. "Notification","alert" ist das Java-Script-Objekt, das in der Mapping-Datei vorhanden sein muss, alert die entsprechende Methode. Im Array danach sind die Parameter der Methode aufgelistet. Suchen wir in der Datei cordova-2.x.x.js nach der alert()-Methode, finden wir die entsprechende Signatur und sehen auch, was passiert, wenn ein Parameter ausgelassen wird: Der Titel wird plötzlich zur Callback-Methode:

```
alert: function(message, completeCallback, title, buttonLabel) {
    var _title = (title || "Alert");
    var _buttonLabel = (buttonLabel || "OK");
    exec(completeCallback, null, "Notification", "alert", [message,
_title, _buttonLabel]);
},
```

## 9.6   Apps veröffentlichen

Native Apps, also auch solche, die mit PhoneGap erzeugt wurden, können nun in den entsprechenden Stores eingereicht werden.

### 9.6.1   Eine iOS-App veröffentlichen

Wer seine App bei Apple für den iTunes App Store einreichen möchte, benötigt einen kostenpflichtigen Developer-Account, der zurzeit für eine Privatperson 99 US-Dollar pro Jahr und für einen Unternehmens-Account 299 US-Dollar pro Jahr kostet. Mit dem Unternehmens-

Account ist es auch möglich, für ein Unternehmen eine App ohne iTunes zu verteilen, z.B. bei Apps für den internen Gebrauch.

Für den Vertrieb benötigen wir nun ein Distributionszertifikat. Im Provisioning-Portal *https://developer.apple.com/membercenter/index. action* kann der Prozess angestoßen werden. Zuerst muss das Zertifikat und die App-ID erzeugt werden, dann das Profil, und schließlich muss die App signiert werden:

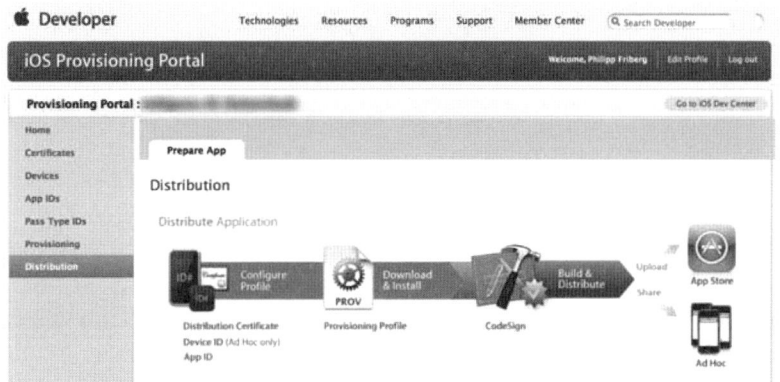

**Abb. 9–14**

*Distributionsprozess von Apple*

Sollten Sie noch kein Distributions-Zertifikat haben, so müssen wir es unter *Certificates* erzeugen und in Xcode im Organizer im Bereich *Provisioning Profiles* hinzufügen. Im zweiten Schritt, den *Devices*, werden alle Geräte aufgelistet, auf denen wir getestet haben und folglich unser Zertifikat installiert ist. Jetzt erfolgt der nächste Schritt zur produktiven App: Wir definieren eine App-ID.

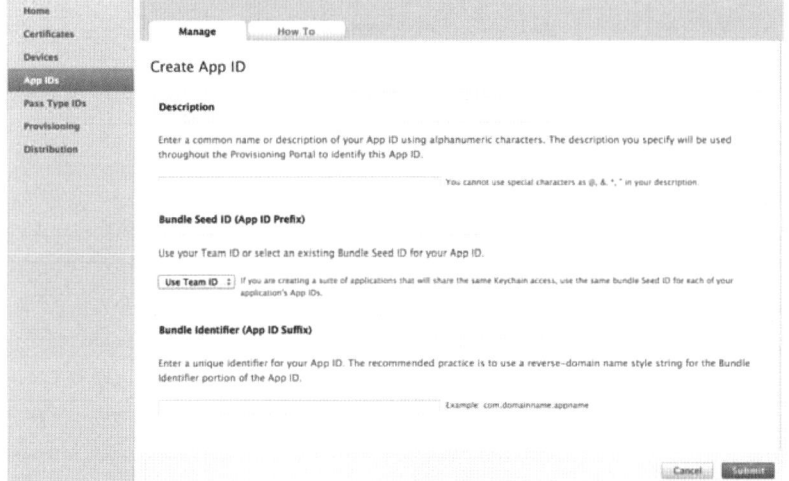

**Abb. 9–15**

*App-ID erzeugen*

Dort müssen der Name der App, der Bundle Identifier sowie die Dienste, die die App verwendet, (iCloud, Game Center etc.) deklariert werden. Den Bundle Identifier haben Sie beim Anlegen des Projektes angegeben:

*Abb. 9–16*

*Bundle Identifier*

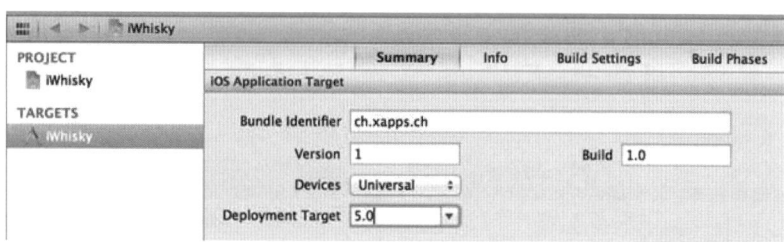

Jetzt erfolgt das Anlegen des *Provisioning Profile* für den *Vertrieb*. Dort können wir als Vertriebsmethode *App Store* oder *Ad Hoc* wählen. Bei Ad Hoc kann nochmals ein letzter großer Massentest erfolgen, indem man beliebigen Beta-Testern die App mit diesem Zertifikat gibt. Das Zertifikat hat eine Gültigkeitsdauer von einem Jahr. Nach kurzer Zeit steht das Zertifikat zum Download bereit. Es kann dann in Xcode importiert werden.

In den Projekt-Einstellungen müssen wir nun das Profil bei *Release* zuweisen, sodass Xcode mit dem korrekten Zertifikat signiert:

*Abb. 9–17*

*Xcode Code Signing*

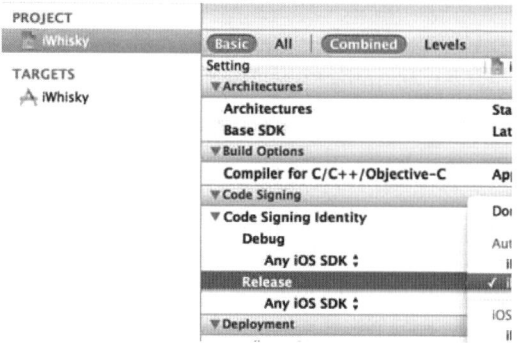

Bei erfolgreichem Erzeugen der Release-Version kann die App eingereicht werden. Im *iOS Dev Center*[5] gibt es ausführliche Anleitungen und Hinweise dazu. Besonders wichtig sind die *App Store Review Guidelines*. Dort sind Anforderungen an folgende Eigenschaften geregelt:

---

5.    *https://developer.apple.com/devcenter/ios/index.action*

- an die Funktionalität (eine App darf zum Beispiel nicht crashen),
- an die Metadaten (Name, Beschreibungen etc.),
- wie die Geolocation-Daten verwendet werden dürfen,
- an die Push-Notifikation (z.B., dass der Apple-Dienst verwendet werden *muss*),
- an das Game-Center (z.B. Überbeanspruchung der Netzwerkverbindung),
- an die Werbung (keine Apps, die primär für Werbung gedacht sind),
- bezüglich Markenrechten, Medienverwendung, Benutzeroberflächen, Verwendung von In-App-Käufen und
- weitere rechtliche Aspekte (Religion, Privatsphäre, ...).

Ist der Entwickler damit einverstanden und hat er alle Punkte beachtet, so folgt die Einreichung der App über iTunes Connect.

Als ersten Schritt müssen wir uns bei iTunes Connect anmelden: itunesconnect.apple.com. Mit dem Icon *Manage Your Application* klicken wir auf *Add New App*. Sollten Sie einen Vertrag für iOS-Apps und Mac-OS-X-Apps haben, müssen Sie nun die Zielplattform auswählen – ansonsten geht's gleich weiter. Nun muss die Standardsprache gewählt werden, der Name der App (max. 255 Zeichen) und eine SUK-Nummer. Dies ist eine eindeutige ID der App, die aus Buchstaben, Zahlen, Bindestrichen, Punkten und Unterstrichen bestehen darf. Dann folgt die Bundle-ID, die wir bereits in der App und der App-ID angeben haben.

Als Nächstes kann das früheste Erscheinungsdatum angegeben werden, wobei genügend Zeit für die App-Prüfung eingerechnet werden muss. Es folgt das Preis-Modell und die Angabe, ob es sich um eine B2B-App handelt. Hierbei kann über das *Volume Purchase Program for Business* ein Volumen von Lizenzen gekauft und als »Gutschein« an Kunden oder Mitarbeiter verteilt werden. Da aber eine App immer auf den Benutzer lizenziert wird, gehört danach die App dem Benutzer und die Lizenz kann nicht entzogen werden. Das Programm ist nicht für alle Länder erhältlich. Wird an dieser Stelle B2B gewählt, so erscheint die App nicht im öffentlichen App-Store. Eine weitere Möglichkeit, die Verfügbarkeit einzuschränken, ist die Länderfreigabe:

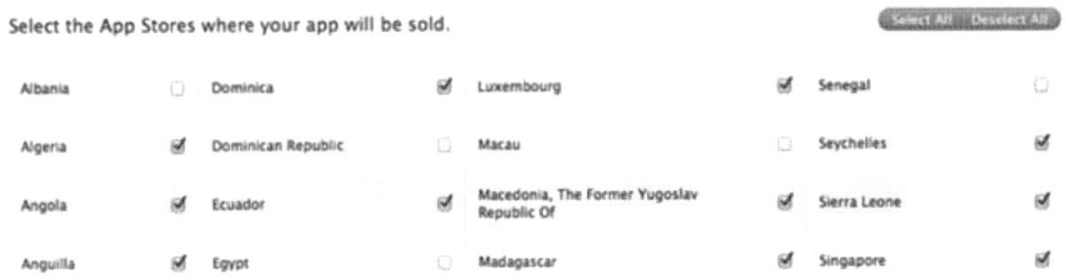

**Abb. 9–18**

*Landesfreigaben für die App*

Im nächsten Fenster geht es um die Versionsnummer, die genau mit der Version in der App übereinstimmen muss. Dann folgen der Copyright-Hinweis zur App und die Wahl der Kategorien.

Thema der nächsten Seite ist ein Rating. Es handelt sich dabei um ein Rating für die Altersfreigabe und nicht etwa um das Kunden-Rating der App. Es müssen verschiedenen Fragen beantwortet werden, zum Beispiel, ob der Inhalt etwas mit Alkohol, Drogen oder Tabak zu tun hat. Daraus wird bestimmt, ab welchem Alter die App zu kaufen sein wird.

Auf der folgenden Seite können die Metadaten spezifiziert werden: eine App-Beschreibung mit einer Länge bis zu 4.000 Zeichen[6], Hinweise, was neu in der Version ist, sowie die Schlüsselwörter und die Support-, Marketing- und Privacy Policy-URL.

Die Kontaktinformationen dürfen auch nicht fehlen. Ganz wichtig ist die Möglichkeit, Apple Anweisungen und Login-Informationen für den Review-Prozess mitzuteilen.

Die Endbenutzer-Lizenzvereinbarung kann optional noch pro Land spezifiziert werden. Wird dies nicht gemacht, wird der Standardvertrag von Apple angewendet.

Fast ist es geschafft. Jetzt fehlen nur noch die Bilder:

- Großes App-Icon, 1024 × 1024 Pixel, 72ppi
- iPhone- und iPod-touch-Screenshots: 640 × 920 Pixel ohne Status-Bar oder 640 × 960 Pixel mit Status-Bar. Alternativ kann auch die Auflösung 960 × 600 Pixel bzw. 960 × 640 Pixel verwendet werden. Als Formate sind bei allen Screenshots JPG, TIFF und PNG zugelassen.
- iPhone 5 und iPad touch, 5. Generation: 640 × 1096/1136 × 600 Pixel ohne Status-Bar oder mit Status-Bar 640 × 1136 bzw. 1136 × 640 Pixel.
- iPad-Screenshots: Hier sind die Auflösungen (wieder mit und ohne Status-Bar) 1024 × 748/1024 × 768 Pixel, 2048 × 1496/2048 × 1536 Pixel, 768 × 1004/768 × 1024 Pixel oder 1536 × 2008/1536 × 2048 Pixel erlaubt.

Ist das auch geschafft, folgt eine Übersichtsseite. Sind alle Einstellungen in Ordnung, folgen noch ein paar rechtliche Fragen, die den Export betreffen, und schließlich der Upload der App. Hiermit beginnt das Warten, bis die App freigegeben wird. Die Homepage *http://reviewtimes.shinydevelopment.com/* ermittelt anhand von Entwickler-

---

6. Diese Beschreibung wird anscheinend von Apple sehr stark in den Review-Prozess miteinbezogen. Achten Sie deshalb auf die Bestimmungen!

meldungen die aktuelle durchschnittliche Dauer des Review-Prozesses. Rechnen Sie lieber mit zehn als mit fünf Tagen...

## 9.6.2   Eine Android-App veröffentlichen

Bevor eine Android-App veröffentlicht werden kann, muss sie als Release-App kompiliert und signiert werden. Als Erstes müssen wir dazu in der AndroidManifest.xml-Datei *Debuggable* auf *false* setzen:

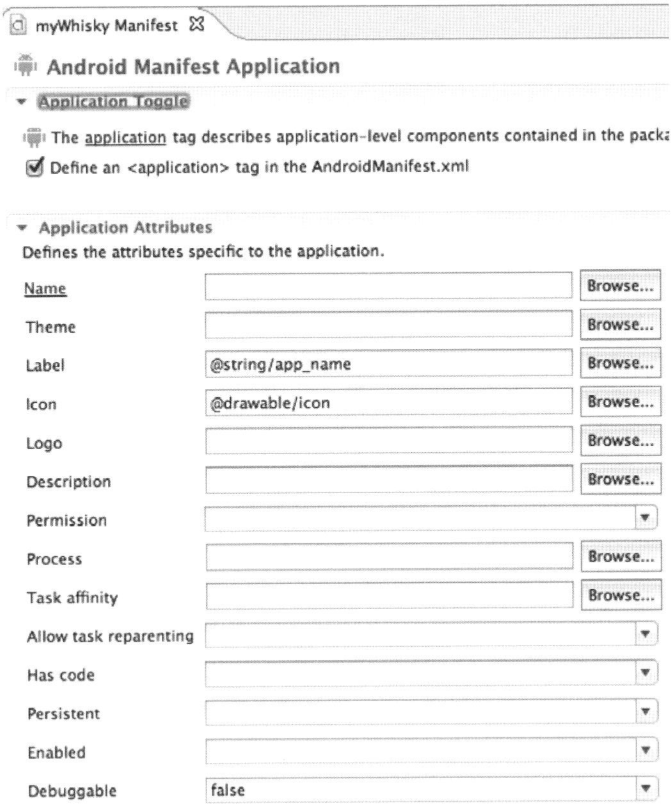

**Abb. 9–19**
*Android App: Debuggable auf false setzen*

Als Nächstes muss die Versionsnummer geprüft werden. Diese ist in der Form <Major>.<Minor>.<Point> einzugeben:

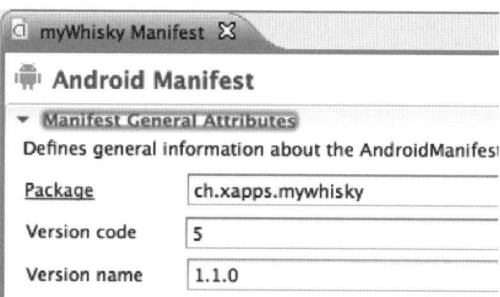

Als Letztes erfolgen die Berechtigungen. Die PhoneGap-App besitzt
sehr viele Berechtigungen, die eventuell gar nicht benötigt werden. Für
die Whisky-App wird zum Beispiel nicht auf den SMS-Dienst zugegriffen. Somit kann diese Berechtigung entfernt werden, um den Benutzer
nicht unnötig misstrauisch zu machen:

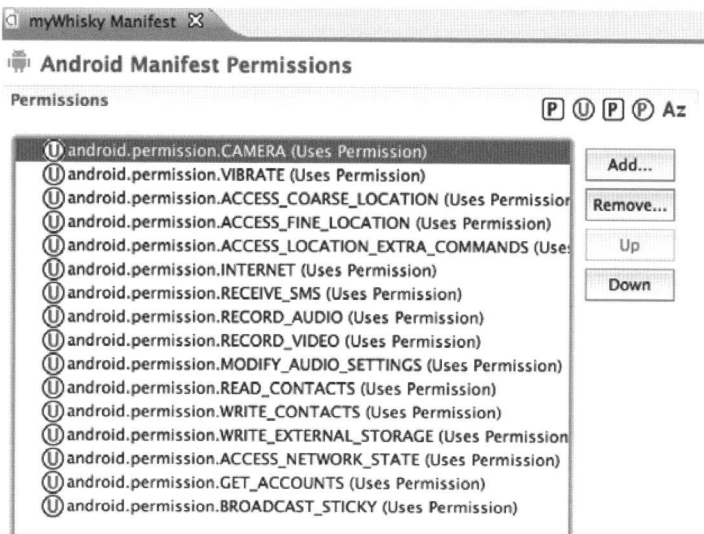

Nun müssen wir einen Keystore anlegen. Darin erzeugen wir unser
persönliches Zertifikat, mit dem wir die Apps verwalten können – also
den Keystore und das Passwort nicht vergessen! Am einfachsten geht
das in der Konsole mit dem Befehl keystore. Danach werden Sie nach
allen wichtigen Informationen gefragt. Bei mir sieht das wie folgt aus:

```
zrhnb184-m:native pfg$ keytool -genkey -v -keystore
myAndroidKey.keystore -alias myAndroidKeyAlias -keyalg RSA -
validity 10000
Geben Sie das Keystore-Passwort ein:
Geben Sie das Passwort erneut ein:
Wie lautet Ihr Vor- und Nachname?
```

```
[Unknown]:  Philipp Friberg
Wie lautet der Name Ihrer organisatorischen Einheit?
 [Unknown]:
Wie lautet der Name Ihrer Organisation?
 [Unknown]:
Wie lautet der Name Ihrer Stadt oder Gemeinde?
 [Unknown]:  Wald ZH
Wie lautet der Name Ihres Bundeslandes oder Ihrer Provinz?
 [Unknown]:  ZH
Wie lautet der Landescode (zwei Buchstaben) für diese Einheit?
 [Unknown]:  CH
Ist CN=Philipp Friberg, OU=Unknown, O=Unknown, L=Wald ZH, ST=ZH,
C=CH richtig?
 [Nein]:  Ja


Erstellen von Schlüsselpaar (Typ RSA, 1.024 Bit) und
selbstunterzeichnetem Zertifikat (SHA1withRSA) mit einer Gültigkeit
von 10.000 Tagen
für: CN=Philipp Friberg, OU=Unknown, O=Unknown, L=Wald ZH, ST=ZH,
C=CH
Geben Sie das Passwort für <myAndroidKeyAlias> ein.
(EINGABETASTE, wenn Passwort dasselbe wie für Keystore):
[myAndroidKey.keystore wird gesichert.]
```

Jetzt sind wir bereit für das Kompilieren des Projektes, das Signieren und Glätten der App. Da wir Eclipse einsetzen, ist das ganz einfach.[7] Wir wählen im Menü *File* den Menüpunkt *Export*. Dann unter Android *Export Android Application* wählen. Im folgenden Wizard wählen wir das Projekt aus und müssen den Keystore und das Passwort angeben. Danach wird der Alias zur Auswahl angeboten. Die darauf erzeugte apk-Datei ist nun fix und fertig signiert für die Veröffentlichung.

### Apps direkt verteilen

Die erzeugte apk-Datei kann direkt verteilt werden, zum Beispiel über einen Dateiserver des Unternehmens. Die einzige Bedingung ist, dass der Anwender in den *Einstellungen* unter *Anwendungen* es zulassen muss, dass Anwendungen von unbekannten Quellen installiert werden dürfen – was wiederum nicht unbedingt einer Unternehmens-Policy entspricht:

---

7.   Auf der Developer-Homepage ist der manuelle Prozess genau beschrieben: *http:// developer.android.com/tools/publishing/app-signing.html*

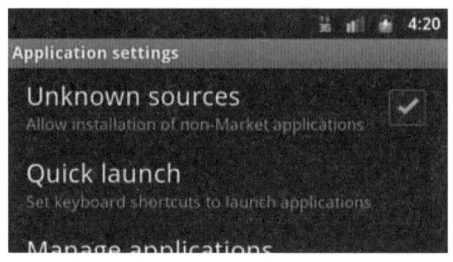

### Apps auf Google Play veröffentlichen

Für die Masse der mobilen Nutzer ist ein App-Store unumgänglich. Um die App auf Google Play veröffentlichen zu können, wird ein Google-Konto benötigt, das mit der Entwicklerkonsole verknüpft wird. Dies erfolgt auf der Seite *https://play.google.com/apps/publish/v2/signup/*. Danach ist eine Registrierungsgebühr von zurzeit 25 US-Dollar fällig, die per Kreditkarte bezahlt werden kann.

Nun sind wir bereit, die App hochzuladen. Dafür müssen wir 2-6 Screenshots der App bereithalten. Diese können 320 x 480 Pixel oder 480 x 54 Pixel groß sein. Das Format darf 24-Bit-PNG oder -JPEG (kein Alpha) sein. Das hochauflösende App-Symbol muss eine Auflösung von 512 x 512 Pixel haben, ein 32-Bit-PNG Format sein und maximal 1024 KB groß sein. Außerdem müssen wir folgende Angaben zur App machen können:

- Einen Titel der App, der pro Sprache vergeben werden kann!
- Eine Beschreibung in maximal 4.000 Zeichen. Dieser Text kann in andere Sprachen übersetzt werden.
- Die letzte Änderung: Wenn Sie Änderungen vorgenommen haben, kann der Benutzer mit diesem Text darauf aufmerksam gemacht werden.
- Ein Werbetext, der bei App-Vorstellungen verwendet werden soll
- Der App-Typ, d.h., ob es sich um eine App oder ein Spiel handelt
- Wir müssen die App einer Kategorie zuweisen. Die möglichen Kategorien finden wir unter *http://support.google.com/google-play/android-developer/answer/113475*.
- In welchen Ländern darf die App vertrieben werden?
- Eine E-Mail-Adresse, eine Web-Adresse oder Telefonnummer für den Support
- Zu welchem Preis soll die App vertrieben werden? Der Preisbereich ist pro Währung festgelegt. Google behält für sich 30%. Der Verkaufsprozess ist unter *http://support.google.com/googleplay/android-developer?hl=de#topic=15867 Verkaufen von Anwendungen* beschrieben.

Nach erfolgreichem Upload ist die App sehr zeitnah im Shop verfügbar.

## 9.7 Zusammenfassung

*Dies war eine ganz kurze, pragmatische Einführung, wie aus einer Web-App eine native App gemacht werden kann. Dass da mehr möglich ist, zeigt uns schon die Tatsache, dass es eigene Bücher darüber gibt. Trotzdem, Herr Weber hofft, dass die Entwickler nun die Möglichkeiten abschätzen können und den Start in PhoneGap gefunden haben.*

*Die Spirit-Entwickler bedanken sich bei Herrn Weber für die Betreuung. Das war doch ein cooler Projektstart, oder?*

# Anhang

# Anhang

## A    Produktiv-Setzung, Abschlussarbeiten

Was muss alles gemacht werden für eine Produktiv-Setzung?

 In unserem Beispiel die Debug-Variable auf `false` setzen
 Die JavaScript-Dateien müssen verkleinert und zu einer Datei zusammengesetzt werden. Siehe dazu Abschnitt 2.3. Je weniger Dateien einzeln übermittelt werden müssen, desto schneller ist die App geladen. Bezogen auf den Closure-Compiler würde die Konfiguration wie folgt aussehen und es muss nur noch `whisky.js` eingebunden werden:

```
// ==ClosureCompiler==
// @compilation_level SIMPLE_OPTIMIZATIONS
// @output_file_name whisky.js
// @code_url http://.../lib/jquery.min.js
// @code_url http://.../lib/mobile/jquery.mobile.min.js
// @code_url http://.../lib/rating/jquery.rating.pack.js
// @code_url http://.../lib/datebox/jqm-datebox.core.js
// @code_url http://.../lib/datebox/jqm-datebox.mode.calbox.js
// @code_url http://.../lib/datebox/
   jquery.mobile.datebox.i18n.de.utf8.js
// @code_url http://.../lib/jqm.autoComplete-1.4.3-min.js
// @code_url http://.../lib/jquery.flot.js
// @code_url http://.../lib/mvc.js
// @code_url http://.../js/db.js
// @code_url http://.../js/location.js
// @code_url http://.../js/model.js
// @code_url http://.../js/controller.js
// @code_url http://.../js/view.js
// @code_url http://.../js/cloud.js
// @code_url http://.../js/main.js
// ==/ClosureCompiler==
```

Es muss sichergestellt werden, dass nur die minimierten externen JavaScript-Bibliotheken verwendet werden.

Die Manifest-Datei für das Offline-Szenario muss ggf. aktualisiert werden resp. der Pfad des PHP-Scripts muss stimmen (er darf nicht noch auf die Entwicklungsumgebung zeigen)!

Aus Erfahrung empfiehlt sich:

Wenn das Caching für Offline-Apps verwendet wird, sollte man eine zweite produktive Version auf den Server laden, die dieses Caching nicht verwendet! Für die Fehlersuche im produktiven Umfeld kann dies sehr hilfreich sein.

Auch wenn die Bibliotheken aus dem Netz geladen werden, kann eine funktionierende Version mit lokalen Bibliotheken helfen, bei Überraschungen noch reagieren zu können (z.B. externer Server down, inkompatible Versionen etc.).

## B        Web-Page-Umleitungen

Im HTTP-Header befindet sich unter anderem die Information, was für ein Browser auf die Seite zugreift. Diese Information nennt sich »User Agent« und kann für die Auswahl der Web-Applikation genutzt werden. Beispiele:

*Tab. 9–2*

*Beispiel von User Agent Strings*

| Browser | User Agent String |
|---|---|
| Firefox Mac | Mozilla/5.0 (Macintosh; U; Intel Mac OS X 10.6; en-US; rv:1.9.1.13) Gecko/20100914 Firefox/3.5.13 |
| IE 8 | Mozilla/4.0 (compatible; MSIE 8.0; Windows NT 6.0; Trident/4.0) |
| iPhone 4 | Mozilla/5.0 (iPhone; U; CPU iPhone OS 4_1 like Mac OS X; en-us) AppleWebKit/532.9 (KHTML, like Gecko) Version/4.0.5 Mobile/8B117 Safari/6531.22.7 |

In verschiedenen Browsern kann im Entwicklungsmodus oft ein User Agent manuell gewählt werden, um die Funktionalität zu testen.

Es gibt verschiedene Strategien, eine Umleitung zu einer Mobile-Version umzusetzen:

### B.1        Umleitung auf Server definieren

Mithilfe von .htaccess–Dateien kann der Webserver für Requests auf einzelne Verzeichnisse spezifisch konfiguriert werden. So kann in dieser Datei der User Agent ausgelesen und mit einem HTTP-Request 301 die Anfrage umgeleitet werden. Der Nachteil ist, dass dies für alle

Abfragen gilt, also auch Ajax-Calls umgeleitet werden. Die folgenden
Zeilen leiten den Browser auf dem iPhone, iPad, iPod und Android auf
die Seite m.xapps.ch um:

```
RewriteEngine on
RewriteCond %{HTTP_USER_AGENT} ^.*iPhone.*$
RewriteRule ^(.*)$ http://m.xapps.ch [R=301]
RewriteCond %{HTTP_USER_AGENT} ^.*iPod.*$
RewriteRule ^(.*)$ http://m. xapps.ch [R=301]
RewriteCond %{HTTP_USER_AGENT} ^.*iPad.*$
RewriteRule ^(.*)$ http://m. xapps.ch [R=301]
RewriteCond %{HTTP_USER_AGENT} ^.*Android.*$
RewriteRule ^(.*)$ http://m. xapps.ch [R=301]
```

## B.2   Umleitung in der HTML-Seite definieren

Viele Seiten bieten die Möglichkeit an, weiterhin die »traditionelle«
Webseite auszuwählen. Dies kann flexibel mithilfe von Cookies erfolgen:

```
if( (navigator.userAgent.match(/iPhone/i)) ||
    (navigator.userAgent.match(/iPad/i)) ||
    (navigator.userAgent.match(/Android/i)) )
{
    if (document.cookie.indexOf("iphone_redirect=false") == -1)
    {
        window.location = "http://mobile.xy.com/iphone";
    }
}
```

## C    Diagramm der Objekte

Das folgende Diagramm soll Ihnen helfen, die verschiedenen Java-Script-Objekte einzuordnen:

*Abb. 9–23*

*Diagramm der*
*Whisky-App-Objekte*

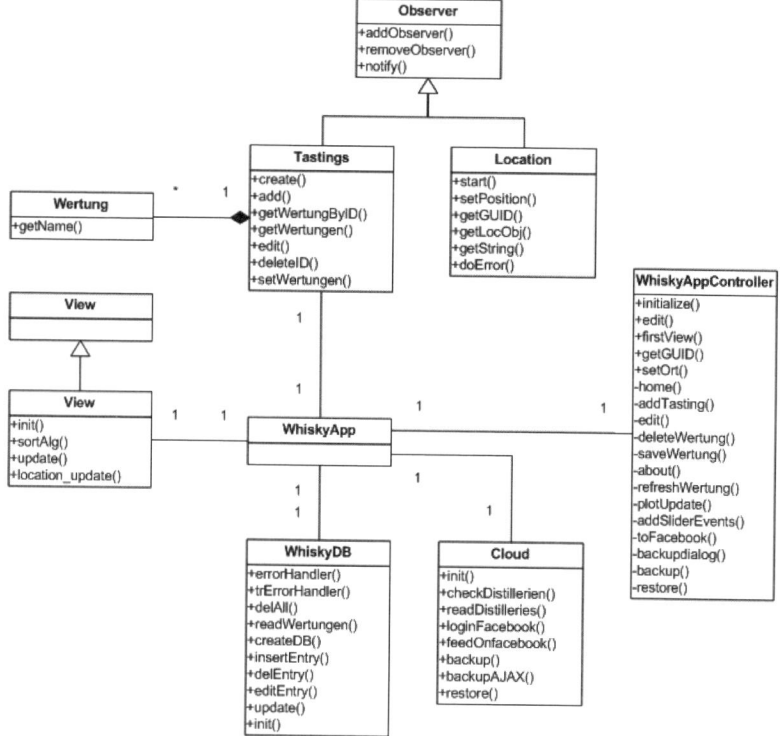

## D    Abkürzungen

jQM            jQuery Mobile

CRUD           Diese Abkürzung ist ein Synonym für Create, Read, Update und Delete.

DOM            Ein wichtiges Konzept ist das *Document Object Model* (DOM). Das DOM stellt die Schnittstelle zwischen der Dokumentstruktur (HTML) und dem Umfeld her. Es verknüpft HTML mit CSS und bietet eine Schnittstelle, die es erlaubt, mithilfe von JavaScript die Struktur (HTML) und das Aussehen (CSS) des Dokuments zu verändern. Ein DOM kann folglich als Baum dargestellt werden, dessen Blätter mit CSS geschmückt werden können. Somit kann also während der Laufzeit das Aussehen eines Elementes verändert werden – beziehungsweise kann das Aussehen entsprechend der Auflösung und Art des Gerätes angepasst werden.

ECMA          European Computer Manufactures Association. Kümmert sich um die Weiterentwicklung von JavaScript.

UC            Use-Case. Siehe Abschnitt 1.3.2.

# E   Literatur

**JavaScript für Enterprise-Entwickler**, Oliver Ochs, dpunkt.verlag, 2012. Sehr gutes Buch, um zu lernen, wie JavaScript im professionellen Bereich eingesetzt wird. Es werden der prototypische und der objektorientierte Ansatz und viele wertvolle Entwurfsmuster in JavaScript erläutert.

**jQuery lernen und einsetzen**, Jonathan Chaffer und Karl Swedberg, dpunkt.verlag, 2012. Eine gute Übersetzung der 3. Auflage.

**jQuery Kochbuch**, jQuery Community Experten, O'Reilly-Verlag, 2010. Eine kurze Theorie, etwas anders geschrieben als mein Tutorial, führt Sie nochmals in jQuery ein – aber auch sehr kurz. Anhand von Problemen werden danach konkrete Lösungen diskutiert. Ideales Buch, um immer wieder darin zu stöbern!

**Der CSS-Problemlöser**, Rachel Andrew, dpunkt.verlag, 2008. Eine kurze Theorie führt Sie in die CSS-Thematik ein. Danach werden für mehr als 100 Probleme Lösungen präsentiert.

**Mobile Design Pattern Gallery**, Theresa Neil, O'Reilly-Verlag, 2012. Anhand von vielen Beispielen und Skizzen zeigt die Autorin, auf was es beim App-Design ankommt. Das Angenehme ist, dass sie die Beispiele in 10 grundlegende Kategorien aufteilt; somit lassen sich schnell Patterns zu gewissen Anforderungen finden.

**PhoneGap**, Marcus Ross, dpunkt.verlag, 2013. In diesem Buch lernen Sie, wie Sie Ihre Web-App mit nativen Funktionen vergolden. Die logische Fortsetzung des vorliegenden Buches!

**SQL-Einführung:** *http://de.wikibooks.org/wiki/Einführung_in_SQL:_Ein_Einstieg*, Wikibooks.

# F    Link-Liste

## Tools

| | |
|---|---|
| WebKit Browser | *http://www.webkit.org/* |
| Safari | *http://www.apple.com/chde/safari/* |
| Chrome | *http://www.google.de/chrome/* |
| Eclipse Webtools | *http://www.eclipse.org/webtools/* |
| Aptana Studio | *http://aptana.com/* |
| IntelliJ IDEA | *http://www.jetbrains.com/idea/* |
| Eclipse Orion | *http://www.eclipse.org/orion/* |
| Android-SDK | *http://developer.android.com/sdk/index.html* |
| Xcode | *App-Store von Apple* |
| Closure Compiler | *http://closure-compiler.appspot.com/home* |
| Test iPhone Online | *http://testiphone.com* |
| iPhone-Simulatoren | *http://www.electricplum.com/simulator.aspx*<br>*https://www.genuitec.com/mobile/index.html* |
| Blackberry-Simulatoren | *https://developer.blackberry.com/devzone/develop/simulator/index.html* |
| PhoneGap/Apache Cordova | *http://www.phonegap.com* |
| Android-App veröffentlichen | *https://play.google.com/apps/publish/v2/signup/* |
| iOS-App veröffentlichen | *http://itunesconnect.apple.com* |

## Bibliotheken

| | |
|---|---|
| jQuery | *http://jquery.com* |
| jQuery Mobile | *http://jquerymobile.com* |
| Modernizr | *http://modernizr.com* |
| Autocomplete | *http://www.raymondcamden.com/index.cfm/2012/3/27/Example-of-Autocomplete-in-jQuery-Mobile* |
| Star-Rating | *http://www.fyneworks.com/jquery/star-rating/* |
| Date-Box | *http://dev.jtsage.com/jQM-DateBox2/* |
| Icon-Pack | *http://andymatthews.net/code/jQuery-Mobile-Icon-Pack/index.html* |
| Diagramm-Bibliothek Flot | *http://www.flotcharts.org/* |
| Facebook-API | *http://developers.facebook.com/*<br>*http://www.facebookmobileweb.com/hello/* |
| Pusher | *http://www.pusher.com* |

| Google Cloud Messaging (GCM) | *http://developer.android.com/google/gcm/index.html* |
|---|---|
| Apple Push Notification Service | *http://developer.apple.com/library/mac/#documenta-tion/NetworkingInternet/Conceptual/RemoteNotificati-onsPG/ApplePushService/ApplePushService.html* |
| jQuery Mobile `data-Attri-`bute | *http://jquerymobile.com/demos/1.2.0/docs/api/data-attributes.html* |

## Informationsquellen

| HTML5 Readiness | *http://html5readiness.com* |
|---|---|
| HTML5 Forms | *http://wufoo.com/html5/* |
| Mobile HTML5 Kompatibili-tät | *http://mobilehtml5.org* |
| HTML-Pattern | *http://html5pattern.com* |
| RegEx-Theorie | *http://de.wikipedia.org/wiki/Regul%C3%A4rer_Ausdruck* |
| RegEx-Verzeichnis | *http://regexlib.com/* |
| Media-Stream | *http://www.w3.org/2010/05/video/mediaevents.html* |
| CSS3-Transformationen | *http://www.olivergast.de/wp-content/demos/transiti-ons/index.html* |
| Canvas | *http://de.wikipedia.org/wiki/Canvas_%28HTML-Ele-ment%29* |
| SVG | *http://de.wikipedia.org/wiki/Scalable_Vector_Graphics* |
| iOS Developer Center | *https://developer.apple.com/* |
| Durchschnittliche App-Store-Review-Dauer | *http://reviewtimes.shinydevelopment.com/* |
| Anleitung für iOS auf dem realen Gerät testen | *http://mobile.tutsplus.com/tutorials/iphone/iphone-sdk-install-apps-on-iphone-devices-for-development/* |

# Index

Marcus·Ross

# PhoneGap

## Mobile Cross-Plattform-Entwicklung mit Apache Cordova & Co.

2013, 248 Seiten, Broschur
€ 29,90 (D)
ISBN 978-3-89864-824-0

Mit einem Geleitwort von Michael Brooks, PhoneGap Core Contributor

Web- und Mobile-Entwickler lernen in diesem Buch, wie sie mit HTML5, CSS und JavaScript sowie dem PhoneGap/Apache-Cordova-Framework native Apps für die wichtigsten mobilen Plattformen entwickeln (u.a. für iOS, Android und Windows Phone) können. Dabei schreiben Sie Ihre Anwendung nur ein einziges Mal und wandeln sie in native Apps um, die im jeweiligen App-Store angeboten werden können. Anhand von Beispielen vollzieht der Leser die vorgestellten Inhalte praktisch nach und lernt fortgeschrittene Techniken wie Plugin-Entwicklung, Debugging und den Cloud-Service PhoneGap Build kennen.

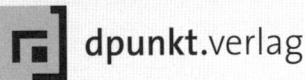 **dpunkt**.verlag

Ringstraße 19 B · 69115 Heidelberg
fon 0 62 21/14 83 40
fax 0 62 21/14 83 99
e-mail hallo@dpunkt.de
http://www.dpunkt.de